V&R

Richard Riess (Hg.)

Ein Ringen mit dem Engel

Essays, Gedichte und Bilder zur Gestalt des Jakob

Mit 12 Abbildungen

Vandenhoeck & Ruprecht

Bibliografische Information der Deutschen Nationalbibliothek

Die Deutsche Nationalbibliothek verzeichnet diese Publikation in der Deutschen Nationalbibliografie; detaillierte bibliografische Daten sind im Internet über <http://dnb.d-nb.de> abrufbar.

ISBN 978-3-525-61610-9

Umschlagabbildung:
Tina Krippels, Begegnungen, www.meinekunst.net

Satz|Lithografie: weckner media+print GmbH, Göttingen
Druck und Bindung: ⊛ Hubert & Co, Göttingen

Gedruckt auf alterungsbeständigem Papier.

Inhalt

Jakob, dem Großvater,
zum Gedenken

Ein Ringen mit dem Engel

Einleitung

Richard Riess

Ein Ringen mit dem Engel. Bilder, Essays und Gedichte zur Gestalt des Jakob. So lautet der Titel des vorliegenden Buches, das – zumindest auf den zweiten Blick hin – grundlegende Themen von unerwarteter Aktualität aufgreift.

Faszination der Vätergeschichten

Aber – so mag man sich zunächst fragen – wie kommt überhaupt ein Autor, ein Herausgeber oder ein Kolumnist zu seinem Thema? Nicht selten ist es der Gang in die Einsamkeit, die Stunde des goldenen Mondes oder das Gespräch mit Anderen, die den „freien Einfall" (S. Freud) oder den „Einfall von oben" (J. Scharfenberg) schenken. Manchmal freilich ist es auch ein wachsendes Gewahrwerden für die Höhen und Tiefen des eigenen Lebens, für die Besonderheiten und Einmaligkeiten der eigenen Biographie – wie auch im vorliegenden Fall. Denn wäre er nicht gewesen, der leidgeprüfte und doch so gottesfürchtige Zweifler, ein Freund der Bäume und der Tiere und ein Feind der Kriege und des barbarischen Wahnsinns, der fromme Bauer mit dem biblischen Namen „Jakob" – ich hätte, schon als Kind, den biblischen Jakob wohl nie so aufmerksam und neugierig in den Blick genommen und mich zeit meines Lebens in seiner Geschichte wiedergefunden. Später haben Forscher des Alten Testamentes wie Gerhard von Rad, Claus Westermann und andere die Faszination der „Erzväter" und der „Vätergeschichten" mit ihren Facetten noch vertieft. So ist die Ahnung geblieben, dass sich in ihrer Aussage und ihrer Abfolge, der Jakobserzählung zumal, die ganze Dramatik des menschlichen Lebens widerspiegelt und sich – genau betrachtet – wie ein einziges Drehbuch ausnimmt: für das ganze Auf und Ab, die Glückseligkeit des Tages und die Träume der Nacht, das Unheil und die Bewahrung, die Liebe und den Tod des Menschen. Nicht ohne Grund nehmen denn auch die Erfahrungen von Konflikt und Segen in diesen klassischen Erzählungen einen solchen Raum ein. So hat vor allem die Jakobsgeschichte, der zweite Strang der Vätergeschichten, den Konflikt der Brüder zum Inhalt, „eines der großen Themen der Weltgeschichte bis zum heutigen Tag – so fasst Claus Westermann zusammen –. Die beiden Brüder sind Rivalen, dem Wortsinn nach zwei, die am gleichen Bach wohnen und von ihm schöpfen. Sie sind Nebenbuhler; Buhler ist eigentlich Bruder oder männlicher Verwandter. Zwei im gleichen Haus, im gleichen Lebensraum, an derselben Quelle, im gleichen Eigentum aufwachsende Brüder sind von Natur aus Nebenbuhler. In diesem Nebeneinander liegt der Ursprung von Konflikten, solange die Erde steht."[1] In der Tat. Der Konflikt des Menschen, mitunter bis zu Mord und Totschlag ausufernd, wird an dem Brüderpaar Jakob und Esau geradezu beispielhaft abgebildet.

Sehnsucht nach dem Segen

Aber auch das Andere, die urmenschliche Sehnsucht nach Absolution und Segen, kommt in der Jakobsgeschichte auf höchst anschauliche Weise zum Ausdruck: dem unstillbaren Verlangen nach dem Segen des Vaters und dem Segen Gottes, dem Garanten des Lebens. Wie kaum ein anderer Alttestamentler hat wiederum Claus Westermann sein Augenmerk auf die Erfahrung und den Begriff des Segens gelenkt und auf seine Bedeutung für die heutige Gesellschaft hingewiesen: „Der Begriff ‚Segen' steht in der Welt der Väter an der Stelle, die in unserer Zeit der Begriff ‚Erfolg' innehat. ‚Erfolg' – das ist auch noch in unserer Zeit ein eigentümlich unfassbarer Begriff. Das Streben nach Erfolg, das Arbeiten auf Erfolg hin spielt bei uns eine gewaltige Rolle, und dennoch wird von allen zugegeben: Es gibt die Menschen, die Erfolg haben, und es gibt Menschen, die trotz aller zähen Bemühung erfolglos bleiben. Der eine hat Erfolg, der andere hat keinen Erfolg, daran ändern alle Methoden, zu Erfolg zu kommen, nichts. So schwingt auch bei unserem Wort ‚Erfolg' etwas von dem Geheimnis mit, das einmal in dem Wort ‚Segen' zum Ausdruck kam. Segen ist in der Bibel eine Kraft, über die der Mensch in keiner Weise verfügt, sondern die über ihn kommt. Es ist eine Kraft, die nicht nur am Menschen, sondern darüber hinaus an allem Lebendigen, ja an allem Kreatürlichen wirksam wird. Segen ist Kraft des Wachstums. Sie wird in der dreifältigen Fruchtbarkeit wirksam: Fruchtbarkeit des Mutterleibes, Fruchtbarkeit der Herden und Fruchtbarkeit des Ackers."[2] Es geht beim Segen mithin um das Elementarste in dieser Welt: um Wohl und Gedeihen von Mensch, Tier und Pflanze – eine ökologische Einheit, deren Erhaltung uns von Tag zu Tag immer dringlicher wird. Muss es uns dann noch wundern, dass schon die Väter, ja selbst die „Erzväter" um diese Zusammenhänge wussten?

Dramaturgie des Lebens

Themen wie „Konflikt" und „Segen" sind indessen nur zwei, wenn auch zwei wesentliche Motive im großen Mosaik der Texte, die sich in dem Erzählwerk von Gen 25 bis Gen 50 finden – als da sind:

Die Geburt der Zwillinge Esau und Jakob, das raffinierte Eingreifen der Rebekka zugunsten ihres Lieblingssohnes Jakob, sein Erschleichen des Erstgeburtssegens um ein Linsengericht, der Streit der Brüder und die Flucht des Jakob, der Traum von Bethel und der Dienst bei Laban, das Verhältnis Jakobs zu den Frauen und die Vermehrung von Nachkommenschaft und Reichtum, der Kampf am Jabbok und die bleibende Wunde, Jakobs Versöhnung mit Esau und sein Verhältnis zu den Söhnen, zumal zu Josef, die Verwicklung in dessen besonderes Schicksal, die große Hungersnot im ganzen Land und die ebenso glückhafte wie schmerzvolle Hilfe aus Ägypten mit ihren Folgen: dem Stehen Jakobs vor dem Pharao und Jakobs Segnung der Enkel und der Söhne, sein Tod und sein Begräbnis bei Hebron und anderes mehr.

Eine ganze Serie von Episoden also, die der Theologe und Schriftsteller *Wilhelm Horkel* in höchst dichter und poetischer Weise so zusammenfasst:

Jakob

Als zweiter Zwilling ward Jakob einst dem Isaak geboren.
Rebekka aber hat das Kind als Liebling sich erkoren.
Doch dann gelang ihr eine böse List:
Sie führte frevlerisch zum Bruderzwist.

Als stetes Los ward ihm von Gott geheißen,
von Frau zu Frau, von Land zu Land zu reisen.
Erst Knecht, dann Herrscher über tausend Rinder,
an Vaterglück die Zwölfzahl seiner Kinder.
Die Himmelsleiter stieg im Traum zur Nacht,
die treuen Engel hielten schützend Wacht.
Durch viele Tiefen hat ihn Gott gezwungen,
mit ihm selber gar zur Nacht gerungen.
Nach Kanaan lenkt Gott ihm dann die letzten Schritte –
ein ewig Denkmal: er, in seines Volkes Mitte.

Sowohl die Verschiedenartigkeit der Erzählungen wie auch ihre Akzentuierung in dem Vierzehnzeiler machen deutlich, dass sich die vielen Geschichten am Ende doch zu einer einzigen großen Geschichte, zu einer Gesamt-Geschichte verdichten. *Dietrich Ritschl* hat die Komposition zu einem solchen Erzählwerk aus guten Gründen eine *„Meta-Story“* genannt und mit Bedacht aus dem Englischen das „Story-Konzept“ eingeführt, weil ihm das deutsche Wort „Erzählung“ als zu eng und der Begriff „Geschichte“ als zu belastet erschien. Im Vergleich zu beiden deutschen Wörtern habe der Begriff der „Story“ einen deutlichen Vorteil:

Wenn ich sagen soll, wer ich bin, so erzähle ich am besten meine Story. Jeder von uns hat seine unverwechselbare Story, jeder ist seine Story. Wenn einer nur das ist, was andere über ihn sagen, ohne selbst seine Story erzählen zu können, so ist er nicht reif, nicht erwachsen, wenn er in konflikthaften Stories lebt, seine Story nicht akzeptieren kann, so braucht er Hilfe, Therapie. Ein Mensch ist das, was man zu ihm und über ihn sagt und was er selbst über sich erzählen kann und was er daraus mit seinem Leben macht.[3]

Die Mitteilung der Meta-Story

In Analogie zu anderen Meta-Stories wie der Ilias oder dem Nibelungenlied geht es der Jakoberzählung wohl auch um die Geschichte des Einzelnen oder – genauer noch – um die Geschichte Gottes mit dem Menschen am Beispiel Jakobs: seinem Weg von der Geburt bis zum Tod, von Glück und Leid, Flucht und Ankunft, Kampf und Frieden. In Analogie zu anderen Meta-Stories wie der Ilias oder dem Nibelungenlied geht es der Jakoberzählung indessen auch um kollektive Aspekte: um die Vision und die Perspektiven für ein Volk, eine Kultur, einen Glauben. Dietrich Ritschl wiederum macht das am Beispiel Israels und am Beispiel des Lebens Jesu deutlich:

Wenn Israel sagen will, was es selbst ist und wer Gott ist, erzählt es seine Geschichten. Dabei steuert die Vision der Gesamt-Story die Selektion und Kombination der einzelnen Geschichten. Wenn die frühesten Christen sagen wollten, wer Jesus war, so erzählten sie viele Einzelgeschichten, wiederum selektiert und komponiert nach der Steuerung einer schwer oder gar nicht erzählbaren Gesamt- oder Meta-Story. Es ist auch kein Zufall, dass das Neue Testament vier solche Sammlungen statt einer definitiven […] darbietet. Man kann nicht kurz und bündig sagen, wer Jesus ist […] Die angemessene Weise, sie (sc. die Meta-Story, R.Rs.) aufzuzeigen, ist eben die Aneinanderreihung und Verknüpfung vieler Einzel-Stories.[4]

Hinter den Einzel-Stories steckt – mit anderen Worten – die Mitteilung eines Autors oder eines Redaktors, die er durch seine gesamte Meta-Story schimmern lässt, sei sie nun das Matthäusevangelium oder die Jakobserzählung. Und wer immer diese Mitteilung versteht und teilt, versteht und teilt auch die Erinnerungen und die Hoffnungen, die sich mit ihr verbinden.

Die Jakobsgeschichte – so deutet Claus Westermann denn auch deren zentrale Botschaft – *will den Söhnen, denen sie erzählt wird, sagen, dass sie des Segens Gottes auch als die Gesegneten nicht habhaft werden können; Gott bleibt der Herr seines Segens und er kann seine Gesegneten schwere und dunkle Wege führen.*[5]

Ein theologisches Programm und eine Perspektive dieser Art sind allerdings nicht über Nacht vom Himmel gefallen. Sie haben sich vielmehr in einem langen Prozess an mehreren Orten, aus unterschiedlichsten Quellen und anhand von vielerlei Überlieferungen entfaltet. Wir können diesem Prozess in diesem Zusammenhang nicht näher nachgehen. Wohl aber können wir festhalten, dass es sich auch bei dem Erzählwerk um die Gestalten des Jakob und des Josef herum um eine höchst kunstvolle und feinsinnige Komposition handelt, die durch Jahrhunderte hindurch mit den Erzählungen von den Erzvätern Abraham und Isaak verknüpft worden ist. Wann, wie und mit wessen Hilfe dies alles geschah, lassen wir aus gutem Grund hier offen – zumal die Forschung am Alten Testament durch die archäologischen Funde der neueren Zeit ohnehin stark in Bewegung geraten ist.[6] Was für uns jedoch weiterhin von Interesse sein kann, ja sein muss, das sind der mythologisch-literarisch-theologische Charakter der Gestalt des Jakob, der Glaube Israels und sein Verständnis von Geschichte. Kein Geringerer als Gerhard von Rad hat darauf schon vor Jahren in unvergesslicher Weise hingewiesen:

Dann aber hat Israel diese (wie gesagt zunächst kultisch isolierten) Überlieferungen zu einer Abfolge von Geschehnissen zusammengeordnet. [...] Damit hatte Israel die Konzeption von einer linearen Geschichtsstrecke gewonnen, aber nicht aus einer philosophischen oder mythologischen Deduktion heraus; vielmehr hatte es sich diese Zeitstrecke langsam aufgebaut durch eine Addition der göttlichen Heilstaten, deren man sich da und dort erinnerte. Oder noch angemessener gesagt: Es hatte begreifen gelernt, dass Jahwe einen Plan verfolgt hat und dass er mit den Ahnen Israels einen langen Weg gegangen ist, bis auf diesem Weg Israel zu Israel geworden ist. Diese Erkenntnis, dass sich Israel nicht auf einem Ereignis gründete, sondern dass ihm ein langer Weg, d.h. eine Geschichte voraufging, bedeutet einen epochalen Schritt. Nicht das, was wir unter Geschichte zu verstehen pflegen, ist hier zu sehen, sondern Israel hat sich das Bild von einer Geschichte erarbeitet, die sich ausschließlich aus der Abfolge von Fakten aufbaute, die Gott zum Heile Israels markiert hat.

Geschichte gab es also für Israel nur, sofern und soweit Gott mit ihm gegangen ist; nur diese und keine andere zeitliche Erstreckung kann so bezeichnet werden. Gott war es, der zwischen der Vielzahl der Begebnisse die Kontinuität und die Zielstrebigkeit in der zeitlichen Abfolge der Ereignisse hergestellt hat.[7]

Die Wirkungsgeschichte der Jakobserzählung

Mit Jakob verbinden sich zuallererst und zuvörderst die Erinnerungen und Hoffnungen des Volkes Israel. Von ihm hat es seinen Namen, und wie Abraham ist er sein Ahnherr – ein Ahnherr in vieler Hinsicht: im Glauben und im Zweifel, im Ringen um den Segen seines Gottes, im Schuldigwerden und in der Gewissheit seiner Vergebung. Unauslöschlich lebt auch das große Wort im kollektiven Gedächtnis der Welt: „Ich lasse Dich nicht, Du segnest mich denn!" Selbst über Jahrtausende hinweg ist diese Gewissheit im Glauben Israels lebendig geblieben. So erzählt *Martin Buber* von dem frommen Rabbi *Israel* Ben Elieser, dem Baal-Schem-Tow, die folgende Szene:

Israel wurde seinen Eltern in ihrem Alter geboren, und sie starben weg, als er ein Kind war. Da sein Vater den Tod nahen fühlte, nahm er den Knaben auf den Arm und sprach zu ihm: ‚Ich sehe, dass du mein Licht zum Leuchten bringen wirst, und mir ist nicht beschieden, dich großzuziehn. Aber, geliebter Sohn, gedenke wohl all deine Tage, dass Gott mit dir ist und du daher kein Ding der Welt zu fürchten hast.' Der Spruch blieb im Herzen Israels.[8]

Dank Israel und durch Israel verbinden sich mit Jakob jedoch auch die Erinnerungen und Hoffnungen der christlichen Kirchen. Jesus selbst bezieht sich auf ihn (Mt 8) und Jesus selbst führt am Brunnen Jakobs sein berühmtes Gespräch mit der Samariterin (Joh 4). Nicht ohne Grund hat die Gestalt des Jakob denn auch Eingang in die evangelische Kirchenmusik und das evangelische Kirchenlied gefunden (EG 12; 543 und andere mehr).

Mit Jakob verbinden sich schließlich auch Spuren und Erinnerungen der säkularen Kulturgeschichte, so dass man wohl ohne Übertreibung sagen kann: Die Gestalt des Jakob lebt bis heute auch im Erbe der europäischen Kultur – nicht zuletzt in vielen Namen der unterschiedlichsten Nationen sowie in Redewendungen der Umgangssprache. So ist bis heute bei uns vom „Linsengericht“ und von der „Jakobsleiter“, von den „sieben fetten“ und den „sieben dürren Jahren“ die Rede, vom „Benjamin“ einer Familie und davon, dass einer oder eine unbedingt „den Segen seines Alten Herrn oder ihres Mannes zu etwas braucht“. Mehr noch. Undenkbar unsere Kunstgeschichte ohne die frühchristlichen Fresken oder Mosaikbilder („Santa Maria Maggiore“ in Rom), die Buchmalerei des beginnenden Mittelalters („Wiener Genesis“) von der Jakobsleiter, die großen Darstellungen eines Rembrandt van Rijn oder Eugene Delacroix, Paul Gauguin, oder Marc Chagall, Herbert Falken, Max Hunziker oder Helmut Ammann vom Jakobskampf.[9] Unvorstellbar auch die Literatur eines Thomas Mann oder Uwe Johnson, Kurt Marti oder Jurek Becker, Maarten t'Hart oder Jehuda Amichai ohne ihren Bezug zur Jakobserzählung.

Analogien zur modernen Welt

Das Erzählwerk der Jakobsgeschichte greift – wie schon eingangs gesagt – grundlegende Themen von erstaunlicher Aktualität auf. Das machen nicht allein die einzelnen Daten aus der Lebensgeschichte des Jakob deutlich – die Daten der vielen Konflikte und Krisen, die sein bewegtes Schicksal kennzeichnen und die uns unschwer an das Schicksal vieler Menschen unserer Zeit denken lassen. Es ist vor allem der Gesamteindruck von dieser genialen Gestalt mit ihren schillernden Facetten, die bis heute auf Menschen aller Zeiten eine starke Faszination ausübt. Mehr noch. Die uns auch unentwegt an den Menschen der Moderne erinnert. Einige Hinweise mögen hier genügen, um auf ein paar Analogien aufmerksam zu machen:

– Jakob gleicht dem „unbehausten Menschen“ (Manfred Hausmann) wie auch dem „flexiblen Menschen“ (Richard Sennett) unserer Zeit, der um des Erfolges willen immer wieder auf der Flucht vor sich selber ist, der sich nicht selten ein

Leben lang, wo immer er ist, als Fremder „in der Fremde“ fühlt. Nicht ohne Grund wird in einem berühmten Glaubensbekenntnis Israels des Erzvaters Jakob so gedacht: „Mein Vater war ein umherirrender Aramäer, und er zog nach Ägypten und blieb dort als Fremder mit wenigen Leuten, und dort wurde er zu einem großen, starken und zahlreichen Volk.“ (Dt 26,5). Aber noch bleibt sich Jakob selbst ein Fremder, ein Mann mit einem neuen Namen, ein „homo absconditus“, sozusagen ein Rätsel seiner selbst.

– Darüber hinaus verbindet ihn mit dem modernen Menschen in Wirtschaft, Konsum und Werbung das energische Streben nach Erfolg – und sei es mit den Mitteln von Täuschung und Betrug. Täuschung ist denn auch das Schlüsselwort für verschiedenste Passagen seiner Geschichte: Jakob täuscht den Vater, er täuscht den Bruder; Laban täuscht Jakob; Rahel täuscht Laban; die Söhne täuschen Josef, sie täuschen den Vater und so weiter. Der Lebensentwurf Jakobs – so scheint es – ist von Schein, Schau und dem Spiel von Irrungen und Wirrungen bestimmt – ein Spiel mit vielen Maskeraden, Managements und Manipulationen: im Hinblick auf den Segen der Erstgeburt, die Heirat seiner Lieblingsfrau, die Vermehrung der Herden.

– Trotz allem Glück, Reichtum und Wohlstand – Erfolg ist am Ende doch kein anderes Wort für Segen. Erfolg kann unter den Fingern zerrinnen, Segen nicht. Jakob wurde viel geschenkt. Es wurde ihm auch viel genommen: die Frau, die er sosehr liebte; der Sohn, an dem sein Herz hing; die Unversehrtheit des Leibes, die Ersparnis vieler Jahre, die Hoffnung auf Heimat. Was ihm am Ende blieb, war ein Grab, ein kleines Fleckchen Erde. Mehr bleibt am Ende auch dem Menschen der viel gepriesenen Moderne nicht.

– All die Episoden, die das Erzählwerk der Jakobsgeschichte enthält, zeichnen im Grunde keinen authentischen, in sich ruhenden Menschen. Es ist eher eine Mischung aus Zärtlichkeit und Eigennutz, Liebe und Hinterlist, Gottesfurcht und Unmoral – ein Mensch mit vielen Widersprüchen. Schon die zwei Namen „Jakob“ („Fersenhalter“, „Der Listige“) und „Israel“ („Der Streiter Gottes“) spiegeln den ganzen Zwiespalt wider, der in ihm wohnt, und auch das spätere Hinken mag uns darauf hinweisen, dass er nicht mehr gleichmäßig und mit beiden Füßen auf dem Boden stehen kann, sondern fortan schwanken muss. Es ist nunmehr – näher betrachtet – ein „Leben im Dazwischen": zwischen der Leichtigkeit des Traums und der Schwere des Leids. Darin kommt er wiederum dem modernen Menschen sehr nahe, wenn er und soweit er ein Leben lang auf der Suche nach seinem eigenen Ort, seiner Identität, seinem inneren Gleichgewicht ist. „Wer bin ich? ... Der oder jener? Bin ich denn heute dieser und morgen ein anderer?" So fragt sich Dietrich Bonhoeffer in seinen Briefen aus der Haft. Und so fragt sich manch ein Mensch auch in unserer Zeit.

Jakob – ein Fremder seiner selbst, ein Arrangeur seiner Erfolge, ein Verlierer seines Glücks, Zeichen und Gezeichneter zugleich, eine höchst zwiespältige Gestalt. Ausgerechnet ihn erwählt sich Gott, segnet ihn mit seinem Wort, begleitet ihn fortan auf seinem Weg. Wir rühren damit an eine der großen Paradoxien der Geschichte, an ein Geheimnis, das sich das Alte Testament, die Hebräische Bibel, und das Neue Testament teilen: an die Ahnung dessen, was „Gnade" sein kann, Gnade jenseits von allem Moralismus und allem kleinbürgerlichen Rechtsempfinden. Jakob reiht sich damit ein in die Reihe der begnadeten Sünder, Zöllner, Schächer. Gegen allen Moralismus und alles kleinbürgerliche Rechtsempfinden erzählt das große Erzählwerk der Jakobsgeschichte vor allem dieses Eine: So, genau so handelt Gott. Und aus weiter Ferne klingt da das Magnificat der Maria herüber:

Er stößt die Gewaltigen vom Thron
und erhebt die Niedrigen.
Die Hungrigen füllt er mit Gütern
und lässt die Reichen leer.
Er denkt der Barmherzigkeit
und hilft seinem Diener Israel auf...

Lk 1,52ff

Ein Teil der Wirkungsgeschichte sind schließlich auch die Texte dieses Bandes. In ihm haben sich vierzig Autorinnen und Autoren von unterschiedlichsten Aspekten des großen Erzählwerkes inspirieren lassen und von ihrer Warte aus und auf ihre Weise jeweils ein Essay dazu verfasst: in Gestalt einer Betrachtung, eines Gedichtes, eines Dialogs, einer Analyse, eines Portraits und anderem mehr. Prinzip ihres Schreibens war nicht sosehr ein exegetisches Vorgehen, sondern weit mehr ein existentielles Verstehen der Gestalt des Jakob, so wie sie in den überlieferten Texten ins Blickfeld tritt – ein Jakob mithin als eine zutiefst humane, mit-menschliche Gestalt mit ihren Stärken und Schwächen. Insofern richtet sich die Anordnung des Stoffes weitgehend nach dem Ablauf der Erzählung, wenn sie Schlüsselwörter wie „Die Anfänge", „Die Frauen", „Der Traum von Bethel", „Der Kampf am Jabbok" oder „Die Tiefen von Schmerz und Trauer" aufgreift. Und doch geht der Blick des Buches immer wieder und insbesondere in seinen letzten drei Teilen über diese Themen hinaus und stellt sich den Fragen nach der Veränderung der sozialen Rollen und Strukturen, den Spuren im kulturellen Gedächtnis und der Gestalt des Jakob als einer Herausforderung des Glaubens. Denn wie so viele Gestalten dieser Welt, die unseren Weg jemals kreuzen, kann und mag auch Jakob zu einer Herausforderung unseres eigenen Glaubens werden.

Zum Schluss danke ich von Herzen allen Autorinnen und Autoren für ihre einfühlsamen und originellen Beiträge zur Gestalt des Jakob. In der Tat. Es ist heutzutage keineswegs selbstverständlich, sich überhaupt auf ein so persönliches Thema einzulassen.

Ebenso danke ich Frau Elke Löffler für ihre Mitarbeit bei der Bildgestaltung und nicht minder dem Verlag Vandenhoeck & Ruprecht, vor allem Herrn Jörg Persch und Herrn Christoph Spill, für ihr großes Verständnis und ihre Förderung des ganzen Projektes.

Möge dieses Buch mit seinem Thema „Segen" selbst zu einer segensreichen Anregung für seine Leserinnen und Leser auf ihrem Weg werden.

Erlangen, Erntedankfest 2007 *Richard Riess*

Abbildung 1: Max Hunzicker, Jakob und der Engel

I. Von Anfang zu Anfang

Rebekkas Fragen

Kurt Marti

Isaak gewann Rebekka lieb. Sie erwiderte seine Liebe von Herzen. Je besser sie, die Zugezogene, sich jedoch in Abrahams Großfamilie einlebte, desto mehr fiel ihr eine eigentümliche Distanz zwischen ihrem Mann und dessen Vater auf. Keine feindselige, nein, eine scheue Distanziertheit, die eindeutig von Abraham ausging. Wie sie Isaak schließlich daraufhin ansprach; erzählte er ihr vom Gang auf den Berg Moria, wo Abraham ihn, der damals ein Knabe war, hatte opfern wollen. Und seither eben, sagte Isaak, geht Vater mir aus dem Weg, mit zarter Behutsamkeit sozusagen. Ihn scheint meine Gegenwart noch immer an jenen peinvollen Augenblick zu erinnern, wo er das Schlachtmesser gegen mich erhob.

Erschrocken fragte Rebecca: Hast du geschrien, geweint? Nicht mir, *ihm* sind die Tränen über das Gesicht gelaufen, sagte Isaak. Ich begriff – damals! – seine Tränen nicht, hatte in meiner kindlichen Ahnungslosigkeit auch keine Angst vor dem Messer, dem Tod, empfand es vielmehr als normal, ja als Auszeichnung, Gottes erwähltes Opfer zu sein. Hatten mich die Knaben mancher Stämme, unter denen wir lebten, nicht oft gehänselt, verspottet: Nicht mal einen richtigen Gott habt ihr – oder ist er euch nichts wert? Sonst würdet doch auch ihr ihm eure schönsten Knaben und Mädchen opfern wollen, wie wir dies von Zeit zu Zeit tun! Als Vater mich dann auf den Holzstoß band und ich merkte, was er vorhatte, durchblitzte sogar Freude mein Herz. Also haben auch *wir* einen richtigen Gott, dachte ich, und erst noch darf gerade *ich* es sein, den er sich als Gabe wünscht.

So töricht warst du als Bub? rief Rebecca, am Ende wohl noch enttäuscht, dass dein Vater nicht zugestoßen hat?

War ich, bestätigte Isaak, Vater aber liefen, wie gesagt, Tränen übers Gesicht. Und seitdem ist er mir gegenüber seltsam still und scheu geworden, aus Scham vielleicht.

Ob er, mutmaßte Rebecca, nun wieder heiraten will, um besser vergessen zu können?

Ich glaube, sagte Isaak, er liebt Ketura tatsächlich. Weißt du, im Grunde ist er ein großer Liebender, auch jetzt noch, im hohen Alter. Vielleicht ist's, weil er Gott aus tiefstem Herzen liebt, dieser ihm jedoch stets wieder Schweres auferlegt. Umso mehr braucht er da die Liebe einer Frau, die sein Leben erträglich macht.

...die ihm auch Kinder schenkt, nicht Kinder wegnimmt, sagte Rebekka, unerwartet hart.

Wegnimmt? Nein, gerade nicht, stellt Isaak richtig, ich bin ja noch da!

Doch Gott hat deinem Vater übel mitgespielt, beharrte Rebekka, das schleckt keine Geiß weg.

So kannst du's nicht sagen, verwahrte sich Isaak, schließlich wissen wir jetzt, dass unser Gott nicht ist wie die anderen Götter.

Du meinst, weil er keine Menschenopfer will? entgegnete Rebekka, aber bitte, das wusste ich schon immer. Bethuel, mein Vater, hat uns das von Kindesbeinen an eingeschärft, jedes Mal, wenn die Stadt wieder ein Opferfest feierte, wenn ein schön geschmückter Opferjüngling durch die Straßen zum Altar geführt wurde.

Du wusstest es, *ich* nicht, oder jedenfalls nicht klar genug, sagte Isaak.

Doch Rebekka wollte diese Erklärung nicht einleuchten. Sie blieb dabei, dass Abraham von Gott übel mitgespielt worden war. Eben deswegen gewann sie auch ihren Schwiegervater lieb.

Einige Tage später fragte Rebekka: Sag mal, wie war's denn damals mit deiner Mutter, mit Sara, was sagte *sie* eigentlich dazu?

So genau weiß ich's nicht, war ich doch noch sehr jung, sagte Isaak, allerdings glaube ich, sie hat's Vater übel genommen.

Was übel genommen? Dass er dich töten wollte? fragte Rebekka weiter.

Ja, sicher, das auch, und dazu kam, dass er ihr von seinem Vorhaben nichts erzählt hat, nicht das geringste, sagte Isaak.

Wir gingen von unseren Zelten weg, und Mutter hatte keine Ahnung, was er mit mir vorhatte. Und das, glaube ich, hat sie ihm schwer verübelt. Sie fühlte sich hintergangen.

Mit Recht, mit allem Recht! empörte sich Rebekka.

Ich fürchte sogar, murmelte Isaak, sie hat es nicht bloß Vater, sie hat es auch Gott übel genommen.

Wie denn, hat *Gott* denn diese Heimlichtuerei befohlen? rief Rebekka, noch empörter jetzt.

Du, ich weiß es nicht, sagte Isaak, mir fiel nur auf, dass Mutter bei den täglichen Gebeten von da an stumm blieb, stets regungslos verharrte, sozusagen als lebendiger Vorbehalt oder Vorwurf.

Kann ich verstehen, zürnte Rebekka, es muss für sie ja eine furchtbare Zurücksetzung und Demütigung gewesen sein, von Abraham oder von Gott, oder von beiden zusammen. Bisher habe ich Gott nicht so erfahren, nicht so finster. Hat Sara deinen Vater danach nicht mehr geliebt, vielleicht nicht mehr lieben *können*?

Nein, so war's auch wieder nicht, sagte Isaak. Sie liebte ihn, glaube ich, nach wie vor, doch war's eine Liebe – wie soll ich sagen? Eine Liebe mit Wunden, die nur schwer vernarben konnten. Erst als sie starb und Vater bitterlich um sie weinte, dämmerte mir, wie sehr doch ihre Liebe zueinander und auch ihre Liebe zu Gott voller Narben und Wunden, aber wohl gerade deshalb so stark war.

(vgl. Gen 22,1–19; 24,67; 25,1)

Mein Bruder Jakob

Eine Geschwisterphantasie

BARBARA HAUCK

Ich hatte mich schon auf den Weg gemacht, als seine Botschaft mich erreichte. Ich wollte nicht mehr der Sklave unserer Geschichte sein, der Sklave der Wut, die Jakob früher einmal in mir ausgelöst hatte. Es war, als hätte er sein Joch auf meine Schultern gelegt: Er mit seiner Angst vor meinem Hass und vor meiner Rache – und ich, ich konnte ihm nicht zeigen, was aus mir geworden war. Ich konnte ihm meine Kraft nicht zeigen, weil seine Angst vor mir so groß war. Als wir uns dann begegneten, verneigte er sich vor mir, als wäre er mein untertäniger Diener. Mir kam das vor wie eine Zeremonie der Furcht. Ich wollte das nicht mitmachen. Ich habe ihn umarmt, und für einen Moment waren wir wieder eins. Für einen Moment habe ich gehofft, es könne am Ende wieder sein wie ganz am Anfang, nur viel besser: ich der Ältere, der für den Jüngeren sorgt. „Lass mich vor dir herziehen. Lass mich dich beschützen ... Sieh doch, dass ich dir schon längst nichts mehr Böses will."

Aber er hat das alles abgelehnt. Mit ihm war etwas anderes geschehen. Ich wusste es nur noch nicht.

Seine Geschenke jedenfalls hätte ich nicht gebraucht. Ob er sich gedacht hat, er könne ungeschehen machen, was damals passiert ist, vor zwanzig Jahren? Kein Segen, nur ein kümmerlicher Rest. Wie ein Fluch klang er in meinen Ohren. Meine Antwort: ein Schrei. Der Vater hat ihn gehört, der hilflose Alte, der doch nichts anderes sagen konnte. Die Mutter hat ihn gehört. Er hat ihr Angst gemacht. Sie war es, die Jakob weggeschickt hat.

Dieser Schrei, der war mir noch geblieben. Die Energie der Wut; die Energie des Jägers, der nicht lockerlassen wird, bis er das Wild stellt.... Bis nach Edom hat sie mich getrieben.

Ich hatte Zeit, mir Gedanken zu machen und habe genau hingehört, wenn die wandernden Hirten von Jakob erzählten am Feuer bei Nacht.

Irgendwann war mir klar: Ich wollte ihn wieder sehen. Wir waren erwachsen geworden. Ich wollte wissen, was aus ihm geworden war. Und ich wollte ihm zeigen, was aus mir geworden war. Vierhundert Mann – und ich der Erste von ihnen und allen voran. Meine Stärke, mein Reichtum. Das hatte ich gemacht aus meinem Segen, dem kümmerlichen Rest, den er mir gelassen hatte. Was hatte ihm, dem Flüchtigen, mein Segen gebracht?

Wer ihm begegnet war, erzählte manchmal, er hätte immer noch Angst vor mir, er, der reiche Mann... Als würde mein Schrei immer noch in ihm nachklingen. Ich wollte nicht mehr, dass seine Angst und dass mein Schrei uns trennen, nicht nach so langer Zeit. Ich wollte wissen, was aus uns geworden war. Aus uns.

Wir – von Anfang an. Wir haben gekämpft, wie Geschwister kämpfen: mit Lust, und weil wir gegenseitig unsere Stärke spüren wollten, eins sein wollten mit unserer Kraft und doch verschieden sein. Als müssten wir erproben, wie viel Raum da ist für uns, wie viel wir brauchen, einander nehmen, einander lassen können. Das große, starke Wir im Mutterleib...

Dass Jakob meine Ferse nicht loslassen wollte bei der Geburt – für mich war das ein Ausdruck der Gemeinsamkeit. Wir haben uns gegenseitig unsere Stärke zugemutet. Wir waren ein starkes Wir. Doch damals fing die Angst vielleicht schon an: Du musst sie trennen, hat einer zu Rebekka gesagt. Zu zweit sind sie zu stark. Und sie haben uns getrennt. Manchmal ertragen Eltern die Stärke der Geschwister nicht. Dann tun sie alles, um ihnen zu sagen: Ihr seid nicht eins. Ihr seid zwei. Erster der eine, der andere Zweiter. So war es bei uns. Ich der Stolz des Vaters. Er der Liebling der Mutter. Bei den Zelten der eine. Draußen im Wald der andere. Es hat funktioniert.

Nur einmal, da wollte ich nicht mehr der Erste sein, der Ältere. Vielleicht wollte ich wieder eins sein, mich stärken an seiner Stärke, zu ihm gehören. Für einen Augenblick, für einen Atemzug, für ein erschöpftes Niedersetzen lang nicht mehr Erster sein müssen... Sein dürfen wie er: Zweiter sein, zu Hause bleiben, mit Suppe mütterlich versorgt werden. Die Sehnsucht des Jägers.

Und Jakob? Wollte er sein wie ich? War das der Wunsch der Mutter oder seiner? Vielleicht hat er gar nicht gegen mich gekämpft, sondern für sie und mit sich selbst? Vielleicht hat sie ihn benutzt wie Mütter das manchmal tun mit ihren Söhnen? Das Goldkind als goldene Kette, mit der sie selber sich schmücken? Da muss der Zweite dann Erster werden, um jeden Preis. Damals war's mir nicht so wichtig; ich wusste ja, dass ich Erster war. Doch Jakob hat gekämpft. Er ist in meine Haut geschlüpft, hat den Geruch des Jägers angenommen und den des Wildes. Nur seine Stimme konnte er nicht verstellen. Hat er sich nur der Mutter zuliebe verkleidet? Oder hat auch er sich für einen Augenblick danach gesehnt, wieder eins zu sein, wie damals, als eine Haut uns noch umhüllte? Vielleicht war das auch nur mein Traum: zusammengehören, eins sein mit dem Bruder, untrennbar.

Dass diese Einheit eine Illusion ist, habe ich erst gemerkt, als ich meinen Segen nicht bekam. Ich bekam, was er übrig gelassen hatte für mich. Der Segen hat uns getrennt. Mein Hass hat mir geholfen, das zu spüren. Er hat mich auf mich selbst geworfen. Später waren es nicht mehr die Eltern, die dafür gesorgt haben, dass wir verschiedene Wege gingen. Es war das Leben selbst: das Hirtenleben, das Jägerleben. Die alten Geschichten hatten ihre Spuren hinterlassen in uns. Und dennoch, auf seltsame Weise blieben wir uns nah: Er musste unruhig umherstreifen als Hirte wie das Wild, dem ich auf der Spur war als Jäger. So sind wir erwachsen geworden.

Ich habe mich oft gefragt, was er alles erlebt hat, in seiner Unruhe, seinem Getriebensein. Mit wem hat er gekämpft und wer hat ihn begleitet? Wer ist an meiner Stelle bei ihm gewesen wie ein Bruder im Kampf und in der brüderlichen Nähe? Ich habe ihm solche Fragen nie gestellt.

„Ich habe dein Angesicht gesehen, wie man das Angesicht Gottes sieht – und du hast mich freundlich angenommen ...“ Er, sein Gott und ich, sein Bruder – es klang für mich, als könne er uns beide zugleich wahrnehmen. Als hätte er mit Gott erlebt, wovor er bei mir davongelaufen ist. Als könnte er in meinen Augen Gottes Freundlichkeit erkennen, in meinem

Angesicht seinen Segen – oder meinen Segen in Gottes Angesicht?

„...*Du hast mich freundlich angenommen*". Dann ist er einen Schritt zurückgetreten. Er stand mir gegenüber, nicht mehr der Kleine, der Jüngste, der Zweite, aber auch nicht mehr der, der um jeden Preis Erster sein wollte. Das war vorbei.

Er will nicht, dass ich vor ihm herziehe. Die Lämmer haben ein anderes Tempo als du, sagt er. Ja, denke ich, du hast ein anderes Tempo als ich. Jeder von uns wird seinen eigenen Weg gehen. Keine Flucht mehr. Kein Kampf. Kein ängstliches Horchen, wo der andere sich verbirgt. Stattdessen: Nähe und Abstand zugleich. Genügend Raum für jeden.

Ich habe ihn umarmt und ich werde ihn ziehen lassen.

Literatur

LEY, KATHARINA, Geschwisterbande – Liebe Hass und Solidarität, Düsseldorf 2001.

WESTERMANN, CLAUS, Genesis 12–36, BKAT I/2, Neukirchen-Vluyn 1981.

Was es heißt, ein Zwilling zu sein

HERBERT KAPPAUF

The drive is always to be two
yet be unique from all others

George F. Engels, 1981

Ich bin ein Zwilling, zweitgeboren wie Jakob, aber genauer gesagt zweitgeboren nur als Zwilling: Denn bei meiner Geburt wartete auch schon ein knapp zweijähriger Bruder auf ein Geschwister.

Im Gegensatz zu Jakob bin ich jedoch ein eineiiger Zwilling. Und im Unterschied zu Rebekka war meiner Mutter die Tatsache einer Zwillingsschwangerschaft noch bis nach der Geburt meines Zwillingsbruders nicht bekannt – bis zu dem Zeitpunkt, als sich die „frühe Nachgeburt" als intakte Fruchtblase erwies, in der ich den Mutterleib verließ. Das Petroleumlicht der Welt erblickte ich dann, als mein Vater unsicher die Fruchtblase aufstach. Wie dann schließlich die Hebamme und der Landarzt durch den frühen Dezemberschnee zu dem windschiefen Grattlerhaus gewatet kamen, blieb ihnen nur noch, meinen Bruder und mich abzunabeln. Der kolportierte Ausspruch der alterfahrenen, wenig wort-wählerischen Hebamme angesichts meiner – im Gegensatz zu meinem Bruder – vielen Falten und meiner Versuche wegzukrabbeln, sind mir ein wertvolles Skript geworden: „Das ist das runzeligste Kind, das ich je entbunden habe, aber das ist eine Eidechse. Um die habe ich keine Angst".

Die Umstände meiner Geburt haben mir ein Vertrauen in das Leben mitgegeben, freilich auch ein gewisses Misstrauen in Konzepte völliger Kontrolle und Planbarkeit. Die Frage, ob und wie sich die Individuation und Sozialisation von Zwillingen von der anderer Kinder unterscheiden, hat mich immer wieder beschäftigt.

Zwillinge, zwei Geschwister, die sich zur gleichen Zeit im Mutterleib entwickelt haben, bekommen immer besondere Aufmerksamkeit: einerseits als eineiige Zwillinge wegen ihrer Ähnlichkeit im Sinne eines „doppelten Lottchens“ oder – dann meist bei zweieiigen Zwillingen – gerade wegen ihrer Unterschiedlichkeit im Sinne von „gleich alten, aber ungleichen Geschwistern“.

Zwillinge verkörpern damit die Prinzipien „Identität“ – im angloamerikanischen Sprachraum heißen eineiige Zwilling *„identical twins“* – oder Komplementarität oder aber Polarität. Deshalb und dementsprechend auch sehr unterschiedlich, findet sich das Zwillingsmotiv in der Mythologie vieler Völker, beispielsweise als göttliche Zwillinge Castor und Pollux in austauschbarer Identität, oder aber als göttliche Zwillinge in der Form einer zentralen unverwechselbaren Polarität von Sonne und Mond.

Eineiige Zwillinge entwickeln sich aus einer befruchteten Eizelle. Sie sind genetisch identisch. Je nachdem zu welchem Zeitpunkt sich aus der befruchteten Eizelle eine Zelle zur getrennten Entwicklung abspaltet, haben eineiige Zwillinge eine getrennte oder gemeinsame Plazenta und eine getrennte oder gemeinsame Fruchtblase.

Zweieiige Zwillinge entwickeln sich aus zwei befruchteten Eizellen. Genetisch sind sie nicht ähnlicher als andere Geschwister. Ihre Zeugung kann sogar zu unterschiedlichen Zeitpunkten und gelegentlich sogar durch unterschiedliche Väter stattgefunden haben. Zweieiige Zwillinge haben stets eine getrennte Plazenta und Fruchtblase. Im Gegensatz zu eineiigen Zwillingen ist die Wahrscheinlichkeit zweieiiger Zwillinge familiär gehäuft, also auch genetisch verankert.

Zwillinge sind interessant für Forscher, um Aufschluss zu bekommen, welche Eigenschaften und Eigenheiten erblich bedingt oder aber durch Milieubedingungen ausgeprägt werden. Erkranken eineiige Zwillinge, an gleichen Krankheiten gleich oft, auch wenn sie früh getrennt in verschiedener Umgebung aufgewachsen sind? Unterscheidet sich diese Häufigkeit von der bei zweieiigen Zwillingen? Ich habe in Erlangen am Institut für Humangenetik promoviert, dessen damaliger Leiter Prof. Koch sehr von seinem Lehrer und Begründer der Zwillingsforschung in Deutschland, Prof.

Otmar Freiherr von Verschuer, geprägt war. Ein anderer Schüler von Freiherr von Verschuer, der bei ihm 1938 promoviert hatte, hatte als Lagerarzt von Ausschwitz versucht, durch seine Forschung „außerhalb des akademischen Elfenbeinturms" seinen Lehrer zu unterstützen und zu beeindrukken: Dr. Mengele, der stets ein Bonbon für „seine Kinder" einstecken hatte, mit seinen mörderischen Menschenversuchen mit Zwillingen. Ein Beispiel von ungleichen „Zwillingskarrieren".

Als Student habe ich an dem humangenetischen Institut als wissenschaftliche Spielerei die Papillarleistenmuster, also Finger- und Handabdrücke meines Zwillingsbruders mit meinen verglichen, und die für eineiige Zwillinge typisch große Ähnlichkeit der Fingerabdrücke bestätigt. Eineiige Zwillinge sind also nicht völlig identisch, auch wenn sie in ihren Zellen die völlig identische Erbinformation haben. Während ihr epigenetisches Profil in frühen Jahren kaum zu unterscheiden ist, nehmen die Unterschiede im Laufe des Lebens zu. Diese Forschungsbefunde lassen sich damit erklären, dass bei eineiigen Zwillingen einige Genabschnitte durchaus in unterschiedlichem Ausmaß aktiv sind. Bildlich gesprochen entwickelt sich bei ihnen der gleiche aktive Wortschatz, weil sie exakt die gleichen Bücher lesen. Mit zunehmendem Alter entstehen aber trotzdem Unterschiede ihrer Sprache, da sie – bedingt durch unterschiedliche Lebensanforderungen – aus ihrem gleichen Lexikon unterschiedliche Begriffe aktivieren.

Esau und Jakob waren zweieiige Zwillinge. Sie werden von Geburt an als unterschiedlich beschrieben zuerst im Aussehen dann auch in den Neigungen und ihrer Entwicklung.

Esau wird vom Vater favorisiert. Jakob ist der ausgesprochene Liebling der Mutter, die die lügnerische Intrige anstachelt und inszeniert, mit der er seinen Zwillingsbruder um den väterlichen Segen und die damit verbundene Führungsposition im Clan betrügt. Die Mutter ist es auch, die ihn vor der Rache des Bruders schützt.

Vielleicht erklärt mein Hebammenskript des „runzligsten Kindes", meine Sympathie für Esau. Unterschied er sich doch „rötlich und ganz mit Haaren bedeckt" von Geburt an von seinem Bruder und anderen Neugeborenen seiner Region. Aber mir gefiel seine unabhängigere Lebendigkeit, größere

Authentizität und weniger in Konventionen verhaftete, somit auch konflikthaftere Erdung, im Vergleich zu seinem eher hofschränzig berechnenden Bruder, der aus dem Leiden des halbverhungert heimkehrenden Zwillings schamlos Kapital schlug.

Zwillinge entwickeln sich frühkindlich anders als einzeln Geborene. Bei letzteren ist eine dyadische Mutterbeziehung prägend, in der sich auf Seite des Kindes Mutter-Selbst-Grenzen erst langsam entwickeln. Die Individuation bei Zwillingen kennzeichnet sich dagegen als primäre triadische Beziehung, in der die engste Bindung meist zum eigenen Zwilling besteht und Aufmerksamkeit und Zuwendung von Seiten der Mutter geteilt werden müssen. Dementsprechend zeigte sich in Untersuchungen die frühe Sprachentwicklung von Zwillingen verzögert im Vergleich zu Einzelgeschwistern. Einzelgeborene sind eben mehr gefordert, sich in der sprachlichen Kommunikation der höheren Sprachebene der Mutter anzugleichen, während Zwillinge sich untereinander ja kommunikativ bereits auf gleicher Ebene befinden. Diese Verzögerung in der Sprachentwicklung wird jedoch innerhalb der ersten Jahre ausgeglichen.

Die Zuneigung der Mutter verteilt sich in der triadischen Beziehung zu ihren Zwillingen keineswegs gleich, wie am Beispiel der Zwillinge Esau und Jakob deutlich wird. Bei einzelgeborenen Geschwistern entwickelt sich eine elterliche Bevorzugung oft erst mit der Zeit. Kinder, gerade Erstgeborene, leiden ja gerade regelmäßig darunter, dass sie mit einem nachgeborenen Geschwister, den „Königsthron" verlieren, weil sich die elterliche Aufmerksamkeit zuminderst für einige Zeit notwendigerweise mehr auf das Neugeborene verlagert. Eine Bevorzugung eines Zwillings besteht dagegen eventuell von Geburt an und ist dann für die Individuation des Benachteiligten und die geschwisterliche Sozialisation problematischer.

Psychodynamisch ist es verständlich, dass sich Esau bei der Bevorzugung des Bruders durch die Mutter mehr von dieser weg nach außen orientiert. Seine Identifikation mit dem Vater sucht er in dem ausgesprochen männlichen Rollenmodell des Jägers, der sich bis zur Erschöpfung verausgabt. Sein ob seiner starken Behaarung „wildes" Aussehen, auf Grund dessen er wohl in der Mutterliebe dem Bruder nachgestellt wird, kann er als wilder Jäger einerseits als Stärke erleben und gleichzeitig im gejagten Wild erlegen. Nicht umsonst wählten sich Männer in Jagdvölkern oft Namen von bejagten Tieren, um deren Kraft und andere Stärken zu assimilieren. Diese Vorstellung lebt ja in den Mannschaftsnamen von sehr männlichen Sportarten wie Eishockey oder American Football fort: Nürnberg Ice Tigers, Adler Mannheim, Kölner Haie, Hamburg Eagles, Düsseldorf Panthers ...

Jakob entwickelte sich dagegen – als expliziter Favorit der Mutter auch eher als „Muttersöhnchen". Er „blieb bei den Zelten".

In der Individuation – der Entwicklung ihrer „Ich"-Identität – von zweieiigen Zwillingen ist Konkurrieren durch Kontrast ein frühes Merkmal. Unterschiede werden betont und erlauben dem einzelnen Zwilling die Abgrenzung vom anderen, der in der Individuation auch bald anders erlebt wird.

Die Individuation und Sozialisation von eineiigen Zwillingen verlaufen anders. Bei ihnen als jeweils „einer eines Paares" ist gerade die Ähnlichkeit interessant. Diese wird nicht selten mit gleicher Kleidung und gemeinsamer Präsenz unterstrichen. Denn die Ähnlichkeit und interessante Besonderheit der Zwillinge fallen nur in der Gemeinsamkeit auf. Als „die Zwillinge", entwickeln sie primär eine „Wir"-Identität. Ihre Frage „Wer bin ich?", als Zwilling, nicht als „die Zwillinge" führt in ihrer Autonomieentwicklung zu einem manchmal kokettierenden, gelegentlich auch schmerzlichen Spagat zwischen „Ich"- und „Wir"-Identität: Betont werden bei ihnen Ähnlichkeiten und gleichzeitig Unterschiede. Sich zum Verwechseln zu ähneln und gleichzeitig sich zu unterscheiden, einzigartig sein zu wollen, ist ihr Lebensthema. Fast klischeehaft gehören dazu Verwechslungsspiele, in denen die Identität des anderen Zwillings übernommen wird, selbstinitiiert beispielsweise durch Platzwechsel in der Schule oder situativ spontan, weil andere die Identität verwechseln.

Diese Verwechslungen und Verwechslungsspiele sind einerseits ein wichtiger Teil der Identitätsentwicklung von Zwillingen – im Sinne von: „Ich *bin etwas Besonderes, weil* wir *etwas Besonderes sind*". Andererseits ist in der Kindheit und Adoleszenz das Thema „Ich" und „wie unterscheide ich mich von anderen" sehr zentral. Geht es doch darum, aus einer Identität, die primär in Identifikation entsteht – meist mit der Mutter, dem Vater, der „großen Schwester“ oder dem „großen Bruder“ – über eine nicht selten konflikthafte Abgrenzung in der Pubertät eine eigenständige Identität aufzubauen. Bei Zwillingen, gerade bei eineiigen Zwillingen, ist dieser Prozess der Entwicklung einer unabhängigen Identität komplexer.

Ich erinnere mich sehr gut an diesen Spagat zwischen Identifikation und Abgrenzung in meiner Zwillingskindheit. Unseren Lehrern war es in den ersten Schuljahren nahezu unmöglich, uns zu unterscheiden, besonders da uns unsere Eltern lange Zeit gleich kleideten und wir nebeneinander eine Schulbank drückten. Natürlich sonnten wir uns in der Aufmerksamkeit, die uns fast täglich bei Verwechslungen widerfuhr, und auch bei den ständigen Bemühungen von Lehrern und Mitschülern, feine Unterscheidungsmerkmale festzustellen.

Als jedoch mein Zwillingsbruder nach der vierten Klasse Grundschule ins Gymnasium übertrat, verblieb ich – als sehr guter Schüler – in der Hauptschule. Dieses Jahr Hauptschule ohne meinen Bruder neben mir in der Schulbank habe ich genossen. Es war eine erste Zeit – nicht als Zwilling, sondern als „normaler“ Schüler. Nach einem Jahr folgte ich auf Drängen meines Lehrers meinem Zwilling auf das Gymnasium. Ich hätte es aber nicht akzeptiert, ihm ein Jahr hinterherzuhinken, und erreichte es mit einer Prüfung, zu ihm in die zweite Klasse des Gymnasiums aufgenommen zu werden. Verwechslungen und Verwechslungsspiele waren für uns jetzt weniger interessant als für Mitschüler. Hatte doch mein Zwilling das erste Jahr „allein“ im Gymnasium ebenfalls genossen. Wir nutzten ein Jahr später die erste Gelegenheit, wieder „allein“ in einer Klasse zu sein, indem sich mein Bruder für den Neusprachlichen Zweig der Schule entschied, ich mich hingegen für die mathemathisch-naturwissenschaftliche Richtung.

Als ich mich mit 17 Jahren für ein Stipendium als Austauschschüler für ein Jahr an einer amerikanischen High School bewarb, zog mein Zwillingsbruder nach. Aber wir schafften es, dieses Jahr 5000 km voneinander getrennt in sehr unterschiedlichen Regionen der USA zu verbringen und uns nie zu begegnen. Als dann nach einem Jahr bei meiner Heimreise auf dem Flughafen von Rochester ein mir wildfremder südamerikanischer Student auf mich zugestürmt kam, mich umarmte, dann fragte, was ich noch hier suche, da meldete sich mit einem innig vertrauten Gefühl meine „Wir"-Identität zurück. Mein Zwillingsbruder war, ohne dass wir voneinander wussten, am Vortag in Rochester zwischengelandet und hatte sich von Freunden verabschiedet, die dort auf ihre Anschlussflüge warten mussten.

In diesem Rochester im Bundesstaat New York, so sollte ich später erfahren, lehrte zu diesem Zeitpunkt an der dortigen Universität Prof. George Engel. Er war als Begründer der „Rochester Schule" mit seinem Plädoyer für sein „bio-psycho-soziales" Krankheitsmodell Leitfigur einer psychosomatischen Medizin in den USA geworden.

George Engel war eineiiger Zwilling. Am Beispiel seiner Zwillingsbiografie reflektierte er die Dynamik der Individuation und Sozialisation von Zwillingen. Sowohl er als auch sein Zwillingsbruder Frank hatten Medizin studiert und sich in Innere Medizin weitergebildet. George hatte sich zusätzlich einer Facharztausbildung in Psychiatrie unterzogen, sein Bruder hingegen eine Weiterbildung in Physiologie verfolgt. Beide wurden Hochschullehrer, aber an unterschiedlichen Universitäten. Für George Engel ist es bezeichnend für Zwillinge, zwei Berufsrichtungen zu einer *einzigartigen* Konstellation zu verschmelzen, in der einerseits ihre Gemeinsamkeit erkennbar ist, die sie aber andererseits auch unverkennbar vom anderen Zwilling – und anderen Kollegen – unterscheidet. Damit wird in der Regel auch direktes Konkurrieren vermieden.

Mein Zwillingsbruder studierte sowohl Pädagogik als auch Psychologie und verschmolz diese Fächer im engen Wortsinn einzigartig in seiner psychologisch-psychotherapeutischen Praxis. Ich studierte Medizin und absolvierte dann eine Weiterbildung zum internistischen Krebsspezialisten und gleichzeitig zum Facharzt für Psychotherapeutische Medizin. Diese beiden Fachrichtungen erlaubten auch mir eine einzigartige Identität – in der Entwicklung des neuen Arbeitsgebietes Psychoonkologie. Gleichzeitig stellen sowohl mein Zwilling und ich oft erstaunt fest, wie sehr sich die von uns gesuchten „unverwechselbaren" Arbeitsgebiete in Bereichen überschneiden. Die kokette Zwillingsdynamik von „Gleichheit" und „Einzigartigkeit" bleibt.

Gleich ist meinem Zwilling und mir auch ein Faible für südamerikanische Literatur. Gabriel Garcia Marquez` „Hundert Jahre Einsamkeit", ist ja fast eine Parabel für individuelle, familiäre und nationale Identitätsentwicklung. Wir, die sich auf Grund eines beidseits ausgeprägten „workaholic-Gens" die letzten Jahrzehnte jeweils nur wenige Tage im Jahr gesehen hatten, beschlossen somit mit 50 Jahren, unsere „100 Jahre Zwillinge" „gemeinsam allein" mit einigen Wochen Bergsteigen in Südamerika zu markieren.

Als wir zurückkamen, fragten uns unsere Frauen neugierig, was wir in der längsten gemeinsamen Zeit seit unserer Kindheit miteinander besprochen hätten. Unsere eher erstaunte Antwort glich sich: „Wir haben zwar viel mit anderen, aber eigentlich gar nicht viel miteinander geredet, es war wie früher: viel entspanntes Schweigen miteinander, das verlässliche Gefühl zu wissen, wie der Zwilling eine Situation einschätzt, wie er reagiert, was er denkt, also warum sollten wir viel reden?"

Esau und Jakob hatten das Pech, dass die Frage der Erstgeburt über Macht und Einfluss, eben die Nachfolge eines Clan-Chefs, entschied, der ja durchaus mit Königen der Region persönlich verkehrte. Als Zwillinge einer gemeinen Hirtenfamilie dieses Clans hätte die Position des Erstgeborenen wenig Bedeutung gehabt.

Als mich im Jahre 2000 Freunde mit ihrem Auto von Jerusalem hinab zum Toten Meer und Jordantal mitnahmen, mit dem Blick rechterhand in das Land Esaus und Jakobs, zog mein israelischer Freund plötzlich einen Militärrevolver aus dem Handschuhfach und legte ihn entsichert neben sich. Vielleicht wäre bei einer gemeinsamen Bergtour von Jakob und Esau, der Betonung ihrer „Wir"-Identität, die Entwicklung in der Nahost-Region anders verlaufen.

Literatur

FRAGA, MARIO F. u. a., From the Cover: Epigenetic Differences Arise During the Lifetime of Monozygotic Twins. Proceedings of the National Academy of Science, 2005; 102: 10604–10606.

ENGEL, GEORGE L., Death and Reunion: The Loss of a Twin, Dartmouth Alumni Magazine 1981, Darthmouth College.

Abbildung 2: Richard Seewald, Jakob empfängt den Segen

Hülsenfrucht

Peter Horst Neumann

Hülsenfrucht

Wenn mir die Linse im Kochtopf quillt, denk ich
an Esau, den Zwillingsbruder, zweimal für dumm
verkauft, zweimal betrogen, der nur deshalb zum
zweiten Mal Abel nicht totschlug, weil der Lump
ihm nach Syrien zu Labans Töchtern entfloh.

Den rühme ich nicht – Jakob hat Ehre genug,
Träume, erzählte Geschichten, der wurde für alldas,
wer weiß es, erwählt, dem hat ein Engel die Hüfte
im Ringkampf verrenkt, zum zweiten Mal hat er
sich einen Segen erzwungen und einen Namen
zum Lohn – Israel, der im Klagton der Psalmen
von Ausschwitz bis Babel durch
unsre Geschichte tönt.

Quillt mir die Linse im Topf, denk ich an Esau.

(ad Ex 27ff)

Jakobs Verteidigung

DAGMER NICK

Wahrscheinlich verwechseln Sie mich, mein Herr. Ich habe, solange ich denken kann, einen Doppelgänger. Wir sehen uns lächerlich ernsthaft ähnlich, und ich will nicht behaupten, dass dies für mich unbequem sei. Wir sind Freunde. Er mag mich. Er springt, wenn's darauf ankommt, ohne Widerspruch für mich ein– wobei ich ihm allerdings nicht die Regie überlasse. In prekären Situationen schicke ich ihn vor, er kennt, wie ich alle Tricks, die zum Vorankommen nötig sind, aber er leidet, im Gegensatz zu mir, an keinem Gewissen.

Nein, ich sage das nicht mit Verachtung. Schließlich haben wir so Vieles gemeinsam. Das verbindet. Auch unsere Frauen haben wir in gewisser Weise gemeinsam. Jedenfalls tauschen wir sie zuweilen, Lea und Rahel, die beide so verschieden sind, verschieden wie unsere Namen, die wir ebenfalls gelegentlich tauschen, Jakob und Israel. Aber das ist eine eigene Geschichte. Früher, als meine geliebte Rahel noch nicht geboren hatte, – zur Zeit ist sie mit dem zweiten Kind schwanger – früher tauschten oder teilten wir auch das weibliche Dienstpersonal unserer Frauen, einfach zum Spaß, wir sehen das nicht so eng, es stärkt die Familienbande. Außerdem können wir von den Frauen lernen: im Erfinden von Listen sind sie unübertroffen. Es gibt ja Leute, die behaupten, alles Übel käme von den Frauen. Ich bin da anderer Meinung. Man muss das positiv betrachten. Ich habe sowohl von den Frauen wie von ihrer Fähigkeit, andere zu überlisten, nur Positives erfahren. In mancher Hinsicht sind die Frauen, nicht nur, weil sie körperlich früher reif sind als wir, uns tatsächlich voraus. Das reicht bis zu den frühen Legenden zurück. Denken Sie nur an unseren Stammvater Adam – er hätte die verführerisch dargebotene Frucht refüsieren können. Er tat es nicht. Er war schwach. Vielleicht sind wir Männer doch eher das sogenannte schwache Geschlecht? Wie dem auch sei, es ging und es geht doch bis heute letztendlich darum, die Köstlichkeit der Schöpfung, wenn ich so sagen darf, zu fördern. Ganz ohne Pathos. Ich glaube an diese Schöpfung als einen Plan Gottes. Ich glaube an Gott. Ich bin Realist. Deswegen bin ich auch nicht der Meinung, dass man ihn, den Unsichtbaren, für alles verantwortlich machen darf, was uns zustößt. Oder was wir ausfressen. Wir haben zu lernen.

Und damit kehre ich wieder zu den Frauen zurück. Vieles, vor allem das, was eine mögliche Zukunft betrifft, überblicken sie schneller als wir. Ich habe das als junger Bursche erfahren, als mein Vater Isaak, Gott hab ihn selig, schon sehr unter seiner rapide zunehmenden Blindheit litt und sich verpflichtet fühlte, sein Erbe zu regeln, also den entscheidenden Segen über den Erstgeborenen auszusprechen, sozusagen über das künftige Familienoberhaupt. Ich weiß nicht, ob Sie etwas von diesen juristischen Fragen verstehen, bei denen es um die Primogenitur geht. Das Recht des Erstgeborenen ist, abgesehen von dem Anspruch auf den Doppelanteil am väterlichen Erbe, hauptsächlich mit Pflichten verbunden, gewiss nicht jedermanns Traum von einem unbeschwerten freien Leben. Man kann sein Erstgeburtsrecht, wenn einem nichts daran liegt, auch verkaufen – aber ich schweife ab.

Ich wollte von meiner Erfahrung berichten, von dem, was man die typisch weibliche List nennt, die sich freilich oft genug am Ende als Segen erweist. Manches sieht aus wie eine harmlose Schummelei, aber Manches ist blanker Betrug. Den ersten Betrug, der mir unauslöschlich in Erinnerung bleibt, lernte ich kennen durch meine Mutter Rebekka, Gott hab sie selig, eine herrliche Frau, mit allen Wassern von Euphrat und Tigris gewaschen. Es war just jener Tag, an dem mein um wenige Atemzüge älterer Zwillingsbruder Esau von meinem Vater den rechtmäßigen Segen erhalten und damit zum Familienoberhaupt bestimmt werden sollte, was meiner Mutter allerdings weniger gefiel. Esau, der sich mehr mit der Jagd und nicht, wie ich, mit der Aufzucht von Herden befasste, schien ihr für den Fortbestand der Sippe schlicht ungeeignet. Natürlich hatte sie keinen Einfluss auf solche seit Generationen bestehenden Regeln. Also entschloss sie sich – im Grunde nur mir zuliebe! – meinen Vater zu übertölpeln. Vielleicht ist dies nicht das richtige Wort, denn mein Vater war alles andere als ein Tölpel. Jedenfalls schaffte sie es mit einer geradezu naiven Unverfrorenheit, die entscheidende Angelegenheit in ihrem Sinne – und gegen meine Bedenken, was ich betonen muss! – zu wenden. Sie wusste, dass mein Vater, der damals nahezu blind war, nach Esaus rechter Hand greifen würde, und sie wusste, wie ungeheuer behaart Esaus Hände sind, ganz anders als meine, schauen Sie sich das an, hier, die typischen Hände eines Intellektuellen. Also legte sie mir ein Stück Ziegenfell über den Handrücken und ein weiteres um meinen Hals, wo mein Bruder ebenfalls ungewöhnlich behaart war, und schickte mich, während Esau noch bei der Jagd war, vor, um die Segenszeremonie entgegenzunehmen. Ich bin nicht sicher, ob mein Vater, als er nach meiner Hand tastete und mich dann auch umarmte, den Betrug nicht bemerkte. Er legte den Kopf schief, wie jemand, der sich ganz auf sein Gehör verlassen muss, und zog eine Braue hoch, als ich seine Fragen beantwortete und er etwas angestrengt meiner Stimme nachhorchte, die sich zweifellos sowohl im Klang, wie in der gewandteren Wortwahl von der Stimme Esaus unterscheidet. Mir war das Ganze damals, vor allem Esau gegenüber, dem ich danach Jahre lang aus dem Wege gehen musste, sehr peinlich. Meine Mutter fand es überhaupt nicht peinlich, sondern vielmehr vernünftig. Frauen haben das Bedürfnis, den Bestand zu bewahren, und sie verstehen etwas vom Absichern, was manchmal eben mit einem kleineren oder größeren Schwindel verbunden ist.

Ich denke da an meine liebe Rahel, wie sie, als wir ihr Elternhaus in Mesopotamien für immer verließen, um uns in Kanaan niederzulassen, einen kleinen Götzen ihres Vaters mitgehen ließ – zur Absicherung! Als wäre unser Gott nicht Absicherung genug! Kein Amulett, wie Sie meinen, eher eine Art Talisman, also absolut verwerflich. Ich hatte keine Ahnung und erfuhr das erst, als mein bestohlener Schwiegervater uns nachjagte und in unserem Reisegepäck danach suchte. Nein, er hat nichts gefunden, mein Rachele hatte den „Glücksbringer“, wie sie den Gegenstand nannte, sehr raffiniert unter ihrem Rock versteckt, fragen Sie mich nicht weiter! Es ist mir nach wie vor peinlich. Es handelte sich ja nicht bloß um einen Diebstahl, sondern um eine Schmuggelei, die auch noch eine Lüge nach sich zog.

Ich bin gewiss kein Ehrenmann, als selbständiger Unternehmer ist man das selten. Aber ich versuche, die krummen Wege zu meiden. Freilich gelingt das nicht immer. Bei den Zuchterfolgen, die ich meinem Schwiegervater präsentieren konnte, und musste – er besaß ansehnliche Herden und ich war ihr Verwalter –, habe ich auch ein bisschen, na, sagen wir, „nachgeholfen". Ja, natürlich zu meinem Besten, schließlich muss man auch an die eigene Familie denken. Es war nicht direkt illegal. Wenn man etwas von Kreuzungen und Erbgut versteht, von der rechten Ernährung und dem Zeitpunkt der Brunst, lassen sich enorme Zuchterfolge erzielen. Vor allem in den letzten sechs Jahren, die ich bei meinem Schwiegervater verbrachte, habe ich den Bestand meiner Herden nahezu verdoppelt.

Wie kommen Sie jetzt auf meinen Doppelgänger? Ja, richtig, ich erwähnte das vorhin. Sie müssen das nicht weiter bewerten. Es gehört zu dem, was wir so schwer durchschauen: uns selber. In manchen Augenblicken weiß ich tatsächlich nicht, ob ich es bin, der agiert. Oder mein Double. Es gibt Schnittstellen in unserem Wesen, unsere Ansichten driften plötzlich auseinander, unsere Hemmungen, unser Schamgefühl. Manchmal fühle ich mich wirklich zu zweit. Zum Beispiel wenn ich träume und dabei nicht einmal sicher bin, ob ich es bin, der da träumt, oder ob das dem Anderen, der ich bin oder auch nicht bin, passiert. Einmal träumte ich von einer Leiter, die vom Boden bis an den Himmel reichte, sehr seltsam, und es stiegen Leute, die ich für Boten hielt, auf dieser Leiter auf und nieder. Sie sprachen nicht zu mir und doch hatte ich den Eindruck, als wollten sie mir etwas mitteilen oder mich vielleicht mit aufsteigen lassen, also ein sehr beglückendes Gefühl. Und am Ende des Traumes, so kurz vor dem Aufwachen, wenn man schon nicht mehr weiß, ob man noch träumt, hörte ich eine Stimme von sehr weit oben, die mir und meinen Nachkommen – die ich damals noch gar nicht hatte! – eine gottgesegnete Zukunft prophezeite. Man könnte über solchen Träumen größenwahnsinnig werden. Aber ich bin ein gläubiger Mensch und weiß, dass man Träume nicht deuten soll. Dennoch geht man nach solchen Träumen mit einer ganz anderen Zuversicht in den Tag. Inzwischen habe ich Nachkommen, eine große Familie, und, wie Sie wissen, es geht mir nicht schlecht.

Sie meinen das Bein? Weil ich hinke? Es ist nicht das Bein, es kommt von der Hüfte. Nein, kein Unfall. Es gab da ein Ereignis, das, so könnte es scheinen, eher ins Reich der Träume gehört – was allerdings die Realität widerlegt. Ich hatte damals mit meiner Familie, von Osten kommend, den Jabbok überquert, dort, wo er flach genug ist, um hindurch zu waten, und war froh, nach der sehr ermüdenden Reise meine Lieben heil ans andere Ufer gebracht zu haben, Sie müssen sich vorstellen, mit unserer gesamten Habe und allen Tieren! Am Abend dieses Tages, der zu den denkwürdigsten meines Lebens zählt, war ich derart erschöpft, dass ich mich, als die Meinen fest schliefen, alleine zurückzog. Träumte ich? Oder halluzinierte ich? Jedenfalls stand da, mitten in der Nacht, ein Mann vor mir, der mich zu überwältigen versuchte. Er war zweifellos stärker als ich, doch es gelang ihm nicht, mich niederzuringen. Das heißt, es gelang ihm erst, als er mir einen Schlag gegen die Hüfte versetzte. In diesem Augenblick schien mir, als hätte ich es nicht mit einem Wesen von dieser Welt zu tun, sondern mit jener Kraft, die wir als unseren Gott erkennen, wenn wir den Verstand beieinander haben. Ich bat ihn, er möge mich segnen, und klammerte mich an ihn. Er versuchte sich loszureißen, aber ich ließ ihn nicht los, und sagte: *Ich lasse dich nicht, du segnest mich denn.* Da fragte er mich nach meinem Namen. Und als ich ihn nannte, sagte er: *Du sollst nicht mehr Jakob heißen, sondern Israel, Streiter Gottes, denn du hast mit Gott und mit Menschen gerungen und dich behauptet.* Und er segnete mich.

Könnte man darüber nicht nachdenklich werden? Zumal wenn man am Morgen nach einem ungewöhnlichen Traum einen derart verrenkten Hüftknochen hat, dass man lebenslang ein Gezeichneter ist? Man könnte sich für auserwählt halten, die Zukunft eines Volkes zu bestimmen. Sie wissen es vielleicht: Bei den Ägyptern, sagt man, sei es üblich, den Söhnen des Pharao, sofern sie als Nachfolger in Frage kommen, beizeiten ein Bein zu brechen, damit sie hinken, dann würden sie später, wenn sie an der Regierung sind, ihrer mangelnden Attraktivität wegen nicht von den bösen Geistern verfolgt werden. Nun, ich glaube weder an Geister noch Götter, sondern an den Geist Gottes, des alleinigen, weshalb ich auch nach solchen Träumen, oder nennen Sie es Erscheinungen, nicht den Boden unter den Füßen verliere.

Verzeihen Sie, mein Herr, wenn ich Sie mit meinen Berichten aufgehalten habe, ich habe gar nicht gemerkt, wie die Zeit verging. Und bitte vergessen Sie die Geschichte mit dem Doppelgänger. Das war nun wirklich eine Erfindung. Alles andere aber ist wahr.

II. Lea, Rahel und die Frauen

Die Eine und die Andere

Manchmal heißen sie Leah und Rachel

Jutta-Ute Schwarz

Die Nacht war noch tiefer gefallen. Der Sichelmond stand sehr hoch. Und die Stille wurde so groß, dass man sie hören konnte.

Leah sitzt schon mit gekreuzten Beinen auf ihrem Sitzkissen vor dem Zelt und kaut vor sich hin, während *Rachel* noch ihren Kamelsattel durch die halbverhängte Öffnung ihres Zeltes zerrt.

Pscht. Sei still. Du weckst mir das Kind wieder auf. Ich hab Dina grad noch mal gestillt, damit sie endlich einschlafen kann.

Selber pscht. Was kaust du denn schon wieder?

Geröstete Sesamkörner.

Musst du immer so schmatzen? Kannst du nicht mal aufhören, dich so voll zu stopfen?

Hör endlich auf herumzumeckern. Du hast auch bloß Angst. Gibs wenigstens zu.

Ich hab keine Angst. Ich bin wütend. Wie er das wieder hingekriegt hat.

Wer hat was wieder hingekriegt?

Ja'akow natürlich. Ist es nicht immer Ja'akow, von dem wir reden?

Und was hat er dir wieder getan?

Was hat er mir getan? Was hat er dir getan? Uns allen hat er was getan. Im Stich gelassen hat er uns. Erst dieser ganze Tag voll Hetze und Aufregung. Und als man endlich denkt: Jetzt ist Schluss mit Herden sortieren und Viehtrieb, fällt ihm am Ende des Abends noch ein: Ihr müsst auch über den Fluss. Aber nicht einfach so, sondern schön sortiert. Der hat doch den Kontrollwahn, der Mann.

Wenn du das so siehst, könnte ich mich noch mehr beschweren. Schließlich mussten meine Kinder mit mir als erste vorausgehen. Da war keiner vorne dran zum Schutz.

Und ich wie immer hinten dran, als Letzte. Das Letzte. Erzähl mir nicht, dass er hinter mir ist. Denn da ist keiner.

Und unsere Drittfrauen schön in der Mitte. Als wären wir für sie verantwortlich.

Was für ein Szenario: Bilhah und Silpah von uns beschützt. Wie ich sie hasse.

Aber gebraucht haben wir sie auch. Du, weil du kein Kind kriegen konntest. Und ich, weil es so aussah, als wäre bei mir Schluss.

Dazu hat sie der Vater uns mit in die Ehe gegeben. Bloß kein Risiko eingehen. Der denkt immer noch: Sein Leben hängt an seiner Planung und seinem Gewinn.

Vielleicht denkt er das jetzt nicht mehr. Denn: Wir sind weg. Und seine zwölf Enkelkinder auch. Und die Riesenherden auch, die Ja'akow mit seiner neuen Technik gezüchtet hat. Er weiß. Von uns kommt keiner zurück, solange unser Ja'akow lebt.

Sag nicht immer: Der ist mein Ja'akow. Der ist Dein Ja'akow. Und kein „und" dazwischen.

Es wird Zeit, dass du aufhörst, dir was vorzumachen. Du kannst es drehn und wenden, wie du willst. In Wirklichkeit ist er unser Ja'akow.

Und in der Nacht des Übergangs ist er nicht da. Lässt uns allein.

Wir sind zusammen über den Euphrat gegangen. Wir haben gemeinsam den Jordan überquert. Und nun auch noch den Blauen Fluss. Vielleicht hat er genug von all dem.

Vielleicht passiert da vielmehr. Das Ende ist abgemacht. Der Anfang hat noch nicht begonnen. Die Nacht dazwischen. Deshalb brauch ich ihn ja so.

Aber er braucht uns nicht.

Das heißt: Er hockt dahinten in Feuchtigkeit und Flussnebel. Ganz allein.

Und weiß auch nicht: Was kommt? Obwohl er alles bis ins Kleinste vorbereitet hat. Hast du noch was zu essen?

Was zu essen? Jetzt?

Ja. Jetzt. Gegen die Angst.

Wenn du glaubst, dass das hilft. Ich hab noch Trockenfleisch in der Satteltasche. Nimm's dir raus. Aber gibt nicht mir die Schuld, wenn du immer fetter wirst.

Ich weiß ja. Ich weiß. Aber ich brauch was, um mich auszufüllen. Ich hab nicht Deine Phantasie, um mich wegzuträumen. Ich will auch nicht Deine Disziplin, um mir selbst das Leben einzuschränken nur wegen meiner Figur. Ich brauch was Reelles.

Ach, Ja'akow, wartest du auf deinen Engel? Der kommt doch nicht, wenn du willst. Nur, wann er will.

Trotzdem wärs gut für ihn.

Gut wär was ganz Anderes für ihn. Wenn er endlich sich selbst begegnet. Wenn er ein Mal, ein einziges Mal der Wahrheit ins Gesicht sieht und nicht flieht!

Aber er flieht doch gar nicht mehr. Er hat mit unserem Vater doch den Vertrag geschlossen. Er hat die Mazzebe errichtet, und Vater hat den Steinhaufen aufgehäufelt. Gemeinsam haben sie es beschworen: unsere Lossagung und unseren Besitz.

Ja'akow flüchtet schon sein Leben lang. Zuhause in Beer Schewa in die Stube, in seine Studien. Dann nach dem Eklat auf Mutters Geheiß –

Unser Ja'akow ist ein Muttersöhnchen. Hast du das nicht gewusst? Je weiter er von ihr weg ist, desto mehr hat sie ihn in den Krallen.

Du meinst: Er hat ihr das nie verziehen: den doppelten Verrat an Vater und Sohn?

Und deshalb zwei Frauen. Und vorsichtshalber noch die Drittfrauen. Klar.

Wie lange weißt du das schon?

Schon lange. Ich hatte viel Zeit. Immer wenn er bei dir war. Da hab ich gegrübelt: Warum es ist, wie es ist.

Und wo ist die Liebe?

Von Liebe weiß ich nichts. Nur von Verlangen. Aber vielleicht liebt er ja deinen Josef. Oder er wird es lernen.

Dahinten sitzt er und fürchtet den Tod. Denn wenn er die Augen aufmacht, fällt es über ihn her.

Dann wird er aufstehen müssen und kämpfen.

Armer Kerl.

Armer Kerl ist vorbei. Auf die Tour hat er sich lange genug durchgeschlagen. Und er hat es ja immer auch hingekriegt. Heute Nacht ist damit Schluss. Heute Nacht wird er ein Mann werden. Oder –

Oder was? – Das klingt wie eine Drohung. Dein Müssen.

Ach ja? Fängt die Träumerin an zu begreifen, dass es noch ein ganz anderes Muss gibt als ihre elitäre Lebensauffassung. Kommst du endlich aus deinen Wolken auf den Boden? Wir sind hier: Jenseits des Jabbok. In der Nacht. Auf dem Feld. Allein. Kein Ja'akow, der dich tröstlich beschläft.

Und wenn Ja'akow längst weggegangen ist. Und wenn Esau uns bei Tagesanbruch alle erschlagen lässt. Oder wenn er sich nicht die Finger schmutzig macht und einen Zaun um uns zieht, bis wir – ich dachte immer: Kinderlos sein, sei der Tod. Bis mich Josef erlöst hat. Und nun soll alles umsonst gewesen sein? Deine sieben Jahre und meine sieben Jahre und die sechs Jahre für den Besitz.

Nichts ist umsonst. Denn es ist ja gewesen. Meine sieben Jahre und deine sieben Jahre und die sechs Jahre für das Geschäft. Aber da fehlt ein Jahr.

Wieso fehlt da ein Jahr. Er hat sich doch lange genug abgeschunden. Und immer diese Unsicherheit. Nie hat uns was gehört. Alles, was Ja'akow erarbeitet hat, hat unser Vater für sich vereinnahmt. Oder hast du jemals deine Mitgift gesehen, die Ja'akow erarbeitet hat? Wir waren zwanzig Jahre von unserem Vater abhängig. Aber ich hab's ihm gezeigt.

Was hast du ihm gezeigt? Wie hast du's ihm gezeigt?

Dass du nicht von selbst draufgekommen bist. Ich habe gedacht, du weißt es längst.

Wenn du's so spannend machen willst, brauch ich noch was zu essen. Was Süßes.

Was Süßes. Was Süßes. Ein bisschen Honig hab ich noch. Aber der ist für Josef. Damit er ihn von meinem Finger lutschen kann, wenn er wieder schreit.

Hab ich mir schon gedacht, dass du zu wenig Milch für ihn hast. Das kommt davon, wenn man so dünn sein will. Sonst wär er nicht so ein Schreier.

Ich hab genug Milch für mein Kind und genug Liebe.

Vielleicht zu viel Liebe und zu wenig Milch. Vielleicht merkt er ja, dass er dir nicht genug ist.

Schieb mir bloß nicht wieder die Schuld zu. Immer soll ich schuld sein. Weil Ja'akow dich nicht liebt. Weil unser Vater und unser Mann sich ein halbes Leben lang belauert und bekämpft haben. Und nun bin ich auch noch schuld, weil ich ein Schreikind habe. Wenn du schon nicht richtig sehen kannst, könntest du mal versuchen zu hören, in wie viel Unruhe ich meinen Sohn hineingeboren habe. Es war doch alles im Umbruch innerlich. Und äußerlich hat's auch nicht lange auf sich warten lassen.

Ich fang gleich an zu schreien, wenn ich nichts zu essen kriege.

Hast du denn gar nichts mehr? Gewöhnlich hast du noch was Gutes, was du vor dir selber versteckst.

Ich würd dich nicht bitten, wenn's so wär.

Also gut. Also gut. Aber heul mir morgen nicht vor, dass ich dir's hätte verschweigen sollen. Ich hab da noch einen Rest getrocknete Datteln. Den kannst du haben.

Wirklich? Du gibst mir Deinen Rest? Ich danke dir. Naja, wenn ich es richtig betrachte, bist du es mir auch schuldig.

Ich? Ich bin dir gar nichts schuldig. Du kriegst die Datteln. Da. Aber versuch nicht wieder, mir ein schlechtes Gewissen zu machen. Du warst es, die Ja'akow in seiner Hochzeitsnacht betrogen hat. Du hast voll Gier und Triumph mitgespielt. In dem lausigen Spiel, das unser Vater inszeniert hat.

Und du hast dabeigestanden und warst zu feige. Du warst zu feige, für Deine Liebe zu kämpfen. Und erzähl mir nicht, dass du damals von Kopf bis Fuß in Ja'akow verliebt warst.

Ich hab doch gar nicht gleich kapiert. Wie hätte ich denn unserem Vater so viel Gemeinheit zutrauen sollen. Nur weil er dich unter den Schleier bringen wollte. Ich hab's noch nicht mal geglaubt, während es schon passierte. Und acht Tage später, als Ihr die Hochzeitswoche hinter euch hattet. Was glaubst du, wie es sich da angefühlt hat? Endlich mein? Das war nur noch widerlich.

Du hast Augen, die richtig sehen, nicht so wie meine. Und was machst du damit? Du siehst nur, was du sehen willst. Und was du nicht sehen willst, das ist einfach nicht da.

Wie du dich täuschst. Ich habe gut sehen gelernt.

Ach ja? Da bin ich aber gespannt.

Ich habe gelernt, dass hier keiner kriegt, was er will. Du kannst ihm Kinder gebären, so viel du willst. Zuletzt sogar eine Tochter. Seine Prinzessin. Er wird schon sehen, was er davon hat. Liebt er dich dafür? Als würde Liebe jemals so funktionieren. Du tust alles für ihn. Jeder weiß das. Na und?

Das ist wie mit deiner Fresserei. Du kannst in dich reinstopfen, so viel du willst und wirst doch nicht satt. Und ich? Ich will nichts mehr als Söhne von ihm. Und was ist? Einer. Und der macht mich verrückt mit seiner Schreierei.

Vergiss Ja'akow nicht. Auch der kriegt nicht, wonach er sich so sehr sehnt. Deine Liebe. Ich versteh dich nicht. Du könntest dir doch wenigstens ein bisschen mehr Mühe geben.

Wenn ich das schon höre: „ein bisschen" und „mehr" und „Mühe geben". Da kann er hundertmal „mein Brunnenmädchen" zu mir sagen und weinen. Ich will, dass er mir noch einen Sohn macht.

Noch einen?

Wieso nicht. Es hat doch geklappt mit Josef. Warum also nicht noch mal? Ich brauch noch einen Sohn. Den einen noch. Dann bin ich frei.

Versteh ich nicht.

Der Erste hat mich erlöst. Der Zweite macht mich frei.

Versteh ich erst recht nicht. Zwei Söhne: ein Erlöser und ein Befreier? Kinder sind Geschenke für den Mann. Weil wir keine andere Möglichkeit haben, Danke zu sagen. Und für uns sind sie unser Leben. Und manchmal unsere Last. Du wirst sie ja nicht mehr los. Du bist zuständig. Du bist verantwortlich. Und wenn's schief läuft, bist du schuld. Siehe Riwka. Man kann immer mehr falsch machen als richtig. Und wenn du sie endlich groß hast, sind sie weg. Und wenn sie weit genug weg sind, kommen sie wahrscheinlich erst zu deiner Beerdigung zurück.

Und ich hab gedacht, Du wärst glücklich mit deinen Kindern.

Ich bin ja auch glücklich. Aber ohne Kinder, nur mit Ja'akow wär ich glücklicher. Nein, stimmt nicht. Ich würde nicht mal überlegen, was mehr oder weniger ist. Ich könnte einfach nur leben.

Du hast es begriffen. Was dir dein Ja'akow, sind mir meine Söhne. Der eine, der schon ist. Der andere, der noch wird. Und deshalb sage ich: Der Erste hat mich erlöst. Kannst ruhig sagen: von meiner zwanghaften Sehnsucht. Und der Zweite wird mich befreien.

Von was? Du hast doch alles, was man sich wünschen kann.

Kann sein. Aber nicht, was ich will.

Und was willst du?

Alles oder nichts. Freiheit eben.
Für dich ganz allein?
Für mich ganz allein.
Dann bist du tot.

Aber frei. Du musst jetzt nicht heulen, Leah. Ich bin eben anders als du. Ich bin doch schon anders groß geworden. Du warst die ganze Zeit zu Hause. Und ich durfte raus, die Schafe hüten im Busch. Den Geruch vom Wind in der Nase. Und der Himmel oben so weiß. Und wenn sie gelammt hatten, die Schafe und Ziegen. Das war die schönste Zeit. Nach keinem Menschen musste ich mich richten. Nur am Brunnen „Hallo" und „Wie geht's?" Und dann wieder weg.
Du hörst dich an, als wärst du gefangen.
Und dagegen hab ich was getan.
Du hast was getan?
Hast du doch längst rausgekriegt.

Das hast du vorhin schon mal gesagt. Ich habe keine Ahnung, was du meinst.
Ich hab's in meine Hände genommen. Das Leben. Den Segen.

Den Terafim? Bist du verrückt? Du hast den Terafim geklaut? Du?
Nicht geklaut. Genommen, was mir zusteht.

O nein. Wenn hier jemandem was zusteht, bin das ich. Ich bin die Ältere, vergiss das nicht.

Als hätte es auch nur einen Tag gegeben, an dem ich das hätte vergessen können. Du hast gesagt: Ich war zu feige, um Ja'akow zu kämpfen. Aber ich war nicht zu feige, mir mein Erbe zu verschaffen.

Du hast den Verstand verloren. Unser Vater ist noch nicht tot. Und du nimmst dir dein Erbe. Du bist wirklich nicht besser als Ja'akow, den du anklagst, wann immer es dir passt. Er ist der Jüngere. Du bist die Jüngere. Betrüger seid ihr. Alle beide. Hast du gar keinen Respekt? Hast du nicht mal Angst? Man stiehlt nicht ungestraft den Familienterafim.

Ein bisschen Angst hatte ich schon, als ich ihn aus der Heiligen Ecke hinter der Weihrauchschale zwischen Myrtenzweigen hervorgeholt habe. Aber dann hat er genau zwischen meine beiden Handflächen gepasst. Es ist ein gutes Gefühl, die kleine Figur in den Händen zu haben. Verstehst du? Das macht stark.

Kannst du denn nicht begreifen, dass das Unrecht ist? Der Terafim gehört nach Hause.

Eben deshalb. Egal, was Esau uns tun wird. Egal, ob Riwka auf uns spuckt, wenn wir in Beer Schewa sind. Ich hab mein Stück Zuhause bei mir.

Wir müssen das in Ordnung bringen. Sonst bringt es Unglück. Uns allen.

Wie willst du das anstellen? Willst du mich den langen Weg zurückschicken mit dem Terafim zwischen den Schenkeln auf dem Sattel? Du spinnst doch.

Da hast du ihn versteckt? Ich hab schon die ganze Zeit überlegt, wie du das hingekriegt hast. Vater hat doch alles durchsucht in seiner Wut, nachdem er entdeckt hatte, dass er weg war. Alle hat er verdächtigt: die Drittfrauen und Ja'akow und sogar mich.

Mich auch.

Ich glaub's dir trotzdem nicht. Vater hat alles durchwühlt: die Taschen am Zelt. Die Kleiderbündel. Selbst die Teppiche musste ich aufrollen. Die Kinderlager auseinander nehmen. Den Kornsack hat er umgerührt.

Hat er bei mir auch alles gemacht. Pech gehabt. Als er dann noch verlangt hat, dass ich aufstehen soll von meinem Sattel –

Du hast die ganze Zeit auf deinem Sattel gesessen und nicht mal so getan, als wolltest du helfen?

Ich hab auf meinem Sattel gesessen mit dem Terafim zwischen den Beinen und ihm gesagt: Tut mir leid. Aufstehen kann ich nicht. Ich hab meine Tage.

Das hast du dich getraut?

Klar. Tabu. Kann er nicht ran.

Und alle hast Du in Verdacht gebracht. Und das ist ja nicht vorbei. Vater wird nie wissen, wer es getan hat. Für immer sind Ja'akow und ich Verdächtige. Wie willst Du das wieder gutmachen?

Wenn du nur unschuldig bist und mit den anderen abrechnen kannst.

Wo Ja'akow nur bleibt. Es wird Zeit, dass er kommt. Manchmal denke ich: Ich verbringe mein Leben mit Warten auf ihn.

Hast du jemals befürchtet: Er kommt nicht mehr zu dir zurück?

Ja. Damals. Als ich meinen vierten, den Jehuda, geboren hatte. Und er anfing, mit den Drittfrauen zu schlafen. Weil du ja keine Kinder kriegen konntest. Als die dann auch ihre vier hatten. Da hat er fast nur noch bei dir gelebt.

Du meinst die Geschichte mit Reuwen? Wird mir heute noch ganz schlecht.

Aber nur, weil's nicht geklappt hat.

Nein, weil ich mir hinterher überlegt habe, was dein Großer alles mitgekriegt hat. Wie wir die Kinder verwickelt haben in unsere Rivalität.

Du meinst: Die haben gemerkt –

Die haben nicht bloß gemerkt. Die haben gewusst.

Das glaub ich nicht. Ich hab sie doch geschützt die ganze Zeit. Hab aufgepasst, dass keiner eine falsche Bemerkung macht in ihrer Gegenwart.

Theater hast du gespielt. Ihnen heile Welt vorgemacht. So viel Anstrengung für nichts und wieder nichts. Der Bock bespringt auch das andere Schaf. Sieht jeder. Weiß jeder. So ist das Leben.

Wie kannst du so hart sein? Wir sind doch keine Tiere. Meinen Söhnen hab ich Märchen erzählt. Geschichten vom anderen Leben. Wo die Wahrheit eine Chance hat. Wo die Liebe sich erfüllt.

Und deshalb hat dein Reuwen die Mandragora gesucht.

Er hat sie nicht gesucht. Er hat sie gefunden.

Mach dir nichts vor. Der ist doch nicht drüber gestolpert. Der hat seine unglückliche Mutter erlebt. Die hat ihm Leid getan. Da wollte er was tun. Losgezogen ist er und hat die weißgrüne Blüte gesucht. Und gesucht. Und gesucht.

Er war so stolz, als er nach Hause kam mit der gelbrot gefleckten Frucht in seiner kleinen dreckigen Hand. Ich hab gedacht: Alles wird gut. Bis du dann kamst.

Es ist meine Chance, hab ich gedacht. Meine einzige. Verstehst Du nicht? Ich musste sie haben. Die Mandragorafrucht verspricht Fruchtbarkeit. Ich habe dich geschlagen, um sie zu kriegen.

Noch während du mit mir geredet hast, hab ich gedacht: Das ist nicht wahr. Das kann sie mir nicht antun.

Und plötzlich bist du wach geworden. Hast gewittert, dass sich ein Geschäft draus machen lässt. Genau wie unser Vater.

Hast du eine Ahnung, wie das ist: Nachts wach zu liegen und genau zu wissen, was im Nachbarhaus passiert? Der Mann, den man liebt über alles, schläft mit der anderen. Und man weiß genau, wie er's macht. Seit Wochen war er nicht bei mir gewesen. Für eine Nacht hab ich ihn mir gekauft. Mit der Frucht.

Und deinen Reuwen betrogen.

Hab ich nicht. Ich hab ja gekriegt, was er mir zugedacht hat.

Es war die widerlichste Nacht meines Lebens. Schlimmer als deine Hochzeitsnacht. Ich hab Ja'akow verkauft für einen Sohn.

Den du nicht gekriegt hast.

In dieser Nacht wollte ich losziehen und die Mandragora suchen. Und die Wurzel ausgraben. Und sie essen. Noch draußen auf dem Feld.

Aber die ist giftig. Die Alraune.

Eben.

Du wolltest dich umbringen?

Ich wollte, dass es endlich aufhört. Das Belauern. Und das Warten. Der Ekel.

Aber du hast es nicht getan.

Nein.

Und warum nicht?

Ich weiß es nicht. Ich war wie gelähmt. Vielleicht hatte ich aufgegeben. Es hat keinen Unterschied mehr gemacht. Verstehst Du?

Es muss schlimm für dich gewesen sein, dass ich hinterher wieder anfing, schwanger zu werden. Und wieder. Und wieder. Und wieder.

Dinah zum Schluss. Das einzige Mädchen unter so vielen Jungen. Ob die es mal schafft?

Was schafft?

Ihren eigenen Weg zu gehen.

Allein?

Sie hat Brüder, um sie zu schützen. Und einen Vater, der in sie vernarrt ist. Was soll ihr da schon Böses geschehen?

Und Dein Josef? Soll der auch seinen eigenen Weg gehen? Macht ihn sicher richtig beliebt.

Josef? Der ist anders. Siehst du das nicht?

Hören tu ich ihn wie wir alle. Bei Tag und bei Nacht. Schreit, damit auch bloß jeder merkt, dass er da ist.

Mein Wunderkind. „Du musst aufhören zu wollen", hat Mutter immer gesagt, „dann kommt es von selbst". Ich hab ihr nicht geglaubt.
Unsere Mutter. Immer ganz leise und im Hintergrund.
Und ein bisschen verliebt in den Schwiegersohn.
Ich sag doch: Er ist ein Muttersöhnchen, unser Ja'akow.

Unser Ja'akow. Du hast recht. Wir werden's nicht mehr ändern.

Es wird Zeit, dass er kommt. Die Nacht fängt an hell zu werden.

Wie romantisch. Unser Ja'akow kommt zu uns zurück mit dem Sonnenaufgang.
Du brauchst gar nicht zu spotten.
Ich spotte ja nicht.
Du hast unser gesagt.

Auf dem Weg nach Süden in den Negev gebar Rachel unter freiem Himmel am Straßenrand ihren zweiten Sohn. Wie alle Kinder Ja'akows wurde auch dieser von seiner Mutter benannt: *Ben Oni.* Das heißt: Sohn meines Schmerzes. Rachel starb unmittelbar nach seiner Geburt und wurde an Ort und Stelle begraben. Da änderte Ja'akow den Namen seines zwölften Sohnes um in den Namen, mit dem er bis auf den heutigen Tag genannt wird: *Ben Jamin.* Das heißt: Sohn meiner Kraft.

Viel später: Am Ende haben Leah und Ja'akow ihr gemeinsames Grab in Beer Schwewa gefunden.

Abbildung 3: Marc Chagall, Rahel, Frau Jakobs

Jakobs Frauengeschichten

Manfred Josuttis

Dietrich Stolberg zum 70. Geburtstag
am 14. April 2007 gewidmet

„Man muss solange heiraten, bis es stimmt“, mit diesen Worten hat Erwin Strittmatter die Geschichte seiner Ehen kommentiert. Auch wenn das Eherecht sich zwischen der Welt der alttestamentlichen Texte und der Gegenwart erheblich verändert hat, kann man im Rahmen eines gängigen Begriffs doch eine Gemeinsamkeit konstatieren. Menschen leben in Polygamie, damals synchron, heute sukzessiv. Jakob lebte mit seinen Hauptfrauen Lea und Rahel und deren Dienerinnen, die mit der Zeit zu Nebenfrauen avancierten, im Raum einer Großfamilie. Heute verläuft die Mehrehe für Männer, aber auch für Frauen, auf der Zeitlinie. Eheliche Lebensgemeinschaften können nur nacheinander legalisiert werden, auch wenn elementare Probleme von nichtehelichen Lebensgemeinschaften rechtlich einigermaßen abgesichert sind. Und dass es neben der Ehe und eheähnlichen Formen immer auch Beziehungen gegeben hat, in denen man nicht nur das Bett, sondern nach Möglichkeit auch den Tisch geteilt hat, hat man immer wieder beklagt und ist, vor allem für den oder die ausgeschlossene Dritte/n, immer beschwerlich gewesen. Trotz aller direkten und indirekten Verbote konnte eine solche Regelung aus der Gesellschaft nie total ausgeschlossen werden. Menschen sind auf der Suche nach einer Partnerschaft, in der es/alles stimmt.

Die Kirchengeschichte des Protestantismus bietet prominente Beispiele für die Relativierung monogamer Exklusivität. Als Luther mit seinem Beichtrat Philipp von Hessen die Zweitehe erlaubte, die der aus dynastischen Gründen meinte eingehen zu müssen, lieferte er eine auch für die eigenen Anhänger beschwerliche Infragestellung staatlicher Ordnung. Einige Jahre später hat die Anglikanische Kirche ihre Eigenständigkeit gegenüber Rom auch deshalb gewonnen, weil der

Papst, seinerseits unter dem Druck des Kaisers stehend, die Nichtigkeitserklärung der ersten Ehe von Heinrich VIII. verweigert hat. Diese Beispiele aus der frühen Neuzeit waren eingebunden in politische Konflikte und Interessen. Ihre persönlichen Schwierigkeiten mit der Ehe haben zwei große Theologen im vorigen Jahrhundert auf je eigene Weise gelöst. Der eine, Paul Tillich, war in zahlreiche Affären verwickelt, der andere, Karl Barth, hat Jakobs Modell modernisiert: zwei Frauen in einem Haus, durch ein Stockwerk geschieden. Die sexuelle Revolution, die aus der Zeit der Studentenbewegung übrig geblieben ist, ist im Kern eine Demokratisierung gewesen. Was in den Jahrhunderten vorher das Vorrecht Einzelner war und im Geheimen geschah, wurde nun auch öffentlich sanktioniert und auch jener Hälfte zugestanden, die bis dahin als „die bessere" galt.

Die Geschichte Jakobs und seiner Frauen ist für eine Zeit, die teils von gefühlsseliger Liebesromantik, teils aber auch von einer sexuellen Konsumhaltung geprägt ist, von erfrischender Nüchternheit. Was auf den ersten Blick ferne Vergangenheit scheint, enthält Wirklichkeiten, die auch heute noch gelten. Das beginnt schon mit der Partnerwahl. Jakob wird – wie autoritär! – von seinem Vater zum Bruder seiner Mutter geschickt, um dort eine Frau für sich zu finden: „Du sollst dir kein Weib nehmen von den Töchtern Kanaans" (Gen 28,2). So müssen sich bis heute auch aus unserem Land junge Männer zur Verwandtschaft in die Heimat ihrer Eltern begeben. Man kann derartige Heiratsregeln religiös, kulturell, soziologisch oder rassisch begründen. Positive und negative Richtlinien für die Partnerwahl hat es auch im Abendland bis in die frühe Neuzeit hinein gegeben. Vor allem Luther hat eine lange Liste der Heiratsverbote, die das kanonische Recht enthielt, abgeschafft.

Erstaunlich aber ist, dass solche Regeln, nachdem sie offiziell nicht mehr gelten, faktisch immer noch wirksam sind. Die meisten Paare stammen aus ähnlichen Milieus und streben in ein vergleichbares Berufsfeld. In meiner Jugend musste ein Vikar, der im Landeskirchenamt eine angehende Schauspielerin als seine Braut vorstellen wollte, mit heftigen Diskussionen rechnen. Der Zwang zur Vorführung der künftigen Ehefrau, im alten Beamtenrechten fundiert, ist inzwischen weitgehend gefallen. Aber die beabsichtigte Lebensgemeinschaft wird auch nach dem Wegfall jeder Normierung auf den Vorgaben einer gemeinsamen Herkunft und noch stärker auf die Perspektive einer gemeinsamen oder vergleichbaren Tätigkeit gebaut. Zu dem, was stimmen muss zwischen zwei Menschen, gehören ein gemeinsamer Verhaltenskodex, die aktive oder mindestens passive Beherrschung von Sprachcodes, gemeinsame kulturelle Interessen, Lebensziele, über die man sich verständigen kann, zusammengefasst: eine Lebenswelt, die man teilt, aus der man einerseits herkommt und die man andererseits zusammen aufbauen möchte.

Jakob, der seinen Bruder Esau um den Segen des Erstgeborenen gebracht hat, wird von seinem Schwiegervater buchstäblich hereingelegt. Nachdem er sieben Jahre lang dienstbar gewesen ist, um dessen Tochter Rahel heiraten zu können, muss er am Morgen nach der Hochzeitsnacht entdecken, dass man ihm unter dem Schleier Lea, die ältere Schwester, untergeschoben hat. Um Rahels willen verlängert er seinen Dienst um weitere sieben Jahre. Zum Schluss wird er sich auf seine Weise für dieses Betrugsmanöver, das Laban mit einer allgemein anerkannten Sitte begründet (29,26), auf seine Art rächen. Als er bei seinem Wegzug wegen seiner großen Züchtungserfolge einen Teil der Herden mitnehmen darf, sorgt er mit einem Trick dafür, dass ihm die starken, die fruchtbaren Tiere zufallen (32,25 ff). Diese Fähigkeit, alle Möglichkeiten zu seinen Gunsten auszuschöpfen, bildet den Rahmen für ein Handlungsfeld, auf dem es für jede Beziehung um Austausch, um Handel geht.

Der Austausch über die Höhe der Mitgift und die Einkommensverhältnisse des künftigen Ehemanns findet heute kaum noch mit den Eltern statt, sondern läuft meist, auf versteckte Weise, zwischen den Beteiligten ab. Dass er auf jeden Fall in die Beziehungsgeschichte hineingehört, kann man den Heiratsannoncen entnehmen. Die Selbstdarstellungen enthalten Aussagen über all das, was man in das gemeinsame Leben einbringen wird. Angaben zum Körperbau, zum Alter, zum Charakter gehören dazu, aber auch Hinweise zur beruflichen Tätigkeit, in manchen überregionalen Zeitungen sogar zur finanziellen Ausstattung. Jede Beziehung, zwischen Eltern und Kindern und erst recht zwischen Fremden, die sich zusammentun wollen, enthält eine ökonomische Dimension. Das gemeinsame Leben vollzieht sich im wechselseitigen Geben und Nehmen. Dabei geht es, natürlich, vorwiegend um personale Attraktionen, nicht zuletzt im sexuellen Kontakt. Aber die zwischenmenschliche Begegnung benötigt ein Fundament in tragfähigen Lebensbedingungen, in dem also, was wir, romantisch verblendet, jenseits aller Gefühle für zweitrangig halten. Nicht nur sieben Jahre vorher und sieben Jahre nach dem Eheschluss muss man wie Jakob um der Partnerin willen dienen. Das ganze gemeinsame Leben verlangt, sofern es gelingen soll, Hingabe. Das ist ein Aspekt, den man auch durch Regeln im Namensrecht und in Eheverträgen nur oberflächlich verstecken kann. Stimmen wird eine Beziehung erst dann, wenn zwischen den beiden Partnern auf allen Ebenen ein einigermaßen ausgeglichener Austausch zustande kommt.

Was aber führt Männer und Frauen in eine lebenslange und manchmal eben auch ganz kurze Verbindung zusammen? Dass es dabei nicht immer um Zuneigung oder gar um das geht, was wir mit dem ominösen Wort „Liebe“ bezeichnen, wird wiederum an Jakobs Frauengeschichten deutlich. Wenn die Ehefrau nicht oder nicht mehr Kinder gebären kann, dann müssen die Mägde einspringen. Noch in einer Predigt Luthers zum ehelichen Leben findet sich der drastische Satz: „Will die Frau nicht, so komme die Magd“ (WA 10/II, 283, 8). Und in bürgerlichen Familien hatten Dienst- und Kindermädchen häufig eine ähnliche Funktion zu erfüllen. Im Jargon formuliert: Man treibt es miteinander, weil der Trieb einen treibt.

Aber in Jakobs Geschichte gibt es noch mehr. Den Unterschied zwischen den beiden Frauen, die ihn 14 Jahre Dienstbarkeit in der Fremde kosten, kann man mit einfachen Worten beschreiben. „Lea hatte matte Augen, Rahel aber war schön von Gestalt und schön von Ansehen“ (29,17). Über die Attraktivität entscheidet ein Augenblick. Matte Augen leuchten nicht und machen nicht an. Dass solche Augen nicht ganz und gar abstoßend wirken und dass dahinter auch viel Lebenskraft stecken kann, zeigt sich in Leas Gebärfähigkeit. Bei Rahel ist es zunächst einmal umgekehrt. Nicht nur ihre Augen wirken lebendig, ihre ganze Gestalt ist schön, und schön ist, sie anzuschauen. Wenn einem das widerfährt, verliert man den Kopf und wird bereit, sieben Jahre und 14 Jahre und auch das ganze Leben zu dienen.

„Schau mir in die Augen, Kleines!“ (*Casablanca*). „Alle sagen: I love you!“ (Woody Allen). Aber was sagen wir, wenn wir einander unsere Liebe gestehen? Wann stimmt das? Der alte Text nennt keine Kriterien für das Gelingen einer Beziehung, er verwendet nur eine ästhetische Kategorie: Du bist schön, an Leib und Seele schön. Es ist gar nicht gesagt, dass alle anderen Männer oder Frauen zu einem ähnlichen Urteil kommen. Und es ist auch nicht ausgeschlossen, dass man sich weiterhin umschaut, ob es noch andere Schönheiten gibt. Solange man dem oder der Anderen Schönheit zusprechen kann, bleibt die Verbindung erhalten. Immer klingt in diesem sehr allgemeinen und zugleich sehr persönlichen Wort die Reaktion des ersten Mannes auf den Anblick der ersten Frau nach: „Das ist nun endlich Bein von meinem Bein und Fleisch von meinem Fleisch“ (Gen 2,34). Das ist jemand, der auf jeden Fall und für alle Fälle zu mir gehört. Dann kann man auch Situationen überstehen, die voll Eifersucht und Zorn bersten, und ungewöhnliche Lösungen finden (30,1ff). Dann wird man gewiss, dass man zusammenbleibt, bis der Tod uns scheidet. Und dann endlich muss man auch den Dichter zitieren: „Wer die Schönheit angeschaut mit Augen,/ist dem Tode schon anheim gegeben,/wird für keinen Dienst der Erde taugen,/und doch wird er vor dem Tode beben,/wer die Schönheit angeschaut mit Augen“ (August Graf von Platen, Tristan). Der Graf hat vor allem Männer geliebt.

Die Beziehungen in Jakobs Familie werden nicht immer friedlich gewesen sein. Animositäten, ja Feindschaften werden sichtbar, wenn ausgerechnet der jüngste Sohn, das Kind der Lieblingsfrau, nach Ägypten verkauft wird (37,18ff). Die vier Frauen jedenfalls sind zusammengeblieben, bis sie ums Leben gekommen sind. Das hat sich mit der Wandlung von der synchronen zur sukzessiven Polygamie verändert. Ob als Voraussetzung oder als Folge, kann offen bleiben: Ehescheidungen sind inzwischen selbstverständlich geworden, voreheliche Lebensgemeinschaften sind sozial respektiert, und die Sexualität, nun im Prinzip exklusiv zwischen zwei Individuen praktiziert, hat für das Zusammenbleiben eine sehr viel fundamentalere Bedeutung gewonnen.

Was bindet Menschen für kurze oder lange Zeit aneinander? Die Sexualität allein kann es nicht sein. Der Trieb ist transpersonal orientiert. Aber auch die Rechtsverhältnisse sind es nicht immer. Eine außereheliche Partnerschaft kann lebenslang dauern, eine Ehe nach wenigen Jahren zerbrechen. Die Ursache dafür bildet nicht immer die Verführungskraft einer anderen Person; es kann auch die permanente Bindung an eine Firma oder eine Kirchengemeinde sein, die zum Ehe-Bruch führt. Die meisten kennen in ihrer sozialen Umgebung aber auch Partner, die zusammenbleiben, obwohl sie gelegentlich oder permanent Außenkontakte pflegen. Symbiose? Ja. Kollusion? Leider. Manchmal gilt aber immer noch: „Liebe ist stark wie der Tod und Leidenschaft unwiderstehlich wie das Totenreich“ (Hohes Lied 8,6).

Wann stimmt es zwischen zwei Menschen? Eindeutig lässt sich das nicht vorhersagen, für die Beteiligten nicht und erst recht nicht von außen. Man kann höchstens die Konstellationen, die man wahrnimmt, begrifflich differenzieren. Es geht um den Unterschied zwischen Beziehung und Paar. Alle, die sich paaren, bilden vorübergehend ein Paar. Und wollen, wenn sie Liebe erfasst, zu einem Paar lebenslang werden. Deshalb gehen sie gemeinsam irgendwann zum Standesamt und vielleicht sogar in die Kirche. Ob sie dadurch wirklich zu einem Paar geworden sind, steht aber noch nicht fest. Was macht den Unterschied zwischen Beziehung und Paar auch in den Ehegeschichten aus?

Die Geschichte Jakobs wird unheimlich nüchtern erzählt, sie kennt keine religiösen Gebote, keine staatlichen Gesetze, keine aufregenden Gefühle. Tugenden einer ehrbaren Bürgerlichkeit, die das Geschäfts- wie das Geschlechtsleben beherrschen sollen, werden hier nicht angemahnt. „Ja, so sind die Menschen“, kommentieren die Brüder Grimm das Verhalten des Müllers, der im Märchen vom „Wolf und den sieben Geißlein“ Kreide verkauft, obwohl er weiß, für welchen Zweck der Wolf die Ware benötigt. Ohne alle Bestimmungen und auch ganz und gar stimmungslos wird vom Leben Jakobs so berichtet, dass man am Ende den Eindruck gewinnt: Das stimmt. Wahrscheinlich sind es drei Elemente, die die untergründige Struktur der Erzählung ausmachen und dafür sorgen, dass das alles nicht einfach chaotisch wirkt.

Zunächst waltet in dieser Geschichte so etwas wie ein Vergeltungsgesetz. Jakob, der Betrüger, wird seinerseits von seinem Schwiegervater betrogen und rächt sich für den Betrug mit den Frauen durch die Entführung von Vieh. Rahel hat beim Abschied vom Vater den Hausgott mitgehen lassen (31,19ff) und wird die Heimat ihres Mannes nicht erreichen. Im Grab seiner Väter wird die andere, die ungeliebte Frau, beigesetzt (49,31). Die Erstgeliebte, aber Zweitgefreite stirbt bei der Geburt ihres zweiten Sohnes (35,19). Ihren Erstgeborenen wollen die älteren Halbbrüder zunächst ermorden, weil seine angeberischen Träume sie ärgern (37,2ff), sie verkaufen ihn dann nach Ägypten. Dort macht Josef mit seiner Traumdeuterei Karriere, die ihn befähigt, seine Familie vor der Hungersnot zu bewahren.

Dieser Tun-Ergehens-Zusammenhang wird an zwei Stellen positiv transformiert. Bei seiner Rückkehr kommt es zwischen Jakob und seinem betrogenen Bruder Esau zur Aussöhnung (33,1ff). Und Josef wiederholt diese Großmut, die sein Vater empfangen hat, zugunsten der Brüder, die ihn aus der Familie vertrieben hatten (45,1ff). Dass es bei Jakob dennoch zu keinem grundsätzlichen Gesinnungswandel gekommen ist, zeigt er, als er seinen beiden Enkelkindern demonstrativ den Erstgeburtssegen in der falschen Reihenfolge zukommen lässt (48,17ff).

In Jakobs Ehegeschichte waltet also das Vergeltungsgesetz, das gelegentlich in seine positive Gestalt verwandelt wird. Dann kommt es nicht zur Bestrafung, sondern zur Versöhnung. Aber warum ist Jakob, der Betrüger, letzten Endes immer davongekommen? Natürlich: Er hatte den Segen. Und der war an ihn gebunden und hat für ihn weitergewirkt. Er hat auch die Seinen am Leben erhalten, nicht seine Lieblingsfrau, aber seinen Lieblingssohn. Offensichtlich ist diese Segensmacht so stark, dass man sie trotz aller Versuche nicht mehr verlieren kann. Oder sogar so stark, dass sich auch Gott daran hält?

Dann könnte hier auch eine Antwort auf die Frage zu finden sein, was den entscheidenden Unterschied zwischen Beziehung und Paar ausmacht. In beiden Lebensgemeinschaften gibt es Gabentausch. Mann und Frau müssen in allen Lebensbereichen einen Ausgleich entwickeln zwischen dem, was sie einander geben, und dem, was sie voneinander empfangen. Das können in Krisenzeiten zornige Worte, Akte der Untreue, Rückzugsgefechte sein. Das Gesetz der Vergeltung in seiner positiven wie in seiner negativen Form wird überall und immer wieder gespielt. Wenn ein Segen auf einer Beziehung liegt, dann kann wirklich nur das biologische Sterben diese Beziehung beenden. Der Streit miteinander wird die Bindung aneinander nur stärken. Dann stimmt es, durch alle Stimmungslagen hindurch. Ist das gemeint, als Jesus sagte: „Was Gott zusammengefügt hat, soll der Mensch nicht scheiden“ (Mk 10,9)?

III. Der Himmel über Bethel

Der Traum des Jakob

Hans Günter Saul

Ein Stein
und ein Traum
Im Entschlafen
erst
das Begreifen.
Erde
verstoßene,
heimgesuchte.
Von Engeln besprochen,
von Bildern durchbohrt.
Übersät
und getroffen.
Kein Himmel
ohne die Erde.
Kein neuer Himmel.
Geh,
salbe den Stein,
und dann
pflanze den Baum
für den Sohn.

Jakobs Traum von der Himmelsleiter

Gen 28,10–22

Ingrid Riedel

Wenn es darum geht, wo und wie Gott überhaupt noch erreichbar sei, obgleich alle Umstände dem entgegenzustehen scheinen, dann sind wir mit unserem Text gut beraten. Er verweist uns auf eine heute fast vergessene Möglichkeit, Transzendenz zu erfahren. Der *Text von* Jakobs *Traum in Bethel* handelt von nichts anderem als von einer auch für jenen Jakob unerwarteten Verbindungsmöglichkeit zwischen Himmel und Erde, zwischen Gott und Mensch.

Der narrative und bildhafte Teil, die eigentliche Geschichte des unbehaust wandernden Jakob, der sich nach Sonnenuntergang auf einem Stein zur Ruhe legt und träumt, gilt als Erzählgut aus der Quelle des Elohisten, dem wahrscheinlich eine noch ältere Ortssage zugrunde liegt.

Der worthafte Teil – wenn ich ihn so nennen darf –, das Gotteswort und Segenswort an Jakob als dem Stammvater Israels andererseits geht auf den Jahwisten zurück. Was aber kann diese zusammengesetzte Erzählung, in deren Mittelpunkt ein Traum steht, uns heute noch sagen?

Ich möchte mit dem narrativ-bildhaften Teil der Geschichte beginnen, da er ganz besonders zum imaginativen Mitvollzug einlädt und den Hörer bzw. die Leserin des Textes „gleichzeitig“ mit dem Text werden lässt, über den viel beklagten „historischen Graben“ hinweg, der uns von einem so alten Text letztlich trennt.

Da ist ein Wandernder – da bin ich als Wandernde, vielleicht auch auf der Flucht (wovor?) –, die bei Sonnenuntergang, wenn die bewusste Wachheit nachlässt, eine Schlafstätte sucht, im Freien, möglicherweise in wüstenartigem Gelände. Ein Stein findet sich, bietet sich als Kopfstütze an. Nicht dessen Härte ist jetzt Thema, sondern seine Stabilität, sodass der Kopf gut auf ihm ruhen kann, besser als auf der planen Erde, und ein weiches Bündel aus Tüchern und Kleidungsstücken mag zwischen Stein und Kopf die Lage noch bequemer machen. So haben viele von uns auf Wanderungen, vielleicht sogar auf Wüstenwanderungen, auf Pilgerfahrten und wohl auch auf der Flucht genächtigt, unter freiem Himmel. Auf den offenen Himmel kommt es hier an, dessen unendlichen Anblick der Träumer mit in den Schlaf nimmt, in den Traum. Und nun träumen wir mit Jakob den Traum: sehen mit ihm eine Leiter, die von der Erde ausgeht, eine „himmelhohe" Leiter, deren Spitze bis zum offenen Himmel reicht, in dem sich die Spitze verliert, während die Boten Gottes, die Engel, daran auf- und niedersteigen. Es ist ein Herabkommen, ein Ausrichten der Botschaft, die aus der Transzendenz kommt, und ein Wiederaufsteigen, wohl um auch die Botschaft des Menschen empor zu Gott zu tragen. Es ist ein bewegtes Ankommen und Zurückkehren, ein Senden, Empfangen und Zurücksenden, eine lebendige Kommunikation zwischen Oben und Unten, Gott und Mensch, Immanenz und Transzendenz.

Dies ist eigentlich schon der Hauptinhalt des Traumes, der Hauptgehalt des Bildes von der Leiter, die Auf- und Absteigen ermöglicht. Heutigen Menschen kommen zu dem Leiterbild hohe Obstbaumleitern, Feuerwehrleitern in den Sinn, Feuerwehrleitern vielleicht sogar für Hochhäuser, die sich letztlich in solchen Imaginationen als Himmelsleitern bis ins nicht mehr erreichbare Unendliche emporschwingen. Und auch das Wissen unserer Zeitgenossen kommt hinzu, um den kosmischen Raum, der ein sich ausdehnender Raum ist, in den man bis ins Unendliche hinein steigen oder fliegen könnte, ohne den Ort Gottes zu finden. Ob für die Träumer und Leser des alten Israel hier die Assoziation an einen der himmelhohen babylonischen Tempeltürme (Zikkurat) als Treppenaufstieg, als Zugang zur Gottheit nahe lag (wie manche heutige Exegeten meinen), oder doch eher das anschauliche Bild einer Leiter, die ins Transzendente führt, wie sie zahlreiche Religionen, z.B. auch die alt-ägyptische, als Symbol für den Himmels-Aufstieg der Seele kennen – ein Bild, das somit auch ein archetypisch eingeprägtes Vorstellungsmuster der menschlichen Seele sein könnte, wie es z.B. auch in dem überlieferten Traum der Christin Perpetua kurz vor deren Märtyrertod (im Jahr 203 n.Chr.) wiederkehrt: „Ich sah eine eherne Leiter von wunderbarer Größe, die bis zum Himmel reichte und die so schmal war, dass man nur einzeln hinaufsteigen konnte...". „Leiter" meint in jedem Fall: die Möglichkeit, stufenweise, sprossenweise emporzusteigen, nicht ohne Mühe, wohl auch nicht frei von Schwindelgefühl, aber eben doch. Grundsätzlich legt dieses Bild die Möglichkeit für die Seele des Träumers nahe, solch einen Aufstieg zu wagen. Auch heute noch gilt es, dieses Bild symbolisch zu verstehen, innerseelisch, natürlich nicht kosmologisch. In Jakobs Traum steigen die Engel auf und nieder, nicht die Seele selbst: Doch darf man bei einem Traum, der nach heutiger Sicht ja der Seele des Träumers entspringt, dies durchaus vom Traumsubjekt her so verstehen, dass die Engel in der Seele des Träumers innerpsychisch hernieder- und auch emporsteigen. So und nur so, innerpsychisch und symbolisch, kann die Verbindung mit Transzendenz, mit Gott, hier aufgesucht und aufgefunden werden.

Die eigentliche Aussage des erzählenden (elohistischen) Textteils scheint diese zu sein: Der Wanderer, der Heimatlose, der am Bruder schuldig Gewordene – wer wäre das nicht? – findet im Traum die „unmögliche Unmöglichkeit", eine seelische Verbindung mit Boten, mit Engeln, mit der Sphäre Gottes aufzunehmen. Alles andere als eine Selbstverständlichkeit ist dies: und vielleicht ist diese Vorstellung einer Kommunikation mit Gott heute tatsächlich nur noch im Traum möglich, in der innerpsychischen Transzendenz des Traumes, die auch unsere weltbildlich begründeten Vorstellungsprobleme überschreitet.

Als er erwacht, erschrickt Jakob über das Geschaute, bekommt Gänsehaut vor staunender Ehrfurcht: „Wie schauerlich ist diese Stätte: Ja, das ist eine Wohnstatt Gottes und eine Pforte des Himmels." So ungewöhnlich ist diese Traumbegegnung für ihn, die Möglichkeit, „Gottes Thron" zu erkennen, eine so „unmögliche Möglichkeit", dass es ihm unheimlich wird, dass sich ihm die Haare sträuben, wenn auch in einem ehrfürchtigen Schauder.

So träumte eine heutige Frau, Gott spräche aus ihrem Kopfkissen zu ihr im Schlaf: Sie ist so erschrocken, dass sie noch im Traum nach einem verborgenen Transistorradio sucht, aus dem diese Stimme kommen könnte – nur, um sich nicht mit der Tatsache konfrontieren zu müssen, dass Gott in ihrem Traum, aus ihrem Traum heraus gesprochen haben könnte! Dieses Erlebnis ist so bedeutsam für sie, zugleich so flüchtig – wie leicht verweht ein Traum, wird vergessen! –, dass sie ihm gleichsam ein Denkmal setzen will, indem sie ihn gleich beim Erwachen sorgfältig niederschreibt, dazu ein ganz neues Traumbuch anlegt.

Jakob tut dies auf seine Weise erst recht, setzt diesem Traum, dieser Gottesbegegnung ein unvergängliches Denkmal: Frühmorgens, als sein Bewusstsein neu erwacht, setzt er eben den Stein, auf dem er schlief, das Stück harter irdischer Realität, von dem die Himmelsleiter, von der er träumte, ausging, richtet ihn auf zu einem Gedenkstein und vollzieht ein weihendes Ritual an ihm, indem er ihn mit Öl übergießt, damit gleichsam salbt und tauft. Alte Steinverehrung der kanaanäischen Urbevölkerung mag hinter diesem Umgang mit dem Stein gestanden sein, ein Brauch, den sich Israel assimilierte, das später überall auf seinem Weg ins Gelobte Land Gedenksteine aufstellte, um seine Gotteserfahrung an eben jenem Ort unvergesslich zu machen, und das diese Steine salbt, also zum Symbol erhebt und als Symbol erlebt. Die Szene der Steinsalbung in unserer Geschichte berührte übrigens die Menschen einer Gruppe, mit denen ich zu dieser biblischen Szene imaginierte, mit am stärksten, sprach sie sinnenhaft und spirituell sehr intensiv an. Es ist, als ob wir uns heute nach solchen konkret vollziehbaren Handlungen, nach Symbolen und Ritualen wieder sehnten, im Gegensatz zur heute weitgehend medial vermittelten, nur noch indirekten Annäherungsweise an Wirklichkeit.

Es ist aber auch wie ein Widerhall von Jakobs Gedenkritual, wenn wir auch heute noch, nach einem tief bewegenden Traum, diesen sorgfältig in ein Traumbuch eintragen, dazu das Datum und den Ort, wo wir ihn träumten, vermerken: und schließlich – das wäre symbolisch anstelle des salbenden Öls – immer wieder neu unsere seelische Aufmerksamkeit, unsere seelische Energie und Libido auf ihn richten. Gibt es einen Kontakt mit Gott? Wenn ja, dann in Jakobs Traum! Wenn ja, dann im Traum überhaupt?

Zusammen mit dem Weiheakt des Salbens wird dem Ort, an dem Gott sich zeigt, ein neuer Name gegeben: *Beth-El*,

Haus Elohims, der Gottheit. Und in V. 22 dann, dem Schlussvers, wird das Versprechen gegeben, dass es nicht nur bei diesem einen Gedenkstein bleiben soll, sondern dass ein ganzes Gotteshaus hier errichtet werden soll, zum Gedenken an den Bethel-Traum, zusammen mit der Selbstverpflichtung, künftig zehn Prozent seines Hab und Gutes für Gottes Sache zu geben.

Heute könnte das dann heißen: Weil im Traum Göttliches erscheinen kann, schreibe ich nicht nur diesen einen Traum nieder, halte nicht nur diesen einen fest zur bleibenden Erinnerung, sondern gebe auch dem inneren Ort und der Weise dieses Geschehens, nämlich dem nächtlichen Träumen, einen ganz neuen Stellenwert, der nicht mehr vergessen werden soll: nämlich eine „Pforte des Himmels" sein zu können, ein Zugang, eine Modalität, in der Göttliches, Gott sich zeigen kann, wenn er will. Ich gebe dem psychischen Ort, dem nächtlichen Traum, damit die Dignität, Offenbarungsweise und Offenbarungsort Gottes sein zu können. Wo sollte ein solcher Ort heute sein – wenn nicht gerade hier?

Doch wie verstehen wir das Erscheinen Gottes, Jahwes selbst – es handelt sich dabei nun um den Textanteil des Jahwisten – und das Hörbarwerden der Gottesstimme, die in wörtlicher Rede dem Jakob eine große Verheißung von Land, Nachkommenschaft und schlechthin Segen zuspricht? (Gen 28,13–15).

Ohne Zweifel für den Exegeten ist diese direkte Gottesrede mit dem Segen einem älteren Text eingefügt, in dem von Gott noch als „Elohim" gesprochen wurde (28,17; 28,19; vgl. Beth-El): hier ist aber von Jahwe die Rede!

Auch weitere sprachliche Eigentümlichkeiten erweisen die Verheißungsworte als eigenes Textstück.

Der Jahwist macht das Verheißungswort Jahwes an Jakob, der pars pro toto für das künftige Volk Israel steht, zum Zentrum des Textes, während der Elohist auch die Erlebniswelt Jakobs, des einzelnen Menschen, des Subjekts beachtet und ausmalt, z.B. seinen Traum. Der Elohist will die religiösen Erfahrungen, die an das Heiligtum Beth-El von jeher geknüpft waren – der Ort bestand schon, ehe Israel ihn entdeckte – nun für Jakob, für Israel, für Gottes Volk in Anspruch nehmen.

Durch die Endredaktion des Jahwisten wird der Traum nun gar zu einer Theophanie, in der Jahwe sich zu erkennen gibt: „Ich bin Jahwe, der Gott deines Vaters Abraham und der Gott Isaaks, das Land, auf dem du liegst, das will ich dir und deinem Samen geben…" Selbstoffenbarung und Landverheißung verbinden sich hier, Jakobs Traum wird zum Kollektiv-Traum, zum Traum eines ganzen Volkes.

Der heutige Träumer als Individuum – ob nun jüdischen oder christlichen Glaubens – kann sich diese symbolische Vorstellung von der Landverheißung nur so übersetzen, dass ihm das zueigen werden soll, samt aller darin verborgenen Entwicklungsmöglichkeiten, was er heute, im Traum, als sein „inneres Land" entdeckt hat, und darin vor allem die vielleicht bisher als „unmöglich" geglaubte Zugangsmöglichkeit zur Transzendenz. Hier ist die Himmelsleiter aufgerichtet! So zu träumen, überhaupt zu träumen, wäre das psychische Feld, wäre das symbolische Feld, auf dem ein jeder, der sich ihm anvertraut, eine jede, leben kann. Das persönliche Segenswort (V. 15) mag ihm oder ihr dabei zum Kernsatz werden, in dem sich die eigentliche Botschaft der auf- und niedersteigenden Engel ausspricht und ausformuliert: „Und ich will mit dir sein und dich behüten überall, wo du hingehst". – Der Träumer, die Träumerin, unterwegs, suchend, vielleicht auf der Flucht (ob wegen einer Schuld oder aus welchen Gründen auch immer), sie sehen sich aufgefunden, angenommen, behütet, begleitet, ja gesegnet. „Zurückbringen" wird dieser Gott sie wie uns immer wieder, in „dieses Land", in dem die Himmelsleiter gründet, in dem sie geträumt und aufgerichtet wird, bis sie schließlich aufragt ins Unendliche – das aber ist der Ort, wo wir auch heute Träume haben und Träume wieder hochschätzen können, als eine „unmögliche Möglichkeit", einen unverlierbaren Zugang, eine „Pforte zum Himmel", wie sie uns seit biblischen Zeiten erschlossen wurden.

Abbildung 4: Sigrid Baumann-Senn, Jakobs Traum von der Himmelsleiter

Jakobs Traum

Hans Krieger

Nein nicht Beton und nicht
ich bitt euch nicht acht Meter hoch
nur Sprossen in der Luft wie eine Leiter
vielleicht auch Stufen in das Mondlicht
getreppter Laufsteg für die Gottesboten
und dann die Stimme seine Stimme
er sprach mich an mit starkem Wort
und gab mir seinen Segen abermals
wie damals als ich Bocksfell trug
gewickelt um die Hand um meine Arme
als er der Vater den Betrug nicht witterte
und mir den Segen gab erschlichnen Segen
mir Land verhieß das mir gehören sollte
viel Land und reichlichen Besitz in Herden –

Wärs nicht bedingungslos es galt der Bund
der Segen wirkte mit Betrug erkauft
er wirkte trotzdem wirkte
als ich den Laban hinterging
und ihm die Herden stahl
doch als ich rang mit IHM zur Nachtzeit
alleingeblieben an der Furt
und er die Hüfte mir verrenkte
da ging ein Licht mir auf
ein Licht wie noch umnebelt
wie eine Klarheit die erst reifen muss
es hängt ein Fluch an diesem Segen
und Schreckliches kommt über uns
in späten Tagen über unsre Kinder –

Es war entvölkert nicht das Land
das uns verheißen war doch nicht zum Raub
als Zuflucht nur und friedlich auszuhandeln
wie einst mit den Philistern Abimelechs
nicht einzulösen mit dem Schwert
nicht mit dem Blut von Kindern
denn nicht ein Recht auf Unrecht ist der Gottessegen
wie wir im Wahn ihn oft missdeuteten
gegeben ist er uns als eine Probe
und wie wir sie bestanden haben zeigt sich
an einem Tag der fern noch ist
doch wird er kommen –

Wenn wir kein Fluch mehr sind für andere
die mit uns leben auf gelobtem Land
uns keiner fluchen muss der uns im Weg war
erst dann ist dieser Segen ohne Schuld
ein Segen uns durch uns ein Segen
denn SEINE Stimme sprach erneut
sie sprach zu mir aus der gestuften Luft
sie sprach baut keine Zäune reicht die Hand
wehrt nicht dem Hass mit Hass wehrt ihm mit Gottes Liebe
beschützt ihr Leben ehrt die Heiligtümer
hackt nicht den Ölbaum um in ihren Gärten
verbrennt die Früchte nicht auf ihren Feldern
schont ihre Häuser lebt mit ihnen
im Frieden wie mit euch denn so
erwächst im Herzen was nur dort Bestand hat
erbaut im Herzen ihr Jerusalem –

Nein nicht Beton und nicht
ich bitt euch nicht acht Meter hoch
nur Sprossen in der Luft wie eine Leiter
vielleicht auch Stufen aus dem Mondlicht
getreppter Laufsteg dass sie kommen können
die Boten Gottes –

IV. Begegnung mit dem Anderen

Jakob

Nelly Sachs

O Israel,
Erstling im Morgengrauenkampf
wo alle Geburt mit Blut auf der Dämmerung geschrieben steht.
O das spitze Messer des Hahnenschreis
der Menschheit ins Herz gestochen,
o die Wunde zwischen Nacht und Tag
die unser Wohnort ist!

Vorkämpfer,
im kreißenden Fleisch der Gestirne
in der Nachtwachentrauer
daraus ein Vogellied weint.

O Israel, du einmal zur Seligkeit endlich Entbundener –
des Morgentaus tröpfelnde Gnade
auf deinem Haupt –

Seliger für uns,
die in Vergessenheit Verkauften,
ächzend im Treibeis
von Tod und Auferstehung
und vom schweren Engel über uns
zu Gott verrenkt
wie du!

Wer ? Wer war der Mann, mit dem Jaakob rang?

Micha Brumlik

Als nun Jaakob allein zurückblieb,
da rang ein Mann mit ihm
bis in die Morgenröte.

Genesis 32,25

Die im zweiten Jahrhundert vor der christlichen Zeitrechnung verfasste griechische Übersetzung der hebräischen Bibel übersetzt das im masoretischen Text vorfindliche „*Isch*" mit „*Anthropos*", also nicht mit „Mann" (*Aner*). Jaakob also rang gemäß der Septuaginta mit einem Menschen. Die rabbinische Deutung dieser Passage, wie sie sich vor allem in den Kommentaren des im elften Jahrhundert in Troyes und Worms wirkenden Kommentators *Raschi* findet, scheint die Frage, mit wem Jaakob rang, zu umgehen, und befasst sich vor allem mit etymologischen Fragen nach der Bedeutung der hebräischen Wurzel „*awk*". So meint Raschi, dass diese Wurzel nicht auf ein Substantiv, das „Staub" bedeute, zurückzuführen sei, sondern auf ein Verbum, das auf die Tätigkeit des Verbindens verweise:

„Denn so pflegen die zwei zu tun, die sich anstrengen, um einander zu Boden zu werfen, dass einer den anderen umschlingt und mit seinen Armen bindet" – eine Deutung, die auf den ersten Blick grammatisch und etymologisch klingt, aber nur ein weiteres Mal die dramatische Enge dieser unheimlichen Begegnung hervorhebt.

Im *Vers 31* schließlich, nachdem Jaakob den Menschen, den er niedergerungen hatte, gezwungen hatte, ihn zu segnen, gibt er dem Ort, an dem all dies geschehen war, den Namen „*Peniel*", denn – so der masoretische Text: „*denn ich habe Gott gesehen, Angesicht gegen Angesicht und meine Seele ist gerettet worden.*" Diesen Vers kommentiert der sonst so deutungsfreudige Raschi auffälligerweise nicht – sei es aus

Ratlosigkeit, sei es aus Scheu, scheint er doch zu widerrufen, was Gott später dem Mose auf dem Sinai mitteilen wird: Dass nämlich niemand ihn lebend von vorne, Angesicht zu Angesicht, sieht (Ex 33,20). Wiederum bemüht sich die Septuaginta um eine ausführlichere Übersetzung des Verses: „Und es nannte Jakob den Namen jenes Ortes *„Bild (eidos) Gottes, sah ich doch Gott von Antlitz zu Antlitz und meine Seele ward gerettet.“*

Raschi übergeht das Problem eines möglichen Widerspruchs zwischen Ex 33,20 und Gen 32,31 durch Schweigen. Ist es möglich, dass Gott sich in der Zeit, die zwischen seiner Begegnung mit Jaakob und seiner Begegnung mit Moses gewandelt, er sich eines anderen besonnen hat? Eine weitere, sehr viel frühere rabbinische Deutung, wie sie sich im Midrasch *bereschit Rabba* findet, geht die Frage über einen Umweg an und versucht sich an einer Deutung der Verse 27,28 und 29, wo es um Jaakobs Namenswechsel zu „Israel“ geht. Die allgemein akzeptierte Übersetzung von „Israel“ als „Kämpfer“ (mit Gott und den Menschen) deutet der rabbinische Text in Bezug auf die Oberen – d.h. Gott – und auf die Unteren, d.h. in Bezug auf den gekränkten und getäuschten Bruder Jaakobs, auf Esau. Der rabbinische Kommentar legt Jaakob folgendes in den Mund:

Da ich dein Antlitz sah, war es mir, als wie ich das Antlitz Gottes sah, sowie dieses der Ausdruck des Rechtes ist, so ist auch das deinige Ausdruck des Rechtes, und sowie man vor dem göttlichen Antlitze nicht leer erscheinen darf, so sollen sie auch vor deinem Antlitz nicht leer erscheinen.

Die rabbinische Deutung interpretiert Jaakobs *Überzeugung,* Gott von Antlitz zu Antlitz gesehen zu haben, als *Jaakobs* Überzeugung, als seine Meinung – der Mensch, mit dem er ringt und gerungen hat, gibt ja nicht einmal seinen Namen preis. *Jaakobs Überzeugung*, indes Gott gesehen zu haben, ist etwas ganz anderes als Gottes in Ex 33,22 dokumentierte Selbstaussage, dass Lebende sein Antlitz nicht sehen können. Die rabbinische Lösung, die sich auch in vielen späteren jüdischen wie auch christlichen Übersetzungen findet, den *„Isch“*, den Menschen mit dem Jaakob gerungen hat, als einen Engel Gottes und nicht als Gott selbst zu bestimmen, hat also mindestens so viel für sich, als dass der biblische Text den Kampf mit dem Menschen zwar als wirklich geschehen vorstellt, die Deutung dieses Kampfes jedoch in Jaakobs fehlbare Erfahrung verlegt. Mehr als einen Blick auf den Abglanz Gottes in Gestalt eines Engels bekommen sterbliche Menschen gemäß der Tora von Gott nicht zu sehen.

Allerdings weist der rabbinische Text noch eine weitere, überraschende Deutung auf. Der Midrasch legt *R. Chama bar R. Chanina* folgendes in den Mund: *„Du hast mit Gott gekämpft, d.h. du bist es, dessen Bild oben (im Himmel) eingegraben ist.“*

Jaakobs Selbstaussage, Gott von Antlitz zu Antlitz gesehen zu haben, stellt sich hier als eine Aussage darüber dar, wie Gott wohl Jaakob gesehen und was wohl von diesem Blick übrig geblieben ist: nicht ein Bild Gottes unter den Menschen, sondern das Bild eines Menschen unter Gott, ein Bild aber, das Gott nicht auf Erden, sondern in seinem Bereich – im Himmel – zugänglich ist.

Schließlich erweist sich der Mann, mit dem Jaakob gekämpft hat, nach rabbinischer Deutung als Schutzherr Esaus, der im Allgemeinen keine besondere Reputation genießt, sondern als betrogener Grobian allenfalls Mitleid verdient, ein Grobian, der Jaakob verfolgt und dem Gott gleichwohl einen Schutzengel schickt. Die rabbinische Theologie lässt Jaakob im Antlitz von Esaus Schutzengel Gottes Antlitz wähnen, im Beschützer des von ihm geprellten Bruders Gott erkennen.

Es war der französische Philosoph *Emmanuel Levinas*, der in seiner Schrift *„Die Spur des Anderen“* den Gedanken entfaltet hat, dass den Menschen im Antlitz des Anderen „[...] eine nicht abzulehnende Anordnung, ein Gebot“, ein Gebot der absoluten Verschonung des Anderen entgegentritt: *„Die Epiphanie des absolut Anderen ist Antlitz, in dem der Andere mich anruft und mir durch seine Nacktheit, durch seine Not, eine Anordnung zu verstehen gibt.“*

Die Septuaginta hatte also recht: Im Kampf Jaakobs mit einem Menschen, in dessen Antlitz sah er die Spur Gottes, die er – ein möglicher Irrtum – mit Gott selbst gleichsetzte. Jaakob wähnte Gott im Antlitz des anderen Menschen.

Ein rätselhafter Schlag

Ulrike Tillich

Warum überkam ihn mehr und mehr eine solche namenlose Angst? War es ihm denn bisher nicht gelungen, sein Leben zu ordnen mit der ihm eigenen Vernunft, der ihm eigenen Zielstrebigkeit? Die langen Jahre unter der Herrschaft seines Schwiegervaters, dessen Überlistungen er standgehalten, die er sogar mit Erfolg bekämpft hatte. Nun war er frei und mit seinen Frauen, Lea und der geliebten Rahel, mit all seinen Kindern, mit dem ganzen Gefolge, den Herden und allem Hab und Gut unterwegs zurück in seine Heimat. Sogar die Versöhnung mit dem Schwiegervater war möglich geworden. Hatte er nicht genug mit Geduld, Einsicht und Sorgfalt gearbeitet und gekämpft?

Mehr noch. Bedeuteten die Erscheinungen der Himmelstreppe und die Engelbegegnung nicht auch eine große Hoffnung? Nun musste ihm auch das Letzte noch gelingen: die Versöhnung mit seinem älteren Zwillingsbruder Esau – und dies nach einem halben Menschenalter. Ja, es war eine List, ihm damals für ein Linsengericht das Erstgeburtsrecht abzuhandeln. Ja, es war ein frevelhaftes Lügenspiel gewesen, im Gewande des Esau von seinem blinden Vater den Erstgeburts-Segen zu erschleichen.

Auch wenn seine Mutter ihn dazu angespornt und im Grunde alles gutgeheißen hatte. Sie meinte, seinen Gaben für eine vorausschauende, zuverlässige Lebensplanung mehr zutrauen zu können als denen des wilden, unberechenbaren Bruders. Trotzdem blieb es ein schwerer, nie wieder gutzumachender Betrug. Weil er damit, dass er sich eigenmächtig den von Gott geschenkten und geschützten Segen gestohlen hatte, auch eine Grenze überschritt. Jetzt stand er vor dem Treffen mit seinem Bruder. Er hatte ihm Boten mit Geschenken vorausgeschickt und sein Gefolge und seine Familie noch vor Einbruch der Nacht ans andere Ufer des Jabbok bringen lassen. Allein nun, in der sinkenden Dämmerung, versuchte er seine Überlegungen zu klären. Doch in ihm wuchs die Angst immer mehr, immer größer, immer schwärzer. Würde Gott seine Gebete um Versöhnung am Ende erhören und endlich Frieden schenken – oder musste er auch in Zukunft noch mit der Rache Esaus rechnen?

Da spürte er mit einem Mal, wie in der Finsternis eine fremde Gestalt auf ihn zukam, bedrohlich näher und näher kam und ihn plötzlich mit überwältigender Kraft anfiel. Verzweifelt suchte er sich zu wehren. Er musste es besiegen, dieses unheimliche Wesen. Er durfte es keinesfalls entkommen lassen. Es würde sich sonst in den Klüften verstecken und ihm fortan noch hinterhältiger und rachsüchtiger auflauern. Und auch wenn der Fremde schrie „Lass mich los!", so hielt er ihn doch umso fester, obgleich seine Kräfte zu schwinden begannen, und er ihm im Gemenge des Kampfes sogar die Hüfte verrenkte.

Noch im Niederfallen sah er – wie aus einem Traum erwachend – , wie schon die Helligkeit des Morgenrots durch die Ritzen einer himmelhohen dunklen Tür hereindrang. Da erkannte er, dass er auf den Knien vor dem Tor des Gottesgerichtes lag, und dass das finstere, mit ihm und in ihn verkrallte Gespenst seine eigene Angst war, die ihm nur aufs Neue zur Flucht verleiten wollte. Jetzt aber, im Schein des Morgenlichts, vor dem die Dämonen zu fliehen suchen, schmolz es dahin, und es strömte – zur Ehrfurcht verwandelt – zurück in sein Herz. So rief er, aus tiefster Seele heraus, in den hell leuchtenden Türspalt hinein: „Ich lasse Dich nicht, Du segnest mich denn!" – nun ganz dazu bereit, sich der Gerechtigkeit Gottes anheimzugeben. Mehr und mehr aber öffneten sich die Flügel des Tores. Er musste die Augen senken vor den Strahlen, die ihn blendeten, vor dem Angesicht des Herrn. Sie waren heller noch als die Sonne selbst. Da nannte er seinen Namen, einem Bekenntnis gleich, und hörte eine Stimme sagen: „Du sollst nicht mehr Jakob heißen, sondern Israel, der Streiter Gottes. Denn Du hast mit Gott und mit Menschen gekämpft und gesiegt." Und Gott segnete ihn.

Eine rätselhafte Geschichte, ein rätselhafter Kampf, ein rätselhafter Schlag auf die Hüfte. Ein schicksalhafter Schlag – wie eine Art Ritterschlag. Doch nicht von Königen oder von Fürsten wie in alten Zeiten. Eine Art Ritterschlag – von Gott selbst. Und dieses Mal mit ganz anderen Waffen, als sie noch heute in Museen zu sehen sind. Vielmehr unsichtbar – so unsichtbar wie „der Schild des Glaubens“, „der Helm des Heiles“ oder „das Schwert des Geistes“. Waffen, die nicht rosten.

Auf diese Weise gerüstet, nicht hoch zu Ross, vielmehr hinkend und doch hoffnungsvoll ging Jakob durch die Pforte der Nacht, der aufgehenden Sonne entgegen. Doch seine Seele war genesen.

Jahrtausende später aber singen wir noch immer von ihm
in unseren Liedern:

Wohl dem, der einzig schauet
nach Jakobs Gott und Heil!
Wer dem sich anvertrauet,
der hat das beste Teil,
das höchste Gut erlesen,
den schönsten Schatz geliebt;
sein Herz und ganzes Wesen
bleibt ewig unbetrübt.

Abbildung 5: Herbert Falken, Jakob ringt mit dem Engel

Jakobs Provokation Gottes

Hans G. Ulrich

Jakob repräsentiert nichts. Er ist kein religiöser Führer. In seine verworrene Geschichte zeichnet sich eine Geschichte ein, deren Kontur immer deutlicher hervortritt. Jakob kämpft sich durch sein Leben, wie andere auch, listig und streitsam, schon im Mutterleib. Es ist das Alltägliche, es ist die Welt der Geschäfte, keine Perspektive, keine Geschichte, wenn auch irgendwie noch verbunden mit den großen Verheißungen und dem Horizont, der sich vor Abraham auftut. Jakob – eine blasse und alltägliche Figur – so wird sie von Elie Wiesel geschildert, eine der biblischen Urgestalten.[10] Hirten sind es. Sie sind unstet, müssen umherziehen, auf der Suche nach Nahrung, auf der Flucht vor Feinden. Eine unsichere Welt, kein friedliches Pastorat. Nichts steht in Aussicht, was dieser Alltäglichkeit entkommen lässt, dem Streit unter Brüdern, den Rivalitäten unter den Frauen, dem Streben nach Vermögen und Nachkommen. War dazu Jakob auserwählt? Sollte er dafür gesegnet werden? Was war seine Mission – wenn sie denn irgendwie auf der Spur bleiben sollte, die mit Abraham begonnen hat? Hatte dort wirklich etwas angefangen, was zu dem in Verbindung stand, was dann als die Geschichte jenes Volkes hervortrat, das sich Gott erwählt hat?

Jakobs Aufbruch

Gerhard von Rad bemerkt in seiner Abhandlung über die Vätergeschichte:

Keine Frage, in ihnen (den Erzählungen vom Traum (Gen 28) und vom Pnuel) steigt das Thema der Jakobsgeschichten gewaltig an die Oberfläche der Geschichte empor: Gott hat es mit Jakob zu tun; er soll der Ahnherr des Gottesvolkes werden, und deshalb will er ihn führen, wohin immer er geht.[11]

Elie Wiesel kommentiert:
Für Jakob ist es eine Notwendigkeit, Gott herauszufordern, dadurch wird sein Platz in der Geschichte gerechtfertigt. Damit er über sich selbst hinauswächst und Israel wird.[12]

Es kommt alles darauf an, dass sich diese Geschichte kristallisiert, dass ihre Spur freigelegt wird, sich festigt, und dass sich nicht alles in *„unerbaulichen Menschlichkeiten"* (Gerhard von Rad) verliert.

Jakob war unterwegs, sich mit Esau, seinem Bruder, zu treffen – ein höchst unsicheres, in jeder Hinsicht offenes Vorhaben. Auch dies blieb im Zusammenhang dessen, was bisher geschehen ist, es blieb die Folge einer Rivalität, die auch irgendwie mit Gottes Segen zu tun hatte. Doch darin konnte sich doch nicht schon erfüllt haben, was von Gott zu vernehmen war (25,23). Als Jakob dabei war, seinem Bruder zu begegnen, zeichnete sich nichts für Jakob schon deutlich ab. Jakob war aufs äußerste unruhig und gespannt. So sieht ihn Elie Wiesel:

Jakob wollte (in der Nacht vor der Begegnung mit Esau) allein mit sich zu Rate gehen, wollte seine Einsamkeit ausnützen, einen Umschwung – eine Veränderung in seinem Leben herbeiführen und sich so seinen Eltern würdig erweisen [...] ihm geht es darum, sich selbst einen Namen zu machen, ihm Inhalt zu geben, ihn mit einem Ereignis zu verbinden, das ihn unsterblich macht oder vernichtet.

Jakob war noch nicht auf der Spur, er war noch nicht in der Geschichte angekommen, die hier weitergehen sollte. Die Geschichte Abrahams und Isaaks hat noch keine Fortsetzung erfahren.

Anfang einer Geschichte – in der Begegnung mit einem Anderen

Was konnte die Wendung sein? Worum geht dieser Kampf? Was auch immer gedacht wurde, gegen wen Jakob wohl kämpft – auch gegen das eigene, andere Ich, das es zu besiegen gilt, das Ich der Selbst-Behauptung, das Selbst überhaupt – jenseits des Jabbok beginnt jedenfalls eine Geschichte, die auf etwas zuläuft, eine Geschichte, die sich um etwas anderes dreht, als das alltägliche Leben und Geschäftemachen, die Welt der Selbst-Behauptung. Was sich hier anbahnt, ist aber auch kein höheres Leben, vielleicht eine Kultur, die das Hirtenleben hinter sich lässt, vielleicht der zivilisatorische Aufbruch eines Volkes und eine große humane Religion. Es ist eine Wendung hin zu einem Anderen: zu dem, mit dem möglich wird, was „Geschichte" genannt werden kann. Es ist die Geschichte mit einem anderen, es ist das Sich-Einlassen auf diesen anderen. Es ist der Beginn einer Beziehung, querlaufend zu dem, was der Alltag der Lebensbewältigung an Religion und Moral enthalten mag.

Mit Jakob geschieht eine dramatische Wendung zu dem, was wir überhaupt „Geschichte" nennen können: weil sie auf etwas zuläuft, das uns Menschen zugedacht ist. So war es auch mit Abraham, aber jetzt ist es noch einmal besonders dramatisch, noch einmal fast am Nullpunkt beginnend mit Jakob.[13] Jakob erscheint als Träumer, der erwartungsvoll hinausblickt und hinaushört (Gen 28) – was wird daraus werden? Die entscheidende Wende ist jener Kampf am Pnuel (Gen 32).

Leitfaden der Geschichte

Was sollte die Spur für die *Geschichte* bilden, die sich da ankündigte? Interpretationen aus *späterer Perspektive* haben die Geschehnisse mit Jakob in die große Erzählung eingebracht, die von Israels Geschichte handelt. Eine solche Geschichte aber braucht einen Anhaltspunkt, hier musste es eine innere Verbindung geben zwischen dem, was Abraham, Isaak und Jakob widerfahren ist, wenn die „Geschichte" nicht irgendwie darüber hinweg konstruiert sein soll oder auseinanderfallen soll. Auch ein „geistlicher" Sinn (von dem Luther spricht) kann nicht über jene Widerfahrnisse gelegt werden, ohne dass er in ihnen selbst aufscheint. Wäre alles Komposition um der großen Erzählung willen, müsste man sie zumindest als unfasslich subtil begreifen, geradezu raffiniert den inneren Faden verbergend. Doch blenden wir die spätere Perspektive einer schon greifbaren theologischen Verarbeitung ab und bleiben wir im Medium der Erzählung. Was war es denn, was hier sich so kristallisieren sollte, dass es die große Geschichte weiter hervortrieb – die große Geschichte, die schließlich auch nicht nur die Geschichte eines Volkes bleiben sollte, das wie andere Völker seinen Ort und Weg zu finden hatte? Etwas *anderes* musste jedenfalls in dieser Welt, die erst einmal die Welt der Hirten und Schafzüchter und ihrer Ökonomie gewesen ist, in Erscheinung treten. Dies sollte unausweichlich präsent werden – so unausweichlich wie der Engel im Fluss, nicht ein fernes Ziel, keine Idee, kein identifizierbares Phänomen, sondern die Begegnung mit diesem Anderen, der nicht auch ein Hirte war, ein Freund oder Feind, sondern einer, der von diesen Hirten etwas anderes wollte, der sie als seine Partner suchte. Es ging um die Begegnung mit dem Antlitz dieses Anderen, die Begegnung mit dem, der etwas mit diesen Hirten vorhat. Und jetzt kam alles auf JAKOB an – mitten in den durchaus angespannten Geschehnissen um den Bruder ESAU.

Gottes Geschichte – in seinem Sprechen: eine Geschichte der Aufmerksamkeit

Was dieser Gott mit den Hirten vorhat, ist immer wieder aufgeblitzt in einem Wort, das sie empfangen haben, so wie bei Rebekka:

Und der HERR sprach zu ihr: Zwei Völker sind in deinem Leibe, und zweierlei Volk wird sich scheiden aus deinem Leibe; und ein Volk wird dem andern überlegen sein, und der Ältere wird dem Jüngeren dienen. (Gen 25,23)

Dieses Wort konnte nicht gesprochen sein und gehört werden, um verloren zu gehen, es musste eingelöst werden.

So blieb ABRAHAM in höchst gespannter Aufmerksamkeit als er der Ökonomie des Opferns folgend ISAAK, seinen Sohn – welchem Gott? – opfern sollte, und hörte deshalb die Stimme des Engels, die ihn den Sohn verschonen hieß (Gen 22,11f). Was wäre geschehen, wenn er die Stimme nicht gehört hätte? In welch gespannter Aufmerksamkeit mussten diese Hirten-Väter und Mütter- gelebt haben, in höchster Bereitschaft, zu hören und dem zu folgen, was sie gehört haben.

Abraham, Isaak und Jakob waren doch Männer, die als erste die Offenbarung einer Gottheit empfingen, die für sie zu sorgen und sie zu geleiten versprach und ihnen einen Anteil am Kulturland und große Nachkommenschaft verhieß.[14]

Und so waren es denn diese ausgesprochenen Verheißungen, an denen entlang sich die Geschichte bildete und weiterging, nicht das Streben nach Macht, Gewinn, Ehre und Ruhm. Hier begann eine Geschichte des Vertrauens auf den Gott, der mit den Segnungen des alltäglichen Lebens zugleich eine Geschichte mit denen eingegangen ist, denen die Segnungen galten. Es sollte eine Beziehung beginnen mit dem Gott, der – in theologischer Verdichtung gesagt (wie in Jakobs Gebet) – Barmherzigkeit, Vergebung und Gerechtigkeit in einer eigens begonnenen Geschichte walten lassen wollte.

Um diesen Gott zu treffen und ihn nicht zu verlieren, kam alles an auf „ ... *das lebendige Wort JAHWES, wie es an ISRAEL – eben in der Botschaft von seinen großen Taten – je und je ergangen ist*" (GERHARD VON RAD[15]). Alles kam darauf an, dass das gehörte Wort nicht ins Leere lief. Weil er – so Martin Luther in seiner Auslegung –

nicht schließen will nach seinem Fühlen, sondern hält fest, und ließ sich ehe zerreißen, hat er gewonnen. Wenn ich ihn also in mir überwinde, so habe ich Gott überwunden dadurch, dass ich das Wort von seiner Güte ergreife und halte ... .[16]

Auf diese Hirten ist Gott angewiesen, sie sind seine Heiligen. Immer wieder hängt die große Geschichte an diesem einzigen dünnen Faden. So ist es auch mit David und mit den Propheten gewesen, die Gott gehört haben. Dann auch in Gethsemane, wo Jesus mit Gott eindringlich redet, um zu erfahren, was Gott will, und diesem Willen zu folgen (Lk 22,42–44).

So verfolgt Gott seine Geschichte mit seinem Volk und mit uns Menschen. Er braucht dazu Menschen, die aufmerksam sind und gespannt auf das, was sie von ihm zu hören bekommen. So hat Gott Rebekka gebraucht, die seine Verheißung gehört hat, so hat er auch Maria gebraucht. So hat er schließlich seinen eigenen Sohn gesandt, damit eben dieser Faden nicht reißt. So hat Jesus die Jünger gebraucht, die Apostel. Was wäre geworden, wenn die Zeugen den Auferstandenen, nicht gehört hätten? In den Begegnungen mit dem Auferstandenen ist wieder entscheidend, dass er *spricht*. Was wäre geworden ohne die Zeugen, die gefolgt sind?

Was mit diesen aufmerksamen Menschen und durch sie geschieht, ist denn auch der wahrhaft greifbare historische Stoff für die Geschichtsschreibung und ihre Theologie. Gerhard von Rad spricht von einer „bekenntnismäßigen" Geschichte, der Geschichte mit einer Botschaft. Sie ist nicht auf eine Historie aufgesetzt, die anderen Gesetzmäßigkeiten gefolgt wäre. Sie hätte ihren Gegenstand verloren, nichts wäre zu überliefern gewesen. Auch mit Jakob hätte es irgendwie weitergehen können, doch die Geschichte Israels hätte nie angefangen. Nicht der Kampf mit dem Bruder, nicht ein geschichtliches Ereignis von welcher Bedeutung auch immer schreibt hier Geschichte, sondern diese kaum fassbare Begegnung mit Gott im Dunkel der Nacht. Damit wird aus dem Hirten Jakob die geschichtsträchtige Figur „Israel", die Figur, der die weitere Geschichte aufgetragen ist. Hier ist die Wende namentlich festgemacht. Mit ihm schreibt ELIE WIESEL

> *steht das Schicksal Israels da, des immanenten, realen und historischen Israel und zugleich auch des ewigen und über die Geschichte hinausweisenden Israel. [...] Israel wäre nicht Israel, wenn vorher nicht Jakob gewesen wäre, wenn es nicht die seltsamen und erhebenden Träume Jakobs in sich trüge.*[17]

Dies bleibt – wie ELIE WIESEL bemerkt – notwendig zusammen: die Historie und die Geschichte, die über die Geschehnisse hinausreicht. Es wäre eine Verkürzung zu denken, die Wahrnehmung dieser Geschichte wäre doch erst das Ergebnis späterer theologischer Arbeit. Diese Theologie hätte ins Leere gegriffen, wäre nicht ihr Stoff von dieser Dramatik schon gebildet gewesen, die das Hirtenleben bestimmt hat. Gottes Wort hat sie erreicht und mehr angestoßen als die Realität hergab. So musste weiteres geschehen. Nicht ihr unbestimmter Wunsch nach Wohlergehen, sondern das Unabgegoltene dieses Wortes machte die unaufgelöste Spannung in ihrem Leben aus. Dies hat sie zu Heiligen gemacht. Sie hatten nichts zu repräsentieren, sie waren in gespannter Erwartung auf Gottes Wort – wie es im Psalm zu hören ist: *„Ich harre des Herrn, meine Seele harret, und ich bin gespannt auf sein*

Wort. Meine Seele wartet auf den Herrn mehr als die Wächter auf den Morgen; mehr als die Wächter auf den Morgen." (Ps 130,6f). Dieses erwartete Wort umfasst alles, was Gott bereithält, die ganze Geschichte.[18] *„Hoffe ISRAEL auf den Herrn! Denn bei dem Herrn ist die Gnade und viel Erlösung bei ihm."* (Ps 130,6.7). JAKOB erhält den Namen ISRAEL, an ihn bindet Gott seinen Segen und die darin beschlossene Geschichte.

JAKOB beruft sich in seinem Gebet auf Gottes Wort: „Du hast gesagt: Ich will dir wohl tun und deine Nachkommen machen wie den Sand am Meer, den man der Menge wegen nicht zählen kann." Er wird nicht fassen können, was die Geschichte ist, die Gott hier anzeigt, aber er bleibt in dieser Geschichte, die Gott mit ihm, Israel, angefangen hat. Jakob will freilich doch wissen, wer dieser Gott ist – und wird dessen gewiss, dass er Gott begegnet ist (32,31). Es ist wie am Ende der Geschichte von Hiob, der schließlich Gott „sieht" und so gewiss wird, dass er aus der Geschichte mit Gott nicht herausgefallen ist. Dieses „Sehen" wird in der Überlieferung als die Verdichtung des Hörens verstanden, in dem Gott selbst als der Handelnde hervortritt. Entscheidend ist, dass Gott nicht nur den Faden in der Hand hat und die Geschichte nicht von anderen Kräften regiert wird, sondern dass Gott selbst in der Geschichte mithandelt. Dies wird immer wieder daran hängen, dass Gott spricht. Keine biblische Erzählung, die von Gott und Menschen handelt, in der nicht Gott spricht. JAKOB wird von seiner Mutter erfahren haben, was sie von Gott gehört hat (Gen 25,23) – doch war dies schon die Verheißung in ihrer ganzen Bedeutung? Gott musste wieder sprechen. Dieses Sprechen trotzt Jakob in jener Nacht am Jabbok Gott ab, jetzt direkt, nachdem er Gott schon im Traum hat sprechen hören. Mit seinem Wort greift Gott ein und bleibt gegenwärtig.

So ging es mit JAKOB darum, was die Geschichte sein sollte, die mit ABRAHAM – ja schon mit Adam – angefangen hat. Die Konturen dieser Geschichte sind dort hervorgetreten, wo Gottes Wort hörbar geworden ist und wo dieses Wort in seiner ganzen Bedeutung erschien und nicht ins Leere gelaufen ist. Immer aber hängt die Geschichte Gottes an diesem Übergang.

Wohin und woraufhin sollte das bisherige Leben – über den Jabbok hinweg – überschritten werden? LUTHER spricht vom Übergang von einem materiellen Segen und Lebenssinn zu einem „geistlichen". Dies bedeutet freilich nicht, dass Gottes Segen nicht die irdischen Güter und die Freude daran einschließen würde. Nicht dies ist der Gegensatz, sondern der Beginn einer wie auch immer deshalb „geistlich" zu nennenden Geschichte, weil Gott in ihr wirkt. JAKOB ist unterwegs, sich mit seinem Bruder zu versöhnen. Dies ist das alltägliche Geschehen zwischen Hirten, der Streit wie die Versöhnung. Doch in diese Geschehnisse bricht etwas ein, das in eine andere Geschichte führt, Gott selbst tritt dazwischen. JAKOB sagt, er habe das Antlitz Gottes gesehen. Martin LUTHER verweist in seiner Auslegung auf Psalm 4, Vers 7 – jenen Vers, der von der Umkehrung handelt, die zur Begegnung mit Gott führt:

Viele sagen: „Wer wird uns Gutes sehen lassen? HERR, lass leuchten über uns das Licht deines Antlitzes! Du erfreust mein Herz, ob jene auch viel Wein und Korn haben. Ich liege und schlafe ganz mit Frieden; denn allein du, Herr, hilfst mir, dass ich sicher wohne.

Dies ist die Umkehrung, die in jener Nacht am Jabbok geschieht. Hier kehrt sich die unbestimmte Suche nach einem anderen Leben um in eine Begegnung mit Gott. Diese Begegnung hat JAKOB in jener Nacht für uns provoziert.

Versöhnung braucht Begegnung

Manfred Kock

Die christlichen Kirchen leben mit den Schmerzen ihrer Spaltungen. Damit sind nicht nur die Trennungen in unterschiedliche Konfessionen gemeint. Es gibt auch Risse mitten durch die einzelnen Kirchen hindurch, nicht selten auch mitten durch eine Gemeinde. Diese Spaltungen verstellen den Blick dafür, dass der eine Christus die Mitte des einen gemeinsamen Glaubens ist. Darum sind Gelegenheiten wichtig, in denen wir uns der großen Gaben Gottes vergewissern, die wir gemeinsam empfangen haben. Nur so sind unsere Zertrennungen zu überwinden.

Aus der Vätertradition Israels stammt eine alte Geschichte, die zu den gemeinsamen Wurzeln unseres Glaubens gehört. Es ist die Geschichte von der Versöhnung der Zwillingsbrüder Jakob und Esau. Sie ist ein Modell dafür, wie man sich nach Streit, Betrug und Enttäuschung einander nähern kann, und darum vermittelt sie auch für die Trennungen unserer Kirchen hilfreiche Weisheit.

Die Geschichte von Jakob und Esau ist eine Begegnungsgeschichte. Sie enthält drei Lehren für die Versöhnung.

Versöhnung setzt voraus, sich in den anderen einzufühlen

Die Geschichte von Jakob und Esau beschreibt den Konflikt und die Erwägungen und Maßnahmen zur Lösung nur aus einer Sicht, nämlich aus der des Jakob. Darüber, wie Esau zumute ist, kann man nur Vermutungen anstellen.

Aber so geht es uns wohl fast immer, wenn wir mit anderen in Konflikte geraten sind. Wir sehen die Spannungen und Streitursachen zunächst nur aus unserer jeweiligen Sicht.

Sich aber in den anderen hineinzudenken, ist unerlässlich, auch wenn wir bei der Begegnung mit dem anderen nicht wirklich aus unserer Haut heraus können, denn wir bleiben wir selber.

Jakob möchte sich mit dem Bruder versöhnen und zieht ihm entgegen. Wie wird Esau reagieren? Welche Absichten mag er haben? Als Jakob hört, Esau rücke heran, teilt er zunächst seinen Besitz in zwei „Lager". Das ist listig und vorsichtig. Denn wenn die Versöhnungsabsicht missriete, könnte er vielleicht wenigstens die Hälfte seines Besitzes retten.

Dann versucht Jakob, den herannahenden Bruder mit einer Reihe voraus gesandter Geschenke freundlich zu stimmen. So will er neues Vertrauen schaffen, denn er weiß ja, dass er die Schuld an dem Zerwürfnis trägt.

Für eine gute ökumenische Kultur lehrt das, sich folgende Fragen zu stellen:

Welche Erfahrungen, Ansichten und Einsichten können wir anderen Konfessionen weitergeben? Welche können wir von anderen annehmen? Was ist zentral, wovon wollen wir nicht ablassen? Und was können wir um der Einheit willen aufgeben?

Wenn wir so fragen, wird erkennbar, dass die Vielfalt der Konfessionen nicht nur schmerzlich ist. Sie wird dann als Reichtum erlebt werden können, den wir miteinander teilen.

Wenn wir einfühlsam mit unseren Differenzen umgehen, können wir uns der anderen Seite nähern. Wir leben außerdem – trotz unserer Zertrennung – der Gesellschaft eine gute Streitkultur vor.

Versöhnung braucht das Gebet

Als Jakob für die Begegnung mit dem Bruder alles getan hat, wendet er sich im Gebet zu Gott. *Er* hatte ihm den Auszug befohlen, *er* hatte den Segen versprochen, *ihn* kann Jakob preisen für die gnädige Führung in langen Jahren. „Unwürdig war ich dieser Gnade", bekennt er und wendet sich in seiner Ratlosigkeit und Angst an Gott. „Nur du, Gott, kannst vollenden, was du versprochen hast." Trotz aller Verworrenheit, in die Jakob sein ganzes Leben lang verstrickt gewesen ist, hat er das Verhältnis zu Gott nicht aus den Augen verloren. Das zeigt sich in seinem Gebet.

Die Hinwendung und Ausrichtung auf Gott selber wird auch seine zerteilten Kirchen auf den Weg der Einheit führen.

Die Begegnung mit Gott in seinem Wort, in seinem Mahl, in unseren Gebeten wird uns die Augen und die Herzen füreinander öffnen.

Mag die Geschichte der Kirchen noch so verworren verlaufen, das Gebet wird uns Geduld schenken für den Weg der Versöhnung. Und im Gebet können wir auch danken für das, was schon geschenkt ist. Die Zeiten der konfessionellen Kriege sind bei uns vorüber. Es ist Freundschaft eingekehrt. Wie wichtig das ist, wird uns klar, wenn wir die fundamentalistischen und sektiererischen Eruptionen betrachten, die heute vor allem von anderen Religionen ausgehen. Extremisten bedienen sich alter Schablonen, aber die große Mehrheit der Kirchen ist auf dem Weg des Friedens. Dafür können wir Dankgebete anstimmen, aus denen die Hoffnung für die weitere Versöhnung wächst.

Versöhnung braucht den beharrlichen, nicht ablassenden Kampf, das Ringen mit Gott

In der Nacht vor der Begegnung mit dem Bruder hat Jakob einen Alptraum. Jakob kämpft mit einem Unbekannten. „Es rang ein Mann mit ihm", heißt es in der Erzählung. Nach langem Kampf sprach der Mann: „Lass mich gehen, die Morgenröte bricht an." Aber Jakob sagt: „Ich lasse dich nicht, du segnest mich denn."

Entdecken wir das Wunder, das Jakob zuteil wird. Er sagt dem Unbekannten seinen Namen: Ich bin Jakob! Damit ist ein Bekenntnis verbunden. Das lautet: Ich stehe zu meiner Geschichte, ich beschönige nichts. Ich bin Jakob, der Betrüger, ich bin ein sündiger Mensch. Aus mir selber kommt nichts, was den Segen verdient.

Und Jakob erhält den neuen Namen: *Israel*. Mit diesem Namen kann er seinem Bruder Esau wieder unter die Augen treten. Er braucht nicht mehr zu protzen mit Besitz und Wohlergehen. Der erschlichene Segen von damals ist nun von Gott selber neu geschenkt.

Auf die Gemeinschaft der Kirchen bezogen, können wir aus der Geschichte dieses lernen: Nicht ablassen, Gott bei seinem Einheitswillen zu behaften.

Jakobs Kampf mit dem Unbekannten ist Mythos eines Gotteskampfes, der zugleich seinen Lebenskampf symbolisiert. Der Kampf hinterlässt seine Spur. Jakob hat im Ringen mit Gott seine Hüfte ausgerenkt und hinkt fortan zeitlebens. Aber er geht gestärkt in die Begegnung mit Esau, und die Versöhnung gelingt.

Jeder Lebenskampf hinterlässt Spuren. Wir hinken auf unserem Weg, auch in unseren verschiedenen Kirchen. Immer wieder entstehen Irritationen und neue Missverständnisse. Aber wir wissen: Gott wird unsere Hoffnung auf Versöhnung immer wieder wecken und stärken.

Wie Gottes Geist aus den chaotischen Verhältnissen dieser Welt einst doch noch Ordnung schenken wird, so wird er auch in all den konfessionellen Verwirrungen und auch in den in jeder Konfession vorhandenen Streitigkeiten die *eine* Kirche als sein großes Ziel verwirklichen. Das ist kein historischer, kein organisatorischer Sachverhalt, sondern das kommt von Gott her auf uns – so wie der Segen des Jakob.

Wer bin ich und wie gestalte ich mein Leben?

Jakob bibliologisch erkundet

Uta Pohl-Patalong

Als ich die Einladung zur Mitwirkung an diesem Buch erhielt, hat es mich gleich gereizt, dies auf der Basis des Bibliologs zu tun, eine Form mit biblischen Texten umzugehen, mit der ich seit einigen Jahren gute und intensive Erfahrungen mache. Während der Bibliolog sonst dazu dient, einen bestimmten Bibeltext mit einer bestimmten Gruppe in einer bestimmten Situation zu erkunden, verwende ich diesen Weg hier einmal auf andere Weise: Ich habe mehrere Bibliologe mit Texten aus dem Jakobszyklus mit unterschiedlichen Gruppen durchgeführt und blicke auf diese insgesamt mit der Fragestellung, was sie in der Gestalt Jakobs entdekken, welche Aspekte in den Vordergrund treten, was sie über den biblischen Jakob aussagen. Dies ist selbstverständlich subjektiv konturiert, und dies gleich in mehrfacher Hinsicht: Nicht nur lädt der Bibliolog ein zu subjektiven Entdeckungen in den und mit den biblischen Texten, sondern auch meine Subjektivität als Bibliologin und als Auswertende und Autorin dieses Artikels prägt die Erkenntnisse.

Dabei gehe ich folgendermaßen vor: Nach einer Einführung in den Ansatz des Bibliologs stelle ich zunächst mehrere Bibliologe zu Jakobsgeschichten dar. Ich dokumentiere ihre Anlage so, wie ich sie gehalten habe und nenne exemplarisch Äußerungen von Teilnehmenden, die ich mir nach dem jeweiligen Bibliolog aus dem Gedächtnis notiert habe. Ein kurzes Resümee jedes Bibliologs hält wesentliche Beobachtungen fest. In einem nächsten Schritt frage ich dann quer zu den einzelnen Geschichten nach dem Ertrag, den die Zusammenschau ergibt.

I. Bibliolog: gemeinsam einen biblischen Text auslegen[19]

Bibliolog ist eine in Deutschland noch recht junge Form, mit einer Gruppe, Gemeinde oder auch Schulklasse, einen biblischen Text gemeinsam zu entdecken und so auszulegen, dass seine Bedeutung für das eigene Leben unmittelbar erlebbar wird.[20] Entwickelt wurde der Zugang zu biblischen Texten von Peter Pitzele, einem nordamerikanischen Juden, auf der Grundlage seiner literaturwissenschaftlichen und psycho-dramatischen Kenntnisse. Peter Pitzele versteht den Bibliolog vor seinem jüdischen Hintergrund als modernen „Midrasch" – der jüdische Weg, biblische Texte dadurch auszulegen, dass man sich für die Fragen interessiert, die der Text aufwirft, aber nicht beantwortet. Wie die Rabbiner der Antike nennt Peter Pitzele dies das „weiße Feuer", das zwischen dem „schwarzen Feuer" der Buchstaben lodert. Das Schüren des „weißen Feuers", der Zwischenräume zwischen den Buchstaben des Textes, eröffnet gerade die Möglichkeit, seine eigenen Lebenserfahrungen mit den biblischen Texten zu verbinden und dadurch dem Text auf neue Weise nahe zu kommen. Man verlässt dabei die distanzierte Position des Gegenübers zum Text, sondern tritt sozusagen selbst in die Geschichte ein. Statt über den Text zu sprechen (bzw. im Gottesdienst den Überlegungen der Predigerin oder des Predigers zuzuhören), entdeckt man sozusagen den Text von innen.

Konkret sieht dies so aus: Die Leitung führt nach einer kurzen Erläuterung der „Spielregeln" in eine biblische Geschichte ein. Sie erzählt die Situation, möglicherweise den Zusammenhang der Geschichte und regt die Fantasie der Teilnehmenden an, so dass sie sich gut in die Szene hineinversetzen können. Hierbei vermittelt sie auch wichtige historische Informationen, damit wirklich alle mitmachen können, ohne zu historisch oder theologisch „falschen" Aussagen zu kommen. Sie liest dann einen oder mehrere Verse aus der Bibel. Dann weist sie der Gemeinde die Rolle einer biblischen Gestalt zu und spricht sie in dieser an. Wer möchte, äußert sich dazu, nacheinander, als diese Gestalt in der Ich-Form. Die Anwesenden identifizieren sich mit der biblischen Gestalt, erkunden sie sozusagen „von innen". Gleichzeitig füllen sie die Rolle und ihr Verständnis dieser biblischen Person aber mit ihren persönlichen Erfahrungen und Zugängen.

Die Äußerungen werden von der Leitung sprachlich aufgenommen und verstärkt. Mit dieser Technik des „echoing" werden die eher leisen Aussagen für alle hörbar, und nur angedeutete emotionale Gehalte werden hervorgehoben. Als „interviewing" kann auch nachgefragt werden, wenn beispielsweise Inhalte nur angedeutet werden.

Dies erfolgt an unterschiedlichen Stellen mit unterschiedlichen Rollen und unterschiedlichen Fragestellungen. Die Leitung entlässt die Gemeinde aus den Rollen und führt in die Gegenwart zurück. Die unterschiedlichen Aussagen und damit auch die unterschiedlichen Zugänge zum biblischen Text und seine Deutungen bleiben nebeneinander stehen und werden nicht in eine einheitliche Botschaft aufgelöst. Gleichzeitig gibt es deutliche Grenzen der Interpretation, insofern Bibliolog einen hohen Respekt vor dem schwarzen Feuer des Textes hat. Methodisch zeigt sich dies darin, dass nur Fragen gestellt werden dürfen, die vom Text wirklich offen gelassen werden – es kann also nicht nach Reaktionen oder Handlungen gefragt werden, von denen im Text dann anschließend berichtet wird – denn das ergäbe ein Gegenüber von richtig und falsch. Gleichzeitig beruht Bibliolog auf einem Vertrauen in die Kraft der biblischen Texte, die sich gegen einseitige Deutungen oder Wahrnehmungslücken in einer erstaunlichen Weise durchsetzen können – vorausgesetzt, der Bibliologe oder die Bibliologin ist wirklich an dem, was sie uns zu sagen haben, orientiert – und nicht an den eigenen Ideen, ungelösten Fragen oder Vorentscheidungen.

II. Drei Jakob-Bibliologe[21]

1. Genesis 27,1–40: Der Erstgeborenen-Segen

Nach der Einführung in die Geschichte lese ich Vv. 1–4.

Sie sind Isaak: Isaak, du bittest deinen Sohn, dir ein Essen zu erjagen und zu bringen, wie du es gerne hast, weil du alt geworden bist und du seine Seele segnen möchtest, bevor du stirbst. Isaak, wie ist das für dich, dies so zu sagen?

- Ich muss bald gehen und da möchte ich vorher noch etwas weitergeben.
- Ich möchte mir etwas Gutes tun lassen von meinem Lieblingssohn.
- Das ist schon komisch, bald zu sterben ... sterbe ich eigentlich wirklich so bald?
- Meinen Segen weiterzugeben, mein Haus zu bestellen, alles in Ordnung zu bringen, so dass es weitergeht, wenn ich nicht mehr bin, das brauche ich!

Ich lese Vv. 5–10.

Sie sind Rebekka. Rebekka, du sagst deinem Lieblingssohn Jakob, was er tun soll, um den Segen des Erstgeborenen zu bekommen. Worum geht es dir dabei wirklich?

- Esau kann das einfach nicht. Wenn der den Job übernimmt, wird das eine Katastrophe! Das kann einfach nur mein Jakob!
- Und ich muss jetzt dafür sorgen, dass der die Aufgaben bekommt, der sie auch tun kann.
- Und wenn Esau an der Macht wäre, was wäre dann mit mir?

(Interviewing): Was befürchtest du, Rebekka?

- Dann gehe ich ganz schön unter! Wenn Jakob hier das Sagen hat allerdings, dann ...

(Interviewing:) Dann? (strahlt) Dann hab' ich das ganz schön gut!

- Ich muss hier einfach eingreifen. Erstgeborener hin oder her, Tradition ist ja schön und gut, aber sie passt hier einfach nicht. Jakob ist der Besondere, der Auserwählte, das weiß ich einfach! Ich kenne doch meinen Kleinen ...
- Ich glaube, ich muss Gott hier mal ein wenig unter die Arme greifen. Manchmal legt er sich doch selbst ein bisschen sehr fest und braucht etwas menschliche Hilfe, damit sein Wille geschieht ...

Ich lese Vv. 11–17.

Sie sind Jakob. Jakob, deine Mutter hat dir gerade das Essen in die Hand gegeben und du bist auf dem Weg zu deinem Vater. Jakob, was empfindest du in diesem Moment?

- Beschissen ist das! Meine Mutter immer mit ihren Ideen! Wenn der Alte etwas merkt, bin ich dran, da kann sie sagen, was sie will!
- Will ich das eigentlich? Das ging so schnell, und gegen meine Mutter konnte ich mich noch nie durchsetzen.
- Ich find's okay. Nicht die feine englische Art, okay, aber wenn die Traditionen nun mal so eigenartig sind, dann braucht es unkonventionelle Methoden, zu seinem Recht zu kommen.
- Und ich bin einfach der, der den Job machen kann. Glaube ich jedenfalls ...

(Interviewing:) Glaubst du jedenfalls, Jakob?

- Ich möchte es glauben, aber eigentlich habe ich ganz schön Angst vor dieser riesengroßen Aufgabe.
- Ich mag das gar nicht, meinen alten Vater so zu betrügen! Meine Mutter ist da so skrupellos.

Interviewing: Und du, Jakob?

Warum mache ich das eigentlich? Ich glaube, mich reizt die Macht, die ich jetzt kriege. Mal nicht mehr der Kleine sein, wow!
- Immer hatte Esau die Nase vorn, und er ist so tumb dabei. Jetzt ist meine Chance da!

Ich lese Vv. 18–23.

Sie sind noch einmal Jakob. Jakob, wie ist es, von deinem Vater gesegnet zu werden?

- Komisch. Er meint mich doch gar nicht. Wer bin ich denn nun eigentlich?
- Das tut gut! Das habe ich mir schon immer gewünscht, dass mein Vater sich mir einmal richtig zuwendet. Das ist mein Segen, das spüre ich!

- Ich fühle mich nicht gut. Und er merkt das doch, das weiß ich genau.
- Ich glaube auch, dass er das merkt. Aber warum macht er das Spiel mit? Will er doch eigentlich mich – und nicht Esau?
- Segen, wem Segen gebührt – und mir gebührt er!

Ich lese Vv. 30–35.

Sie sind Esau. Esau, was betrübt dich am meisten?

- Der Segen ist weg! Meine Zukunft, mein Erbe, mein Leben!
- Kennt mein Vater mich so wenig, dass er wirklich meinen Bruder für mich halten konnte?
- Da hat bestimmt meine Mutter die Hand im Spiel! Immer zieht sie ihr Lieblingssöhnchen vor – und ich bleib auf der Strecke!
- Die ganze Familie hat sich gegen mich verschworen, das war doch ein abgekartetes Spiel!
- Und ich bin der Verlierer!

Ich lese Vv. 35–40.

Sie sind noch einmal Jakob. Jakob, was hat sich verändert?

- Puh, das hat geklappt. Bin ich froh!
- Eigentlich nicht viel. Ich merk gar nicht, dass etwas anders ist.
- Nun ist es passiert. Zurück geht nicht mehr. Eine neue Rolle, eine neue Aufgabe.
- Endlich bin ich mal nicht der Kleine und Zurückgesetzte. Mein Segen, meine Familie, meine Zukunft!

Beobachtungen:
Die Erzählung wird in diesem Bibliolog als Familiengeschichte verstanden und gefüllt. Deutlich werden die komplexen Beziehungen zwischen den vier Familienmitgliedern, die jeweils miteinander ihre eigene Geschichte und ihre eigene Beziehung haben. Über die naheliegende Konstellationen Rebekka – Jakob und Isaak – Esau hinaus wird die Intensität und Dynamik der Beziehungen bei den jeweils stärker im Schatten liegenden Paaren deutlich, also Rebekka und Esau sowie Isaak und Jakob. Für mich überraschend rückte die

Frage in den Vordergrund, ob Isaak wirklich betrogen wurde oder ob er das Spiel mitgespielt und das Ganze stillschweigend gebilligt hat (womit aus der 2+2-Konstellation eine 3+1 würde – denn Esau bleibt hier eindeutig der Betrogene).

Die Person Jakobs wird ambivalent gefüllt, so dass sie schillernd bleibt. Er changiert zwischen dem mutigen und draufgängerischen bis hin zum dreisten Agierer und dem zögerlichen, fast gegen seinen Willen von der Mutter geschobenen Reagierer. Eine wichtige Rolle spielt in diesem Bibliolog die Deutung über die Fähigkeiten und die Kompetenzen Jakobs: Weil er im Gegensatz zu seinem weniger bemittelten Bruder voraussichtlich die Aufgaben des Erstgeborenen besser erfüllen wird, soll er den Segen haben. Aber auch die Machtfrage ist wichtig, und der Wunsch des Jüngeren, sich nicht mehr zurückgesetzt zu fühlen. Daneben spielen auch eigennützige Motive Rebekkas eine Rolle.

Jakob schwankt zwischen der Annahme dieser Aufgaben und dieser Rolle und Unsicherheit. Er ringt an mehreren Stellen mit der Frage, wer er eigentlich ist und was seine Rolle und Aufgabe im Leben, in der Familie und gegenüber Gott ist.

2. Genesis 32,23–32: Der Kampf am Jabbok

Nach der Einführung in die Geschichte lese ich Vv. 23–25.

Sie sind Jakob. Jakob, warum bringst du deine Familie hinüber und bleibst allein zurück? Was erhoffst du dir davon?

- Ich muss allein sein. Nachdenken. Mich sammeln. Mich vorbereiten.
- Ich brauche Abstand von meiner Familie. Das ist mein Ding, nicht ihres.
- Ich bin zwischen gestern und morgen. Etwas Neues beginnt und dafür muss ich mich sammeln.
- Ich muss beten. Um Kraft. Ich habe ganz schön Angst vor morgen.
- Ich will nicht, dass meine Familie mich so sieht. Ich fühle mich so klein, so schwach. Ich bin plötzlich wieder der kleine Bruder, nicht der große Familienvater!

Wenden wir uns der anderen Seite einmal zu, der Familie, die Jakob ans andere Ufer gebracht und sie dann wieder verlassen hat. Sie sind Gad, einer der elf Söhne. Gad, was bewegt dich jetzt, auf der anderen Flussseite, ohne deinen Vater?

- Der ist gut! Seilt sich ab, wenn es brenzlich wird! Was fällt dem ein, uns der Gefahr auszusetzen?
- Endlich sind wir mal die Großen, nicht immer nur er. Ich beschütze meine Familie!
- So kenne ich meinen Vater gar nicht. Der wirkt ganz schön klein ...
- Ich hab' noch gar nicht kapiert, worum es eigentlich geht. Ich habe also Familie, einen Onkel Esau, und was ist mit dem?
- Mein Vater hat also Dreck am Stecken. Ich hab' ja schon immer das Gefühl gehabt, dass da einige Familiengeheimnisse im Keller lagern, aber er wollte ja nie darüber reden. Jetzt wird's spannend.

Ich lese Vv. 26–27.

Sie sind Jakob. Jakob, was für einen Segen wünscht du dir?

- Einen, der mir gegen meinen Bruder hilft!
- Einen, der mir Frieden schenkt – uns Frieden schenkt. Ich möchte die Versöhnung.
- Ich muss mich der Vergangenheit stellen und dazu brauche ich Hilfe.
- Ich habe mit mir selbst gekämpft und brauche den Segen, um mich mit mir zu versöhnen.

Ich lese Vv. 28–32

Sie sind Rahel. Rahel, der Morgen graut und dein Mann kommt dir entgegen gehinkt. Wie reagierst du – innerlich und vielleicht auch äußerlich?

- Gott sein Dank, er lebt!
- Hmh, er hinkt. Vielleicht macht ihn das menschlicher, nicht mehr so unnahbar, nicht mehr so überlegen.
- Oh nein, er scheint mal wieder gerauft zu haben. Männer können es doch nie lassen.

- Da ist etwas Wichtiges passiert, das sehe ich ihm an. Er wirkt ganz anders.

Sie sind noch einmal Jakob. Jakob, du hast einiges hinter dir und noch mehr vor dir. Wie siehst du der Begegnung mit Esau jetzt entgegen?

- Viel gelassener.
- Das Schlimmste habe ich schon hinter mir, alles andere kann nicht so schlimm werden.
- Ich habe immer noch Angst, aber jetzt auch Zuversicht. Gott ist bei mir, das spüre ich.
- Ich will diese Begegnung, ich bin soweit.
- Ich bin Gott begegnet und mir selbst, und jetzt kann ich auch meinem Bruder begegnen.

Beobachtungen:
Der Kampf am Jabbok wird in diesem Bibliolog als ein wichtiger Punkt im Leben Jakobs deutlich, teilweise sogar als Wendepunkt in seinem Leben. Die Begegnung wird gleichermaßen als Begegnung mit Gott und Begegnung mit sich selbst gedeutet, die in jedem Fall Entscheidendes bewirkt. Es wirkt, als habe diese Begegnung eine gewisse Logik nach anderen Ereignissen, in denen Jakob eher mit Tricks und Betrügereien agiert hat. Im Gegensatz dazu wird diese Situation als ein Sich-Stellen verstanden. Dies bezieht sich zunächst auf die Begegnung mit seinem Bruder, gewinnt aber auch darüber hinaus für das Lebenskonzept und die Lebensgestaltung Jakobs an Bedeutung.

Von den Rollen seines Sohnes und seiner Frau aus wird Jakob in diesem Bibliolog ambivalent wahrgenommen. Auffallend finde ich, dass bei beiden das Geschehen die „Menschlichkeit" Jakobs verstärkt. Sie nehmen ihn als schwächer wahr als sonst und bewerten das überwiegend positiv, wenn auch sein Handeln in der Eingangsszene durchaus als verantwortungslos empfunden wird. Sie fragen offensichtlich ebenso danach, wer Jakob eigentlich ist, wie er selbst dies tut.

3. Genesis 35,29: Die Begegnung von Jakob und Esau am Grab ihres Vaters

Einen dritten Bibliolog zu Jakob habe ich in einer sogenannten erweiterten bibliologischen Form durchgeführt, als *encounter*. Dabei werden gleichzeitig unterschiedliche Rollen von verschiedenen Personen oder Gruppen übernommen, die miteinander in einen Dialog treten. Solche Begegnungssituationen werden an vielen Stellen der Bibel knapp erwähnt, ohne dass erzählt wird, wie diese Begegnung aussieht, was gesprochen, getan, wie agiert wird. Eine solche Stelle ist Gen 35,29.

An dieser Stelle wird das erste Mal wieder von einer Begegnung zwischen den Zwillingsbrüdern erzählt, nachdem sie sich nach ihrer Erstbegegnung wieder getrennt haben und nun an unterschiedlichen Orten wohnen – über das, was in der Zwischenzeit zwischen den Brüdern und ihren Eltern passiert oder nicht passiert ist, schweigt die Bibel.
Entsprechend führe ich in die Szene ein, indem ich erzähle, dass Jakob und Esau nun im gleichen Land, aber getrennt wohnen, und frage beide Brüder in der bibliologischen Grundform, ob sie gelegentlich an ihren Bruder denken und was sie dabei bewegt:

Sie – alle, die an der Fensterseite sitzen – sind jetzt Esau. Und Sie – alle, die an der Türseite sitzen – sind Jakob. Esau, Jakob, ihr trefft euch jetzt beim Begräbnis eures Vaters. Wir wissen nicht, wie lange ihr euch nicht gesehen habt und was in der Zwischenzeit passiert ist, seit du, Jakob, wieder im Lande bist – ob ihr euch überhaupt getroffen habt. Aber egal, ob und wie ihr euch bisher gesprochen habt, ich könnte mir vorstellen, dass das gemeinsame Begraben eures Vaters ein Anlass ist, euch manches zu sagen, was ihr euch zu sagen habt. Beginnen wir mit dir, Esau: Gibt es etwas, was du deinem Bruder jetzt sagen möchtest?

- Es ist gut, dass du wieder da bist.
- Aber auch gut, dass du nicht neben mir wohnst.
- Für unseren Vater war es ganz wichtig zu wissen, dass wir beide ihn beerdigen werden.

- Ich allein hier, das wäre mir auch komisch vorgekommen.

Jakob, möchtest du reagieren? Oder deinerseits Esau etwas sagen?

- Ja, es ist richtig, wieder hier zu sein.
- Ich bin froh, meinen Vater mit dir zusammen begraben zu haben.
- Aber es ist auch richtig – und mir ganz wichtig –, dass ich getrennt von dir wohne, Esau.

Esau, magst du etwas sagen?
- Warum ist dir das eigentlich so wichtig, Jakob? Warum kannst du nicht bei uns wohnen?

Jakob:
- Ich bin nicht wie du, Esau. Ich bin anders. Ich brauche den Abstand.
- Ich muss mein Leben leben.

(An beide): Gibt es noch etwas anderes, was gesagt werden soll – oder möchtet ihr etwas voneinander wissen?

Esau:
- Ich möchte wissen, wie du mit meinem Segen gelebt hast.
- Und ob du Gott an deiner Seite gespürt hast.

Jakob:
- Es ist mein Segen geworden, Esau.
- Es war meine Bestimmung, meine Aufgabe.
- Ich fand es nicht leicht. Ich hatte oft das Gefühl, dass ich gar nicht wusste, ob ich eigentlich gemeint war. Und die Schwierigkeiten hörten ja nicht auf.
- Ich habe mich so durchgetrickst durchs Leben. Hat ja auch meistens geklappt. Aber das kann ja nicht alles sein.

(Interviewing:) nicht alles, sondern ... ?

Irgendwann musste ich stehen bleiben und mich dem stellen, wer ich bin und was ich soll.

- Ich möchte dich mal etwas fragen, Esau: Wie hast du denn eigentlich gelebt, ohne den Segen?

Esau:
- Eigentlich gar nicht schlecht.
- Mir hat etwas gefehlt. Etwas Wichtiges. Mein Leben war nicht gut. Nicht glücklich. Es hat an mir genagt, nicht gesegnet worden zu sein. und zu wissen, dass du das hast.
- Aber so richtig glücklich hat es dich offensichtlich auch nicht gemacht.
- Ich verstehe immer noch nicht, warum unser Vater nicht für uns beide einen Segen hatte. Das hätte ich ihn gerne noch gefragt.

Hat jemand von euch, Jakobs und Esaus, eine Idee, wie das mit dem einen Segen damals war?

Jakob:
- Wir sind so verschieden, das wäre einfach nicht gegangen, uns beide zu segnen.
- Nur einer von uns konnte die Linie weitertragen und Gottes Volk werden.
- Der Segen sollte zu mir, das weiß ich. Ich weiß bis heute nicht, ob ich ihn eigentlich gewollt habe, aber ich sollte ihn wohl haben.

Beobachtungen:
Zunächst fällt auf, dass der Dialog überwiegend friedlich und konstruktiv verläuft. Das Versöhnungsgeschehen scheint in dieser Auslegung gegriffen zu haben und die Beziehung zwischen den beiden Brüdern auf eine andere Grundlage gestellt zu haben. Auffallend ist weiter, dass die Brüder darin übereinstimmen, Distanz zwischen sich zu brauchen und ihre Verschiedenheit betonen. Dies geht so weit, dass Jakob diese als Erklärung für die Existenz nur eines Segens versteht.

Esau äußert sich zu dieser Frage nicht. Er erscheint mit dem Verlust des Segens auch nicht wirklich versöhnt. Unverständnis, ein gewisser Groll sind zurückgeblieben, ohne dass dies Feindschaft zu seinem Bruder bedeutet.

Jakob wird auch hier unterschiedlich verstanden. Die Deutung des unbekümmerten Sunnyboys, der strahlend jede sich bietende Gelegenheit ergreift, wird hier allerdings kaum vertreten. Stärker sind die Anteile eines nachdenklichen, gereiften Jakob, der sich und sein Verhalten durchaus auch kritisch sieht und sein Leben im Licht des erschlichenen Segens ambivalent wahrnimmt. Er betrachtet den Segen auch im Kontext seiner Lebensaufgaben und seiner Lebensgestaltung.

III. Die Gestalt Jakobs

Die drei Bibliologe bieten mehr oder weniger zufällig ausgewählte Einblicke in einzelne Stationen des Lebens Jakobs. Andere wären ebenso denkbar und interessant gewesen wie z.B. die Szene in Beth-El, Jakobs Leben bei Laban, seine Heirat mit Lea und Rahel und seine komplexe Familienentstehung oder sein Abschied von Laban. Bibliologe zu diesen Stellen hätten vermutlich ebenso andere Aspekte der Gestalt Jakobs erkennen lassen, wie andere Bibliologe zu den genannten Stellen andere Erkenntnisse hervorgebracht hätten. Jeder Bibliolog ist anders und bietet immer wieder neue und überraschende Aspekte, die den Reichtum und die Tiefenschichten der biblischen Texte zeigen. Dennoch lassen sich in den drei dargestellten Bibliologen bestimmte Linien erkennen, die sich vielleicht auch nicht zufällig durch die Begegnung mit Jakob hindurchziehen, sondern durchaus etwas mit dieser Figur zu tun haben.

Zunächst fällt sein schillernder Charakter in den ambivalenten und differenten Deutungen auf. Dies scheint mir in den Texten durchaus angelegt zu sein. Jakob ist eine schillernde Gestalt, er ist der Trickser, der Schlaue, der Gewinner, der Sunnyboy, aber auch der Kleine, der Nachdenkliche, der Belastete, der Flüchtling, der Beschädigte und nur knapp Gerettete – und immer ist er auf der Suche nach Gott und der von ihm Gesegnete. Allerdings wird auch der Segen ambivalent erfahren. Ob er wirklich ein Gewinn ist, ob er zu vollerem, reicherem, zufriedenerem Leben verhilft in dieser Konstellation, bleibt bei dem erschlichenen Segen uneindeutig. Anders bei dem errungenen Segen nach dem Kampf am Jabbok: Dieser wird eindeutig positiv und stärkend erlebt. Sicher ist, dass der Segen Konsequenzen hat – aber es scheint auf die Konstellation, auf die Weise, wie er erhalten wird, anzukommen, welcher Art diese ist. Segen ist kein Automatismus, aber auch nicht wirkungslos.

Interessant finde ich, dass in allen drei Bibliologen die Frage Jakobs nach seiner Identität und Rolle sowie nach seinen Aufgaben und seiner Lebensgestaltung einen wichtigen Aspekt darstellt: Wer bin ich im Leben und was soll ich tun? Welche Aufgabe hat Gott für mich vorgesehen und was bedeutet dies für die Gestaltung meines Lebens. Will ich diese eigentlich erfüllen – oder bin ich auf der Suche nach meinem eigenen Leben? Dies dürfte ein Grund sein, warum die Identifikation mit Jakob in den Bibliologen durchgängig leicht fiel. Diese Fragen haben vermutlich viele Generationen beschäftigt, uns heute aber beschäftigen sie noch drängender und durchgehender, weil es kaum noch vorgezeichnete passförmige Muster für Identitäten und Lebensgestaltungen gibt, in die wir einfach eintreten könnten. Den „Mehrwert“ der biblischen Geschichte für diese Fragestellung sehe ich darin, dass der biblische Jakob diese Fragen konsequent an sein Gottesverhältnis zurückbindet. Er fragt, ob Gott für ihn einen Plan, eine Aufgabe, eine Identität vorgesehen hat und ob er diese erfüllen darf, soll oder muss – sogar gegen menschliche Erstgeborenen-Logik. Aber auch die Möglichkeiten, dass dies eine Konstruktion der Liebe und des Ehrgeizes der Mutter oder seiner eigenen Neigungen ist, steht im Raum. Er geht jedenfalls einen Weg (ob es „der eigene“ ist – was immer das auch ist, bleibt hier noch unklar) und wird mit den Konsequenzen immer wieder konfrontiert. In der Szene am Jabbok stellt er sich offen gebliebenen Fragen, Gott und sich selbst. Diesmal erschleicht er sich den Segen nicht, sondern erringt ihn, offen und klar – und ist erfolgreich damit. Das verändert ihn, es macht ihn stärker und zugleich schwächer, verwundet und gereift. Er begegnet seinem Bruder und seiner Familie und damit auch seiner Vergangenheit wieder und kann mit ihnen leben – allerdings auf Abstand. Er bleibt anders, besonders, braucht eigenen Raum für eigenes Leben. Im letzten Bibliolog spielt seine eigene Familie (die auch im Text nicht erwähnt wird) auffälligerweise keine Rolle. Sie tritt erst anschließend wieder in Erscheinung, als Jakob mit seiner persönlichen Vorliebe für den damals jüngsten seiner Söhne (wie er ein jüngster war) die Kette der Ereignisse um Josef in Gang setzt. Aber das ist deutlich eine andere Geschichte, die auch als die von Josef eingeführt wird (Gen 37,1). Jakob wird damit zum Stammvater, aber er bleibt immer auch er selbst in seiner besonderen und durchaus ambivalenten Gottesbeziehung, in seinem Ringen um seine Identität, sein Leben und seine Bestimmung.

V. Aus den Tiefen von Schmerz und Trauer

„Und er hinkte an seiner Hüfte“

Ein innerer Dialog

Walter Joelsen

Verflixter Morgen! Die Nacht schien so versöhnlich zu Ende zu gehen!

Und dann der Schock, der erste Schritt. Ich will einen Fuß vor den anderen setzen, so wie ich das ein Leben lang gemacht habe. Und auf einmal streikt das eine Bein. Tut, als ob es nicht dazu gehören würde. Muss nachgezogen werden, damit man noch vorwärts kommt. Und Schmerzen. Gott hat mich mit einem Schlag zum Krüppel gemacht. Wie soll man so was anderen erzählen?

Wenn ich ihnen sage, es war der Flussdämon, der mich angefallen und verletzt hat, das begreifen sie. Die Sage vom Flussdämon am Jabbok kennen alle. Das ist eine gute Geschichte für das Lagerfeuer: Ein Teufelskerl, der Jakob. Ist dem Flussdämon von der Schippe gesprungen. Hat ein lahmes Bein als Andenken behalten. Ein Teufelskerl! Von wegen Teufelskerl. Mit einem lahmen Bein? Nie mehr der Erste sein. Immer hatte ich das Tempo vorgegeben. Nun sind es die anderen. Und die anderen müssen warten, bis ich nachkomme.

Ich habe Warten erst sehr spät gelernt. Bei der Geschichte mit Rahel. Sieben Jahre. Früher hatte mir meine Mutter beigebracht, dass Warten nichts bringt. Man muss die Dinge selbst in die Hand nehmen. Wer das nicht tut, bleibt ewig der Zweite. Und so hat sie aus mir, der ich von Geburt an der Zweite war, den Ersten gemacht. Alleine hätte ich mich das doch nicht getraut. Sie hat es inszeniert, mir jedes Mal den Text vorgegeben, das Kostüm ausgewählt. Und es hat geklappt. Wohl dem, der eine starke Mutter hat!

Immer hat sie gemeint, wenn man nicht der Erste ist, kommt man zu kurz. Denn das Leben ist nicht gerecht. Es ist nicht zu allen gleich freundlich. Es muss immer Gewinner und Verlierer geben. Und man muss rechtzeitig dafür sorgen, dass man auf der Seite der Gewinner steht. Denn es reicht nie für alle.

Das war ihre Angst: Es reicht nie für alle. Nur wer der Erste ist, ist gesegnet. Also, sein Schicksal in die Hand nehmen, damit es reicht. Und so habe ich mit Esau getrickst. Und so habe ich mit Laban getrickst. Und jetzt hinke ich.

Auf so eine Nacht war ich wirklich nicht gefasst gewesen. Alles hatte ich bedacht: Versöhnungsgeschenke für Esau vorausgeschickt. Frauen, Mägde, Söhne vorausgeschickt. Allein wollte ich sein. Mir ging so viel durch den Kopf. Was einem halt so durch den Kopf geht, wenn man nicht weiß, wie der Andere reagiert. Und da mischt sich ein Dritter ein. Erst habe ich nicht begriffen, was los ist. Wer weiß denn schon, wann im Leben er so mit Gott zu tun bekommt, dass es gleich um Leben und Tod geht? Erst als der Kampf immer heftiger wurde und ich spürte, dass ich nicht gewinnen würde, habe ich etwas geahnt: Gott?

Und als ich merkte, dass ich keine Chance hatte, den Kampf zu gewinnen, da habe ich mich aufs Klammern verlegt. Nicht loslassen. Da war wieder der alte Jakob: Jede Chance ergreifen! Nicht loslassen! Ich lasse Dich erst los, wenn Du mich segnest. Dieses Mal hat keine Mutter souffliert, war kein Trick dabei. Gott nicht loslassen. Um Segen – betteln. Auf Gnade und Barmherzigkeit hoffen. Sehr, sehr, sehr ungewohnt.

Er hat mich gesegnet. Beschreiben kann ich das nicht. Der Himmel hat sich nicht aufgetan und Gaben regnen lassen. Kein Versprechen, dass ich in Zukunft Jakob im Glück sein werde. Haben tue ich alles. Und dass mir nichts passiert – schließlich hinke ich. Was erhoffe ich mir also vom Segen?

Vielleicht, dass ich jetzt manches eher kann, weil er mich gesegnet hat. Mich entschuldigen, zum Beispiel. Dem Esau sagen, dass es mir Leid tut, dass ich ihn betrogen habe. Von der Angst lassen, ich könnte zu kurz kommen. Von der Angst lassen, dass ich das Leben verliere, wenn ich nicht immer der Erste bin. Von der Angst lassen, als Krüppel nicht mehr mitzukommen. Von der Angst lassen... Ach, Ängste gibt es in meinem Leben genug. Ob ich als Gesegneter besser mit ihnen umgehen kann?

Was für ein unbeirrbarer Gott ist das, der mich nicht loslässt. Der mir am nächsten ist, wenn ich nicht weiß, ob ich überhaupt überlebe. Der mir einbläut, vom Geschenkten zu leben. Nicht vom Errungenen. Dieser Segen ist keine Errungenschaft. Ich habe den Ringkampf ja nicht gewonnen. Ausgesehen hat es so, als ob ich ihn nicht loslassen wollte. Aber letztlich war er es, der mich nicht loslassen wollte. Mein Leben lang. Der mich strampeln ließ, tricksen ließ, den Segen zu erringen. Und der ihn dann gab, als ich am Ende kraftlos war, hinkend, mit Schmerzen ohne Ende. Der gerade dann da ist, wenn ich ganz unten bin. So ein Gott ist das. Wenn ich diese Geschichte erzähle, werden sie es nicht glauben, dass es Gott war, dem ich begegnet bin. Menschen haben Berührungsängste, doch nicht dieser Gott! Mein Hinken ist mein Beweis. Aber eben nur für mich.

Ich wollte das nicht. Segen wollte ich, kein Handikap. Immer wollte ich, was nicht teilbar ist, was mir allein gehört. Und genau das habe ich jetzt, ein Hinken, das ich mit niemandem auf der Welt teilen kann.

Wenn Esau ernst macht, werde ich mich verteidigen können? Oder ein Bild des Elends sein? Einen Behinderten wird er nicht umbringen. Auch bei ihm werde ich auf Gnade und Barmherzigkeit angewiesen sein. Sehr, sehr, sehr gewöhnungsbedürftig.

Und was werden meine Frauen tuscheln? Der Ex-Teufelskerl!

Esau hat längst auch seine Herden. Der Segen wäre wohl damals schon teilbar gewesen. Das konnte meine Mutter nie wahrhaben, dass Segen teilbar ist. Aber so vieles ist teilbar. Und wenn es mit uns weitergehen soll, muss ich das begreifen, dass so vieles teilbar ist. Dass es nicht angeht, dass die einen die Gesegneten sind und die anderen darben. Und so bin ich heilfroh, dass es dem Esau auch gut geht. „Israel“ hat Gott gesagt, soll ich heißen. Nicht mehr Jakob. Oft habe ich gesagt: Jakob heißt „der Clevere“. Das war mein Markenzeichen.

Und jetzt „Israel“ – „Möge Gott regieren“. Von dem leben, was Gott vorgibt, was Gott schenkt? So ist er, dieser unbeirrbare Gott. Ist auch nahe, wenn man ganz unten ist. Kommt nahe auch im Schmerz. Spürbar. Bleibend.

Ich habe Gott von Angesicht gesehen. Und bin nicht vergangen. Nicht, weil ich stärker war, sondern weil er dieser Gott war. Der einen hinkend schlägt. Und gerade da nicht loslässt.

Verflixter Morgen. Die Sonne ist aufgegangen. Das Leben geht weiter. Aber anders, ganz anders! Gott sei Dank!

Ein Mensch, der hinkt

Ulrike Sattler/Udo Sattler

Solange sich ein Mensch im Vollbesitz seiner körperlichen und geistigen Funktionen befindet, solange nimmt er es auch als *selbstverständlich* an, sich störungsfrei in seiner weltlichen Umgebung auf zwei Beinen fortbewegen zu können. Es bedarf häufig erst einer Begegnung mit einem hinkenden Menschen oder man wird durch einen Schicksalsschlag selbst hinkend, um sich dadurch über die Bedeutung einer uneingeschränkten, selbstständigen Fortbewegung bewusst zu werden und sich Gedanken zu machen, welche Veränderungen es für die betroffene Person und ihr soziales Umfeld bedeutet, wenn diese scheinbare Selbstverständlichkeit auf einmal abhanden kommt.

Der Gang des Menschen – ein komplexer Prozess

Die *Fortbewegung des Menschen* ist ein komplexer biologischer Vorgang. Zur Durchführung eines harmonischen, aufrechten Gangbildes benötigt der Mensch eine fehlerfreie Funktionsfähigkeit sowohl der biomechanischen Abläufe wie auch der übergeordneten neuromotorischen Steuerungssysteme.

Dabei kommen neben den *anatomischen* Voraussetzungen, wie den Knochen, Gelenken, Muskeln, Sehnen, Bändern, sowie den *neurologischen* Strukturen des Gehirns und der Nervenbahnen zur Selbstwahrnehmung, insbesondere den Messfühlern des menschlichen Körpers, eine wichtige Bedeutung für die Bewegungssteuerung zu.

Diese so genannten *Rezeptoren* sitzen in den unterschiedlichen Geweben, in der Haut, in Sehnen, Muskeln und Gelenken. Sie analysieren die statisch-dynamischen Gegebenheiten des Körpers und senden ihre Informationen – etwa die aktuelle Stellung des Rumpfes und der Extremitäten im Raum oder die momentane Geschwindigkeit einzelner Körperabschnitte – an das zentrale Nervensystem, wo eine Kodierung dieser Daten stattfindet und anschließend ein

Ausführungsprogramm für eine geplante Bewegung erstellt wird. Durch die Weiterleitung dieser neuen Daten über die motorischen Nervenbahnen zu den Muskeln kommt es dann zu einer dosierten, *zielgerichteten* Bewegung. Diese Vorgänge wiederholen sich bei jedem Schritt des Menschen und zwar innerhalb von winzigen Sekundenbruchteilen.

Dabei spielt die *bewusste und die unbewusste Wahrnehmung* des Menschen eine entscheidende Rolle. Die bewusste Wahrnehmung wird maßgeblich vom Vorhanden- oder Nichtvorhandensein gefühlsbegleiteter Reize beeinflusst – so von Schmerzempfinden oder Irritationen wie zum Beispiel Kribbeln oder Spannungsempfinden. Inwieweit ein nervaler Reiz oder eine Veränderung im zentralen Informationssystem des Gehirns bewusst wahrgenommen werden, hängt stark vom *individuell* unterschiedlich ausgeprägten Bewusstsein für den eigenen Körper und den individuell unterschiedlichen Bewertungsstrategien des Menschen ab. Die Einflüsse, denen die unbewusste Wahrnehmung unterliegt, sind vielfältig. Unzureichender Schlaf, ein gestörtes Vegetativum oder unbewusst wirkende seelische Konflikte sind nur einige Beispiele von Einflussfaktoren der unbewussten Wahrnehmung.

Das störungsfreie Vorhandensein und Zusammenspiel der genannten Grundbedingungen sichern somit die aufrechte, harmonische Fortbewegung beim Menschen. *Kleinere Systemfehler* vermag der menschliche Organismus in der Regel aufgrund der vorhandenen Kompensationskräfte selbst auszugleichen und dabei *ein integriertes Fortbewegungsmuster* zu erhalten. Ist die Störung jedoch nicht mehr kompensierbar, entsteht daraus eine Beeinträchtigung der Fortbewegung, ein pathologisches, also ein gestörtes Gangbild.

Dieses *gestörte Gangbild* wird als Hinken bezeichnet. Der Begriff *„Hinken"* in der Bedeutung *„lahm gehen"* hat sich aus der Vorstellung des Krummen bzw. des Schiefen entwickelt. Aus der indogermanischen Wurzel *„skeng"* für „schief, schräg" entstammt auch das deutsche Wort „Schenkel".

Je nach Ursache der Gangstörung sprechen wir von einem Schmerzhinken, Verkürzungshinken, Schonhinken, Lähmungshinken oder funktionellem Hinken. Wie man daran sehen kann, gibt es eine *Vielzahl von Ursachen*, die beim Menschen zum Hinken führen können.

So kommt es beim älteren Menschen zu einem zunehmenden *Verschleiß der Gelenke*. Es entwickelt sich die so genannte Gelenksarthrose. Dabei wird zunächst der Knorpel des Gelenkes abgerieben. Später verändert sich auch der gelenknahe Knochen. Oftmals sind dann Fehlstellungen und Bewegungseinschränkungen an den Gelenken die Folge, oft sind sie auch von Schmerzen unterschiedlicher Ausprägung bis hin zur vollständigen Belastungsunfähigkeit eines Beines begleitet.

Ebenfalls häufige Ursachen, die ein hinkendes Gangbild nach sich ziehen können, stellen *Verletzungsfolgen* dar, wie sie bei Verkehrs- oder Sportunfällen, Arbeitsunfällen und Unfällen in der Freizeit passieren. Bei leichteren Traumata entstehen oftmals einfache Prellungen, Schürfungen oder Zerrungen, die in der Regel nach einigen Tagen oder wenigen Wochen abgeheilt sind.

Bei schwerwiegenderen Verletzungen – etwa bei Knochenbrüchen, Bänderrissen oder Gelenksluxationen – ist die Heilungszeit bedeutend länger, wobei manchmal auch ein Schaden zurückbleiben kann, der ein dauerhaftes Hinken zur Folge hat. Die gravierendsten Verletzungen stellen sicherlich jene dar, die zu einem teilweisen oder gar kompletten Verlust eines Beines führen: so genannte Amputationsschäden.

Auch *angeborene* Veränderungen können mit einer Gebrauchsminderung der unteren Extremitäten einhergehen, so etwa bei einem anatomischen Defekt der Hüftgelenksentwicklung (sog. Hüftluxation) oder im Falle eines angeborenen Klumpfußes.

Bei einem angeborenen oder frühzeitig erworbenen Defekt des zentralen Nervensystems kommt es zu meist spastischen Bewegungsstörungen, die sich durch eine unkoordiniert erhöhte muskuläre Grundspannung ausdrücken und in unterschiedlicher Ausprägung das Erlernen eines normalen Gehens verhindern.

Das *Nervensystem* kann auch durch Hirnblutungen oder durch Durchblutungsstörungen entweder des Gehirns geschädigt werden, was bei der Betroffenheit der Nerven, die die Beinmotorik steuern, zu Lähmungen der Beinmuskulatur führt. Das kann ebenfalls durch entzündliche Vorgänge wie bei Poliomyelitis, der so genannten Kinderlähmung, oder in ähnlicher Form bei der Multiplen Sklerose stattfinden.

Außerdem können *Durchblutungsstörungen* an den Beinen bei arteriellen Verschlusserkrankungen oder bei der Zuckerkrankheit Veränderungen an Zehen oder Füßen hervorrufen. Daneben gibt es noch eine Vielzahl anderer, seltener Erkrankungen, die das Gehen beeinträchtigen.

Nicht zu vergessen sind die *banalen* Dinge des Lebens, die durch Schmerzen das Gehen erschweren: Hühneraugen, Bienenstiche oder ein eingewachsener Zehennagel.

Auswirkungen auf Umwelt und Zukunft

Die Auswirkungen des Hinkens für den betroffenen Menschen und sein soziales Umfeld sind unterschiedlicher Art und unterschiedicher Ausprägung. *Hinken kann bedeuten*: Langsamer zu werden, gebremst zu sein, mit Schmerzen umzugehen, das schwächste Glied in einer Gruppe zu sein, ausgegrenzt zu werden, in seiner Stand- und Wehrhaftigkeit geschwächt und auf die Hilfe anderer angewiesen zu sein. Mehr noch. Hinken fordert auch dazu heraus, sein Selbstbild zu verändern und sich mit der Grenzerfahrung einer versehrten Leiblichkeit auseinanderzusetzen.

Ein auffälliges Bewegungsmuster bewirkt in den meisten Fällen eine *Verletzung der Integrität* des Menschen in seiner biopsychosozialen Gesamtheit. Diese kann die körperlichen Funktionen, die emotionale Selbstwahrnehmung sowie die soziale Integration der betroffenen Person berühren und sich auch auf das gesamte soziale Umfeld auswirken.

Von entscheidender Bedeutung für den Umgang mit der Beeinträchtigung ist für den Hinkenden und sein Umfeld dabei die anzunehmende *Dauer* der Bewegungsstörung. Ein verletzungsbedingtes oder entzündungsbedingtes Schonhinken mit guter Heilungstendenz stellt zumeist eine geringere Belastung dar als ein dauerhaft prognostiziertes Hinken bei einer bleibenden Schädigung.

Ist die Ursache für die beeinträchtigte Fortbewegung von Geburt an vorhanden oder in sehr frühem Alter erworben worden, so ist der Umgang damit oft von anderer Art als bei einer später erworbenen Gangstörung.

Ein erworbenes Hinken nach Abschluss der körperlichen Entwicklung stellt *eine tief greifende Veränderung der erlebten Körperlichkeit* des Menschen dar. Die Welt des Betroffenen gerät aus dem Gleichgewicht. Besonders einschneidend ist es, wenn dadurch die berufliche Tätigkeit nicht mehr ausgeführt werden kann.

Ein hinkender Mensch ist oder wird durch dieses *Merkmal* auffällig. So kann er nur erschwert mit den anderen Schritt halten und läuft Gefahr, den Anschluss in der Gesellschaft zu verlieren. Er kommt nicht mehr mit. Es geht nicht mehr so wie früher. Er wird mit verschiedenartigen *Reaktionen* seiner Umwelt konfrontiert, die verkraftet und verarbeitet sein wollen. So können Situationen entstehen, in denen er bemitleidet, belächelt, verspottet oder isoliert wird. Die Wahrnehmung der veränderten, verlangsamten Fortbewegung und der Exponiertheit nach außen rufen elementare Gefühlsreaktionen wie etwa Trauer, Wut, Angst, Verzweiflung hervor. Diese tief reichenden Emotionen können zu einer großen psychischen Belastung werden. Hinken kann bedeuten: *Aus dem Gleichgewicht zu geraten* – und dies sowohl in körperlicher wie auch in seelischer Hinsicht.

Ein Hinkender erhält von seiner Umgebung nicht selten eine erhöhte *Aufmerksamkeit*. Das ist für den Betroffenen zwar oft unangenehm. Andererseits kann aus der Krankheitserfahrung des Hinkens aber auch eine erhöhte Zuwendung entstehen. Es kommt dann zu einem so genannten „sekundären Krankheitsgewinn“ – ein Vorgang, bei dem der Hinkende für sich innerhalb seines Umfeldes bewusst oder unbewusst Vorteile aus seiner Schädigung zieht.

Jakob, der hinkt

Im Falle des Jakob handelt es sich – zumindest aus ärztlicher Sicht – um ein im Erwachsenenalter durch Fremdeinwirkung erworbenes, verletzungsbedingtes, dauerhaftes Hinken.

Jakob erwirbt diese bleibende Beeinträchtigung, dieses bleibende Mal in der Nacht vor der Begegnung mit seinem Bruder Esau. Nachdem er seine Knechte mit Geschenken vorausgesandt und seine Frauen, Mägde und Söhne über die

Furt geleitet hat, bleibt er allein zurück. In Gedanken hat er sich seinem Bruder bereits unterworfen. In dem tiefen Wunsch nach Versöhnung harrt er der Begegnung des neuen Tages entgegen, als er in ein Ringen auf Leben und Tod mit einer nächtlichen Gestalt gerät.

Als dieser sah, dass Jakob ihn nicht zu besiegen vermochte, „schlug er ihn – so der Text der Erzählung – auf das Gelenk seiner Hüfte, und das Gelenk der Hüfte wurde über dem Ringen verrenkt." (1.Mose 32,26). Aus diesem Kampf geht Jakob, nunmehr gesegnet und verwandelt, der Morgenröte des neuen Tages und der Zukunft entgegen. Als ein Merkmal dieser inneren Wandlung bleibt ihm das äußere Zeichen des Hinkens zeitlebens. „Und als er an Pnuel vorüberkam – so die Schilderung zum Schluss des Textes –, ging ihm die Sonne auf; und er hinkte an seiner Hüfte." (1.Mose 32,32)

Auch der Mensch Jakob spürt *die Auswirkungen* eines beeinträchtigten Ganges. Jakob gliedert sich auf dem Marsch des nächsten Tages bei den schwächsten und langsamsten der Gruppe ein. „Mein Herr weiß, dass ich zarte Kinder bei mir habe ... Ich will gemächlich hintennach treiben, wie das Vieh und die Kinder gehen können." (1.Mose 33,14). Über weitere Auswirkungen des Hinkens im Leben des Jakob schweigt die Bibel allerdings. Es ist jedoch anzunehmen, dass seine soziale Vorrangstellung in der Gruppe trotz allem nicht beeinträchtigt worden ist.

Die Grenzerfahrung des Jakob in der dunklen Nacht der Ungewissheit, des Ringens mit sich und der nachfolgenden Hinwendung zu Gott bleibt in Form einer Hüftverletzung in seinem Körper wie eingraviert. Doch es gelingt Jakob, das Hinken als *sein* Zeichen anzunehmen und *ein neues Gleichgewicht*, eine neue Balance in seinem Leben herzustellen. Er weiß sich und – mehr noch – er spürt sich fortan unter dem Segen Gottes.

Das Zeichen

Richard Riess

Kain trägt es
auf der Stirn
und Jakob
dem die Hüfte
verrenkt wird
und jener auch
der an ihm hängt
mit seinem ganzen
Leben

Ich aber
wehre mich
seit Mitternacht
dagegen
den Pfeil
schon
im Rücken

und weiß doch
dass das Heil
allein
aus den Tiefen
der Wunde
kommt

Jakobs Trauer

Friedrich-Wilhelm Lindemann

Trauern heißt Abschied nehmen, sich trennen, loslassen. Beschäftigt man sich mit der Trauer Jakobs, bekommt man es nicht nur mit individueller, sondern auch mit gesellschaftlicher Trauer zu tun. Die individuelle ist eingebettet in einen gesellschaftlichen Veränderungsprozess, in dem Kulturformen, leitende Überzeugungen und Gesetze miteinander konkurrieren. In einem solchen Wandlungsprozess muss von alten, vertrauten Formen Abschied genommen werden zu Gunsten neuer, die den veränderten Lebensbedingungen entsprechen.

Nach dem Gesetz des Vaters Isaak, einem Repräsentanten der Jägerkultur, herrschte das Erstgeburtsrecht, gehörten Totenbettsegen und das gesamte Erbe allein dem Erstgeborenen, Esau. In der nachfolgenden Hirtenkultur, von Jakob repräsentiert, wurde diese Regelung offenbar nicht mehr für notwendig gehalten. Sie wurde als ungerecht erlebt. Das hebt vor allem das Motiv der Zwillingsgeburt hervor. Wie aber kommt es zur notwendigen Veränderung? Es ist Rebekka, die Mutter, die dem jüngeren, ihrem Lieblingssohn Jakob listig zu Segen, Erbe und damit zur Stammvaterschaft verhilft. Dieser Rechtsbruch im Dienste einer neuen Gerechtigkeit geht allerdings mit destruktiven Folgen einher. Esau klagt und weint über den Verlust und will den jüngeren Bruder aus Rache töten (Gen 27). Noch hat er nicht den Verlust seiner Rechtsansprüche betrauert. Da hört Rebekka von Esaus Plänen und schickt Jakob auf die Flucht. Sie trennt sich von ihrem Lieblingssohn und wird ihn nicht mehr wieder sehen. Ja, sie selbst verschwindet aus der Geschichte. Nicht einmal ihr Tod wird noch erwähnt.

Im Hintergrund der Josefsgeschichte steht dann der Wandel von der Stammesgesellschaft zum Königtum. Am Ende erhalten nicht nur die Söhne des Stammvaters seinen Segen, sondern auch der Pharao, der Herrscher eines fremden Staates. Auch das Verständnis des Segens hat sich verändert.

In den Jakobsgeschichten werden mehrere Trauersituationen erwähnt: der Tod des Vaters Isaak (Gen 35,29), der Tod der Amme Deborah (Gen 35,8) und der Tod Rahels (Gen 35,19f). Von persönlicher Trauer erfährt man erst in der Beziehung von Jakob und Josef, von Vater und Sohn, und das nicht nur als eine biografische Episode, sondern als Hintergrundthema der ganzen Josefsgeschichte. Wie ist die Beziehung zwischen Vater und Sohn und wie ergeht es dem Vater, nachdem er die Unglücksnachricht erhalten hat? Wie wird er damit fertig?

Am Beginn der Josefserzählung (Gen 37–50) heißt es:

Das ist die Geschichte Jakobs. Als Josef 17 Jahre alt war, war er Hirt mit seinen Brüdern bei den Schafen und zwar als Bursche bei den Söhnen der Bilah und der Silpa, den Frauen seines Vaters. Und Josef hinterbrachte ihrem Vater, was man ihnen Böses nachsagte. (Gen 37,2)

Der Vater, das Oberhaupt der Großfamilie, ist mit seinem Sohn Josef derart verbunden, dass dieser ihm über die anderen Söhne geringerer Herkunft berichtet. Vater und Sohn bilden eine Allianz, in der es um Macht und Kontrolle geht. Josef ist der zweitjüngste von zwölf Söhnen und hat schon durch seine Geburt eine besondere Stellung. Denn er ist der erste Sohn Rahels, der Lieblingsfrau Jakobs. Ihretwegen hatte Jakob 14 Jahre bei Laban dienen und auch deren ältere Schwester Lea mitheiraten müssen. Zudem war Josef das von Gott erbetene Kind, durch das Rahel den lange ertragenen Makel der Unfruchtbarkeit verlor (Gen 29,22–24). Rahel nannte ihn Josef: „Jahwe möge mir noch einen Sohn dazugeben!“ Das war Benjamin. Man braucht nicht viel Fantasie, um sich vorzustellen, welch eine Bedeutung dieses erste eigene Kind für seine Eltern hatte, wie es geliebt und – so Elie Wiesel – verwöhnt wurde.

Der Text nennt einen weiteren Grund dafür, dass Jakob Josef lieber hatte als alle seine anderen Söhne: „Weil er ihm erst im Alter geboren war“ (Gen 37,3). An der Grenze der eigenen Lebenszeit hat die Geburt eines Kindes einen besonderen Wert. Es steht für Zukunft, die Fortsetzung des Lebens.

Jakob schenkt dem 17-jährigen Hirten ein höfisches Gewand, einen Ärmelrock. Das passt nicht eigentlich in die

Welt dieser Familie und hat etwas Groteskes. Ein Prinzessinnengewand (!) vermerkt Westermann. Es symbolisiert zugleich den Aufstieg und das Verlassen der sozialen Klasse und Kultur. In seiner überschwänglichen Liebe zu dem Kind war der Vater blind für die Gefahren und Konflikte, die er durch die Bevorzugung dieses jüngeren Sohnes in der Familie heraufbeschwor. Man kann diese Liebe auch verstehen als Ausdruck der Liebe zur gestorbenen Rahel und der Selbstliebe. Denn Jakob selbst war ja als jüngerer dem älteren Bruder vorgezogen worden: als angenehmer, umgänglicher, kultivierter und viel versprechender junger Mann. Entsprechend selbstverliebt gab sich Josef. Er trug den Ärmelrock und demonstrierte damit seine Bevorzugung durch den Vater öffentlich. Die Brüder wurden ihm – nicht dem Vater! – Feind, „ ... konnten ihn nicht mehr freundlich grüßen“ (Gen 37,4). Damit zerbrach der Friede im Haus Jakobs. Der Neid der Brüder wurde noch geschürt, als Josef unbedacht seine Träume erzählte, die darauf hinwiesen, dass sich die Brüder, ja selbst Vater und Mutter vor ihm verneigen würden. Für diese Anmaßung wurde er vom Vater zwar gerügt, doch die Sache behielt er. Er nahm Neid und Eifersucht der anderen Söhne nicht ernst. So konnte deren Unzufriedenheit nicht angesprochen und aufgenommen, nicht gemeinsam bedacht werden, sondern drängte in die Tat. Gleichzeitig überschätzte Jakob die Reichweite seiner Macht. Wie hätte er sonst Josef allein auf den gefährlichen Weg nach Sichem schicken können, damit er bei den Brüdern, die dort die Herden weideten, nach dem Shalom, nach dem Rechten sehen sollte?

Die Katastrophe ist unausweichlich. Als sie Josef kommen sehen, planen sie, den „Träumer“ zu beseitigen. Auf einen Mord können sie sich nicht einigen. Sie werfen ihn in eine Zisterne. Er wird von vorbeiziehenden Kaufleuten gerettet und ihnen von den Brüdern als Sklave nach Ägypten verkauft.

Wie sollen es die Brüder ihrem Vater sagen? Sie greifen zu einer List, einer Lüge, die hilft, die direkte Konfrontation, den Streit zwischen Vater und Söhnen zu vermeiden. Wie Jakob einst seinen Vater Isaak getäuscht hat, so wird er jetzt selbst getäuscht. Die Söhne schicken ihm den blutdurchtränkten Ärmelrock. Sie hätten ihn gefunden, er möge prüfen, ob er Josef gehöre oder nicht. Im Schock denkt man nicht nach, bezweifelt man auch nicht die Glaubwürdigkeit der eigenen Söhne. Man greift nach der nächstliegenden Erklärung, die das Unfassbare zu fassen vermag.

„Als er ihn angeschaut hatte, sagte er: Es ist meines Sohnes Rock. Ein wildes Tier hat ihn gefressen.

Zerrissen, zerrissen ist Josef!

Und Jakob zerriss seine Kleider und legte einen Sack um seine Hüften. Und trauerte um seinen Sohn eine lange Zeit.“ (Gen 37,33f)

Wir sehen eine katastrophale Veränderung, den Zusammenbruch eines starken Familienoberhauptes und stolzen Vaters.

Der Erzähler berichtet nicht, was in Jakob vorgeht. Aber wir erfahren, dass er Trauerrituale vollzieht. Riten und Rituale geben Halt, Orientierung, Worte für das kaum Sagbare, Gesten für das Unaussprechliche, Ausdrucksformen für die andrängenden, überflutenden Gefühle. Sie bieten eine Insel dem, dem die Welt zusammengebrochen ist, und ermöglichen den Kontakt mit der Umwelt. Jakob zerreißt seine Kleider, wie ihn die Schreckensnachricht zerrissen und verwundet hat. Mit dem groben Sackgewand wird der elende Zustand des Gemindertseins ausgedrückt. Er hat ja nicht nur den Lieblingssohn, sondern auch eine wichtige Stütze und den Glauben an eine ganz bestimmte Zukunft verloren. Jakob trauert eine „lange Zeit“, offenbar länger als üblich. Zum Ritual gehört, dass die Verwandten kommen und Beistand leisten. Hier heißt es, dass schließlich alle Söhne und Töchter kommen, als ob der eine durch alle anderen aufgewogen werden sollte, um ihn abschließend zu trösten. Jakob aber sagt: „Nein, in Trauer werde ich hinabfahren zu meinem Sohn ins Totenreich“. (Gen 37,35). Das ist die Lebensperspektive, die sich ihm auftut. (J.H. Ebach)

Von der im Grab liegenden Rahel sagte man: „Rahel weint um ihre Kinder, will sich nicht trösten lassen, weil sie nicht mehr sind“. (Jer 31,14b). Jakob trauert wie Rahel, wie eine Mutter um ihr Kind: „So beweinte ihn sein Vater“ (Gen 37,35), bemerkt der Erzähler. Trauern Väter anders als Mütter, Männer anders als Frauen? Im Kontrast zu Jakobs Untröstlichkeit wird im folgenden 38. Kapitel erzählt, dass Juda, ein Sohn Leas, nach Beendigung der rituellen Trauerzeit um seine Frau zu einer anderen ging. Die Trauer des Vaters ist anders. Geliebte Kinder sind unersetzbar. Befindet sich Jakob innerlich schon jetzt bei Josef und Rahel? „Ich bin der Welt abhanden gekommen“, dichtet Friedrich Rückert, „und ruh` in einem stillen Gebiet! Ich leb` allein in meinem Himmel, in meinem Lieben, in meinem Lied!“ Das Totenreich jedoch ist ein klirrender Ort der Gottesferne, ein Ort der Verhältnislosigkeit, Ort nackter Verzweiflung. Mit diesem Bild eines trauernden Alten endet Kapitel 37.

Fünf Kapitel später (Gen 42) tritt Jakob wieder auf – keineswegs als Jammermann, wie Thomas Mann ihn nannte. Herausgefordert von einer Hungersnot, erscheint er als umsichtiges, mit Autorität führendes Familienoberhaupt. Er weiß, wo es Korn zu kaufen gibt, und schickt seine zunächst zögerlichen Söhne, ihren Widerstand überwindend, nach Ägypten, damit sie das zum Überleben Notwendige beschaffen. Allerdings behält er den ihm verbliebenen Rahel-Sohn Benjamin zurück aus Sorge, auch ihm könnte unterwegs ein Unglück zustoßen. Die Söhne kommen mit Getreide, aber ohne ihren Bruder Simeon zurück. Er werde gefangen gehalten, bis durch Benjamin der Erweis dafür erbracht sei, dass sie in redlicher Absicht und nicht als Spione gekommen waren. Jakob hält ihnen vor: „Ihr beraubt mich meiner Kinder! Josef ist nicht mehr, und Simeon ist nicht mehr, und nun wollt ihr mir auch Benjamin nehmen! Das alles bricht über mich herein!“ (Gen 42,36). So spricht er als trauernder Vater, der nun nicht mehr im depressiven Rückzug des Trauerrituals verharrt, sondern sich aggressiv an die Söhne wendet. Wobei er nicht nur den Verlust der Söhne Rahels, sondern auch den Simeons beklagt, eines Sohnes Leas. Auch hier herrscht die Vorstellung, dass er mit den Rahel-Söhnen alles verlöre. So verweigert er die Herausgabe Benjamins, obwohl Ruben, der erstgeborene Sohn Jakobs, sich beim Leben seiner beiden Kinder für die Rückkehr Benjamins verbürgt. Ruben hatte ja Josef schon vor dem Mordanschlag bei Sichem retten wollen. Und als die anderen Brüder in Ägypten selbst um ihr Leben fürchten mussten, sagten sie: „Wahrlich, wir sind schuldig gegenüber unserem Bruder. Wir haben seine Herzensangst gesehen, als er uns anflehte, aber wir haben nicht darauf gehört. Darum kommt diese Not jetzt über uns.“ (Gen 42,21)

Die Brüder haben ihre Schuld erkannt. Der Vater aber ist in seiner Selbsterkenntnis noch nicht soweit. Er hält wie einst an Josef nun an Benjamin fest auf Kosten Simeons und der übrigen Familie. Er sagt:

„Mein Sohn soll nicht mit euch hinabziehen, denn sein Bruder ist tot, und er ist allein übrig." (Gen 42,38). Hier herrscht noch immer das Privileg der Rahel-Söhne. Die anderen kommen neben ihnen nicht in Betracht. Wenn Benjamin ein Unfall zustieße, „... würdet ihr meine grauen Haare mit Kummer in das Totenreich hinunterbringen" (ebd.). Um Josef will er trauern, bis er stirbt. Der Verlust Benjamins, der in der Erzählung als Dublette Josefs fungiert, würde ihn sogar umbringen. Angst und der antizipierte Schmerz um den zweiten Lieblingssohn sind verständlich. Gleichwohl zeigt sich im Festhalten Benjamins eine Egozentrik, die, auch wenn sie regelhaft in Trauerprozessen auftritt, zerstörerisch ist. So konterkariert die Haltung des trauernden Vaters die des verantwortlich führenden Familienoberhauptes. Die aber wird gefordert, als unter der lastenden Hungersnot die in Ägypten gekauften Vorräte verbraucht sind. Als Jakob die Söhne auffordert, noch einmal in Ägypten Getreide einzukaufen, tritt ihm sein Sohn Juda entgegen und macht ihm klar, dass das nur möglich ist, wenn er ihnen Benjamin mitgibt. Als Jakob entgegnet: „Warum habt ihr mir das zu Leide getan und dem Mann gesagt, dass ihr noch einen Bruder habt?" – er wünscht sich, dass das gar nicht erst geschehen wäre – erklärt Juda, wie es dazu kam durch die genauen Nachfragen des Mannes, von dem sie Getreide kaufen wollten. Juda vertritt seinem Vater gegenüber klar die Anforderungen der Realität. Er sagt: „Gib mir den Jungen mit. Dann wollen wir uns auf den Weg machen und hinziehen, damit wir am Leben bleiben und nicht sterben müssen: wir und du und unsere kleinen Kinder." (Gen 43,8) Auch er verbürgt sich für die Rückkehr Benjamins, andernfalls „will ich mein ganzes Leben lang vor dir Schuld tragen" (Gen 43,9). Auch weist er auf die drängende Zeit hin. Nun bewegt sich auch Jakob: „Wenn es denn sein muss," – er beugt sich dem Anspruch der Realität – „so tut Folgendes ... Nehmt ihnen die besten Erzeugnisse des Landes und viel Geld mit, seid diplomatisch und nehmt auch euren Bruder." Damit ist in Jakob der

Widerspruch zwischen dem Führenden und dem Trauernden aufgehoben. Jetzt lässt er los. Und jetzt wird zum ersten Mal in dieser Trauerzeit von einem Gottesbezug berichtet. Jakob spricht einen Reisesegen: „Und der mächtige Gott erweise euch Erbarmen vor dem Mann, dass er euren anderen Bruder mit euch ziehen lasse, dazu Benjamin." (Gen 43,14). Von Gott wird Schutz für die Reisenden, nicht aber Trost für sich selbst erbeten.

Jakobs innere Verfassung kommt in der Klage zum Ausdruck: „Ich aber, ich bin verwaist, verwaist!" (Gen 43,14). Damit gesteht er sich und den anderen die Trennung, das Loslassen der beiden Rahel-Söhne ein, obwohl ja noch gar nicht heraus ist, ob er Benjamin nicht mehr lebend wieder sehen wird. Die Klage ist an die übrigen Söhne gerichtet und sie kommt bei ihnen an. Jetzt, nachdem er ihre Not verstanden und ihre Forderung akzeptiert hat, sind auch sie in der Lage, den Kummer ihres alten Vaters zu verstehen. Das wird deutlich, als sie unter Bezugnahme auf diesen Kummer mit dem ägyptischen Herrscher, alias Josef, darum handeln, dass er Benjamin zurückkehren lässt.

Ob in der Klage auch Selbstmitleid steckt, ist nicht auszuschließen. Aber es wäre ein produktives, weil in ihm die für den Prozess der Trauer wichtige Trennung anerkannt ist.

In den Klageworten, die dem Schmerz Fassung geben, steckt noch eine andere neue Perspektive: Wer sich als verwaist versteht, ist nicht tot. Er kann unter erschwerten Bedingungen weiterleben. Und wer sich als verwaist versteht, erinnert sich an seine Eltern. Nun heißt das hebräische Verb *schachal* aus der Perspektive des Erwachsenen „sein Kind verlieren" und nicht aus der Perspektive des Kindes „verwaist sein". Aber es begegnet sonst in der hebräischen Bibel in dieser grammatikalischen Form nur noch an zwei anderen Stellen: Eine davon ist Gen 27,45. Als Rebekka ihren Sohn Jakob vor dem Zorn seines um den Segen betrogenen Bruders Esau auf die Flucht schickt, sagt sie: „Warum sollte ich an einem Tag euch beide verlieren?" Ihr Verzicht auf die leibliche Präsenz ihres Lieblingssohnes, ihr Loslassen, rettet ihm das Leben. Ihre Liebe trägt Jakob in sich und mit sich. Offenbar ist dieses innere Gut nicht so stark verschüttet, als dass es ihm nicht die Kraft geben könnte, dem Gebot der Realität standzuhalten und die Lieblingssöhne loszulassen, für sich allein zu bleiben, um des Lebens der anderen und seiner selbst willen. Gleichwohl trauert er über den Verlust, ist er gemindert in seinem Selbst- und seinem Welterleben.

Im Prozess der Trauer stellt sich die Frage, wo das losgelassene „Liebesobjekt“ bleibt. Normalerweise wird es aus der verloren gegangenen physischen Präsenz in eine psychische Repräsentanz verwandelt, in die und in der Erinnerung aufgehoben. Wenn das geschehen ist, ergibt sich die Freiheit, neue Bindungen einzugehen. Damit kommt ein Trauerprozess an sein Ziel und an sein Ende. Jakobs Trauer endet, anders als erwartet, nicht erst mit seinem Tod, sondern vorher, als er die wunderbare Nachricht begreift, dass Josef lebt. Doch es dauert eine Weile, bis Jakob die unglaubliche Neuigkeit fassen kann. „Sein Herz blieb kalt“ (Gen 45,26). Dann erzählen die Söhne ihm ausführlich, was Josef ihnen gesagt hat. Und als er dann quasi zum Beweis die Wagen sieht, die Josef geschickt hat, um ihn abzuholen, da „... lebte sein Geist wieder auf“. Und dann sagt er: „Genug“.

Durch das Gefühl, wieder lebendig zu sein, wird das Gehörte und Gesehene beglaubigt: Es ist wahr. Die innere Trauer und die Trauerzeit werden für beendet erklärt. Eine neue Lebensperspektive hat sich geöffnet: „Genug, mein Sohn Josef ist noch am Leben. Ich will hinziehen und ihn sehen, bevor ich sterbe!“ (Gen 45,28). Doch er wird den Lieblingssohn von einst nicht wieder treffen, sondern einen Mann, der sich zu einem fremdartigen Herrscher in einem anderen Land mit einer fremden Kultur entwickelt hat. Zu ihm wird er nun neu in Beziehung treten müssen.

Zu Beginn des Weges nach Ägypten, berichtet der Erzähler, wendet Jakob sich – mit lebendigem Geist – wieder an Gott: Er dankt ihm durch ein Opfer und bekommt im Traum zugesagt, dass sich sein Volk in Ägypten mehren und dass Gott mit ihm sein werde.

Was böse begann, geht gut aus. Und ohne den bösen Beginn wäre das Gute nicht entstanden. Doch hat die Erfahrung der Trauer sich tief eingeprägt. So wie Jakob nach dem Kampf am Jabbok hinkt und als ein anderer kenntlich ist, so ist er auch über der Trauer um Josef ein anderer Mensch geworden. Hatte er wie seine Mutter Rebekka versucht, durch die Bevorzugung des jüngeren Sohnes das Schicksal in seinem Sinne zu lenken, so musste er wie sie die Folgen dieser Tat tragen. Aber anders als Rebekka war es ihm vergönnt, sein Kind wieder zu sehen. Und wie bei ihr wäre ohne die ungerechte Tat, seine wie die der Brüder, Lebensrettendes für alle nicht entstanden. Jakob selbst aber stellt gegenüber dem Pharao im Rückblick auf sein Leben fest: „Kurz und voll Leid war die Zeit meiner Lebensjahre“ (Gen 46,9). Hier klagte er nicht. Nüchtern zog er Bilanz und, so heißt es, segnete den Pharao.

Literatur

Britton, Ronald, Glaube, Phantasie und psychische Realität, Stuttgart 2001.

Ebach, Jürgen H., Genesis 37–50, HThKAT, Freiburg i.Br. (in Vorbereitung).

Freud, Sigmund, Trauer und Melancholie, GW X, Frankfurt a.M. 1916, 428- 446.

Kutsch, Ernst, „Trauerbräuche“ und „Selbstminderungsriten“ im Alten Testament, Th. Stud. 78, 1965, 23–42.

Mann, Thomas, Josef und seine Brüder, Frankfurt a.M. 1964.

Naumann, Thomas, Der Vater in der biblischen Josefserzählung, ThZ Basel 61, 2005, 44–64.

Rückert, Friedrich (1897), Werke I, Leipzig, Wien: Bibliographisches Institut, 171.

Spiegel, Yorick, Der Prozess des Trauerns, München 1989.

Westermann, Claus, Genesis BKAT, Bd. 2 und 3, Neukirchen-Vluyn 1981, 1982.

Wiesel, Elie, Adam oder das Geheimnis des Anfangs, Freiburg i.Br. 1980.

Abbildung 6: Marc Chagall, Jakob erblickt den blutigen Rock Josefs

Jakobs Liebe und Rahels Tod

Johannes Hempel

Rahel war – wir erinnern uns – Jakobs einzig geliebte Frau. Sieben Jahre hatte er um sie bei Laban, dem Vater Rahels, seinem Onkel, gedient. Dann aber schob Laban ihm seine ältere Tochter Lea unter. Deshalb diente Jakob weitere sieben Jahre bei Laban, um Rahel zur Frau zu gewinnen. So verbindet sich beider Geschichte auf wundervolle Weise.

Zeichen des Gedenkens: Bethlehem und Jerusalem

Zunächst bekam Rahel keine Kinder – damals eine schwere Schmach für eine betroffene Frau. Doch schließlich wurde sie doch schwanger von Jakob und gebar ihm einen Sohn, den er Josef nannte. Rahel aber wollte noch einen zweiten Sohn und gebar ihn auch. Aber die Geburt war sehr schwer und Rahel starb daran.

Also starb Rahel – heißt es in der Bibel – und ward begraben an dem Wege gen Ephrat, das nun heißt Bethlehem. Und Jakob richtete ein Mal auf über ihrem Grabe. Dasselbe ist das Grabmal Rahels bis auf diesen Tag. (Gen 35,16–20).

Thomas Mann hat dieses Sterben und Begrabenwerden von Rahel bekanntlich in seiner Trilogie „Josef und die Brüder“ in bewegender Weise geschildert: „Und auch von dir gehe ich schwer, Geliebter, denn wir waren einander die Rechten. Ohne Rahel musst du’s nun sinnend ausmachen, wer Gott ist. Mache es aus und leb wohl.“[22] Heute steht an jener Stelle in Bethlehems Nähe ein Bau mit der Bezeichnung „Rahels Grab“.

Bethlehem. Unwillkürlich denken wir dabei auch an Jesu Geburt – und vielleicht sogar an sein Sterben und Begrabenwerden in Jerusalem, vielleicht sogar auch an einen anderen Josef, den Josef von Arimathia, der um den Leichnam Jesu bat und ihn in einem Felsengrab bestattete, das ihm schon zu Lebzeiten gehörte und in dem noch niemand gelegen war (Lk 23,50ff). Dort sahen denn auch die ersten Oster-Zeugen den Auferstandenen. Heute werden Israel-Reisende in eine Steinhöhle geführt, die der Überlieferung nach Jesu Grab gewesen sein soll.

Was wir auch immer über Rahels Grab und die Grablegung Jesu denken mögen – das Gedenken an geliebte Verstorbene am Ort ihres Begräbnisses ist nicht nur ein wertvolles Brauchtum, sondern auch ein hohes, Jahrtausende altes Kulturgut. Mit ihm wird der Würde eines Menschen weit über seinen Tod hinaus gedacht.

Gräber und Grabmale

Gräber und Grabmale folgen dem Tod von Menschen schon durch Jahrtausende. Viele Gräber sind freilich verschwunden, manche nur noch in Resten vorhanden: die Königsgräber in den Pyramiden und Wüstentälern Ägyptens, die Hünengräber im Norden Europas, der eindrucksvolle enge, mit Steintafeln überfüllte jüdische Friedhof in Prag, die weiten Rasenflächen mit weißen Kreuzen amerikanischer Soldatenfriedhöfe oder das heroisch übersteigerte Mahnmal für die gefallenen Soldaten der Roten Armee in Berlin-Friedrichshain, um nur ein paar Beispiele zu nennen. Aber auch da, wo es kein Grab und kein Grabmal für Verstorbene gibt, bleibt eine schlimme Lücke: Niemand weiß, wie die Vermissten des Krieges, Zivilisten und Soldaten, gestorben sind und wo sie begraben liegen – eine innere Last, an der oftmals die Angehörigen durch viele Jahre hindurch zu leiden haben. Es war – so gesehen – eine liebevolle Geste der Kriegsgräberfürsorge, als sie in der Nähe des ehemaligen Stalingrad große Steinblöcke aufstellen und die Namen von Vermissten hineinschlagen ließ – die Namen von Menschen, deren Grab niemand kennt, die womöglich sogar nie eines hatten.

Grabmäler der Gegenwart

Auf einem Friedhof unserer Zeit, sei er kirchlich oder kommunal, sehen wir normalerweise saubere und gepflegte Reihengräber. Die Gestaltung der Grabmäler ist allerdings vielfältig. Grabsteine sind die Regel, Kreuze aus Holz indessen selten geworden. Oft finden wir auf dem Grabstein nur den Vor- und Zunamen des Bestatteten, nicht selten sind unter der Überschrift „Familie“ auch die Geburts- und Sterbedaten hinzugefügt. Gelegentlich lesen wir über dem Namen auch Zusätze wie „In Gottes Frieden“, „Unvergessen“ oder auch „Unsere geliebte Mutter“. Mitunter finden wir auf dem Stein noch ein eingemeißeltes Symbol, einen Palmzweig beispielsweise, eine untergehende Sonne oder – was offensichtlich seltener wird – ein Kreuz. Aufs Ganze gesehen sind die Friedhöfe unserer Zeit in beachtlichem Maße noch Orte der Stille und des Gedenkens. Die seit geraumer Zeit schon laufende Diskussion, ob die Kirchen ihre Friedhöfe nicht an die Kommunen abgeben sollten, hat unterschiedliche Gründe – nicht zuletzt auch Gründe wirtschaftlicher Art. Ob man dies alles wohl bedenkt? Denn sollte das geschehen, hätte es auf lange Sicht einen weiteren Verlust an christlicher Kultur zur Folge.

Arten der Bestattung

Heutzutage ist, näher betrachtet, viel freier Platz auf den Friedhöfen in Deutschland zu finden. In erstaunlichem Maße nehmen die Feuerbestattungen zu. Mitunter können sogar mehrere Urnen in einer Grablege gebettet werden. Außerdem sind Feuerbestattungen billiger, und Urnengräber brauchen weniger Pflege. Urnen können überdies leichter „mitgenommen“ werden, wenn die Nachkommen oder die Verwandten den Wohnort weiträumig wechseln. Religiöse oder gar christliche Ressentiments gegen Feuerbestattungen spielen heute so gut wie keine Rolle mehr.

Seit einiger Zeit gibt es freilich auf Friedhöfen auch sogenannte Streuwiesen, auf denen die Asche von mehreren Eingeäscherten anonym verstreut wird. Die Namen der Verstorbenen, deren Asche hier verstreut wird, werden bewusst als unwichtig, ja als bedeutungslos gewertet. In Gegenden, wo das Meer nahe ist, gibt es darüber hinaus auch „See-Bestattungen“, bei denen die Asche von verstorbenen Angehörigen dem Meer anheim gegeben wird. Aber auch die Bestattung im heimischen Grundstück, auf dem der Verstorbene gelebt hat, wird bisweilen erbeten – ein Wunsch, der freilich zumeist auf rechtliche Schwierigkeiten stößt. Weniger schwierig scheint indessen eine Art von Bestattung zu sein, die sich in jüngster Zeit anbahnt: die Bestattung unter Bäumen in einem so genannten Friedwald – einem Waldstück, das, wie beispielsweise auf dem Schwanberg in Unterfranken, eine Kirchengemeinde oder eine Kommunität zur Verfügung stellt.

Die Situation der Angehörigen

Auch im alten Israel sind Tote seit eh und je begraben worden. Das steht außer Frage. Dass aber Jakob trotz seines mühseligen Unterwegsseins zum bleibenden Gedenken ein Steinmal für Rahel aufrichten ließ, kann bis heute als ein ausdruckstarkes Symbol seiner Liebe zu Rahel und als ein Zeichen seiner Dankbarkeit für Gottes Wirken in ihrem gemeinsamen Leben gedeutet werden. Mehr noch. Es darf auch als eine kulturell bedeutungsvolle Handlung gelten.

Wie aber ist unsere Situation heute in dieser Hinsicht zu sehen? Dass Verstorbene bestattet werden, ist gesetzlich vorgeschrieben. Das ist das Eine. Aber deutlich ist auch das Andere: Die Mehrheit der deutschen Bevölkerung, zumal im Osten, hat von christlichen Überzeugungen und Lebensvollzügen so gut wie keine Kenntnis mehr. „Wir haben vergessen – so Bischof Axel Noack, Magdeburg –, dass wir Gott vergessen haben."

Sicherlich. Den Zeigefinger warnend zu erheben, bringt nur selten etwas. Aber genauso gilt: Dass das Leben *ohne* Gott und Christus ebenso Folgen zeitigt wie das Leben *mit* Gott und Christus. „Im ersten sind wir frei, im zweiten sind wir Knecht." Die unvermeidliche Folge eines Lebens ohne Gott und Christus ist es, dass wir Menschen immer wieder auf Menschen blicken – immer nur auf uns selbst, immer nur auf andere. Wohin auch sonst?

Das ist ja zunächst kein Unglück. Aber mit der Zeit nehmen wir nicht nur das Schöne, Ansehnliche und Liebenswürdige an anderen Menschen wahr, sondern auch das Befremdliche, Abstoßende, ja Gefährliche. Das Zusammenleben mit

Menschen konfrontiert uns immer wieder auch mit dem eigenen Narzissmus, der Rücksichtslosigkeit, der Neigung zu Gewalt und Herzenskälte – in anderen und in uns selbst. „Homo homini lupus" – „Der Mensch ist des Menschen Wolf." Das ist nicht primär eine christliche Unterstellung. Das nehmen viele so wahr, zumal in dieser Zeit. Täglich wird es durch die Medien sichtbar gemacht. Und wenn es auch alle lautstark verurteilen, so bleibt es doch eine Herausforderung von Tag zu Tag.

Das wirkt sich heute auch aus auf die Einstellung vieler Menschen zu *Sterben und Tod.* Der Tod ist die Tatsache der Tatsachen in unser aller Leben. Und der Tod ohne Gott und Christus ist keineswegs leichter zu nehmen als der Tod mit Gott und Christus. Wer gelegentlich an einer säkularen Bestattung teilnimmt, hört viel vom Kreislauf des Lebens zwischen Geborenwerden und Vergehen. Leise klingt danach das Air von Johann Sebastian Bach von den Lautsprechern her. Wer sich jedoch selbst ernst nimmt, wird wohl bald spüren, dass er mit dem Abschiedsschmerz am Ende doch allein ist. Er oder sie hat nicht gehört, was er oder sie nicht schon längst gewusst hätte.

Angesichts der kulturellen Wandlungen unserer Zeit wird die Mehrheit nichtchristlicher Menschen den Tod an offenen Gräbern sicherlich mit Tapferkeit oder Gleichmut hinnehmen. Das mag bei manchen Menschen auch echt sein. Wo aber die Trauer leichtfertig weggedrückt wird, schadet sie Leib und Seele.

Blickt man auf die Entwicklungen unserer westlichen Gesellschaften, so verbindet sich – nach meinem Eindruck – mit der Entchristlichung auch des Sterbens eine gewisse Individualisierung, eine spürbare Anonymisierung und letztlich sogar eine Gleichgültigkeit gegenüber dem Tod. „Ich habe schon sehr früh erkannt – schrieb denn auch Franz Werfel sinngemäß bereits vor Jahrzehnten –, dass der Aufstand gegen die Metaphysik die Ursache unseres ganzen Elends ist. ... Dabei ist der Aufruhr selbst noch weniger verabscheuungswert als die Gleichgültigkeit in seinem Gefolge, die kosmische Verdummung."

Zitate unserer Zeit

Unversehens kehren Aussagen in meine Erinnerung zurück, die von anderen Menschen stammen – wie zum Beispiel vom Vater eines durch Unfall getöteten Sohnes beim mühevollen Bau eines erzgebirgischen Weihnachtsberges: „Das putzt was weg, Herr Pfarrer, hilft mir mehr als die Predigten", „Vor dem Tod hab ich keine Angst, aber vor dem Sterben, wenn es weh tut und lange dauert" oder „Ach, wenn ich tot bin, ist mir ohnehin alles egal, besonders was die Leute über mich sagen." Und ein Sohn sagt zum Vertreter des Bestattungsinstitutes über die alte Mutter, die vor wenigen Stunden verstorben war und sich noch in der Wohnung befand: „Also, ich geh jetzt zwei Stunden spazieren. Wenn ich zurückkomme, muss die Mutter weg sein." Gewiss. Es gibt auch Worte mit ganz anderem Inhalt: „Zu jedem Handgriff bin ich allein. Das ist hart, sage ich Ihnen. Manche fragen, wie's mir geht. Aber eigentlich wollen sie gar keine Antwort. Nach zwei Minuten schauen sie zum Fenster hinaus oder erzählen wieder von sich." Oder „Ich bin nicht einsam, aber ich bin allein", „Die Kinder wohnen weit weg und kommen nur zu Weihnachten vorbei und möchten dann, dass alles so ist wie früher" oder „Ich möchte nicht, dass nach meinem Tod noch irgend ein Mensch mit mir Mühe hat."

Vom Segen des Abschiednehmens

Die Beziehung der Mehrheit der Bevölkerung zum Sterben, Bestatten und Trauern ist kein Randphänomen unserer Kultur. Sie ist vielmehr ein Anzeichen für das Verhältnis von Menschen zu anderen Menschen – und schließlich sogar zu sich selbst. Aus diesem Grund gewinnt sie auch im Hinblick auf unsere gesamte Kultur eine hohe Bedeutung. Unser Leben ist nie nur „unser" Leben, nie nur Lust, nie nur „Spaß". Wir sind schicksalhaft mit anderen verflochten und auf unsere eigenen Gaben und unsere Grenzen zurückverwiesen – und das ist Freude *und* Last, beides vermengt und vermischt. Unser Abschiednehmen von Menschen, die uns nahestanden und noch nahestehen, verändert unter Schmerzen unser Dasein.

Wer den Schmerz annimmt, wird traurig sein. Aber er wird unter Schmerzen auch reifen können und mit der Zeit voranschreiten in die verbleibende Zukunft. Und mehr und mehr wird er oder sie unterscheiden lernen zwischen dem, worauf es letztlich ankommt, und dem, was weniger wichtig ist.

Wir wissen nicht, ob Jakob eine Hoffnung über den Tod hinaus hatte. Aber wir spüren unmittelbar aus den Texten: Er hat Rahel wirklich geliebt. Diese Liebe hat ihn zum Mann, ja zum Menschen gemacht, und sie hat ihn zeitlebens getragen. Deshalb setzte er das Denkmal aus Stein für sie, sichtbar bis heute. Wir können es ihm nachtun – wenn wir denn geliebt haben und bereit sind, auch die Zeiten unseres eigenen Trauerns anzunehmen.

Das Vermächtnis des Träumers

Peter Spangenberg

Ich bin nun alt geworden, meine Brüder,
und habe euch längst vergeben.
Doch an Gottes Stelle stehe ich nicht.
Ihr wolltet Unheil über mich bringen.
Aber Gott hat alles zum Guten gefügt.

In die Zisterne hattet ihr mich geworfen.
Ich war allein, war gefangen, hatte Angst.
Da kamen die Gedanken von selbst,
Gedanken an den Vater, den ich sehr liebte.
Nicht wegen des bunten Rockes,
nein, nicht wegen des bunten Rockes,
sondern weil ich sah,
dass der alte Mann
den jüngsten Sohn sehr liebte
und sicherlich auch,
weil Rahel mich gebar.
Vielleicht war ich für ihn
ein Inbegriff der Erfüllung.

Es ist wohl oftmals so,
dass alte Väter ihre jüngsten Söhne lieben.
Wird da eine Hoffnung wach?
Eine Hoffnung auf Zukunft?
Oder ist eine solche Liebe
schon der Beginn des Abschieds?
In der Tiefe der Zisterne,
in der Tiefe der Angst,
aber ist nur Finsternis,
nur gähnende Leere.

Wie oft habe ich schon gehört,
dass Gott
im Dunkeln wohnt.
War er auch im Brunnen bei mir?
Lange schon habe ich zu glauben gelernt.
Aber da in der Tiefe,
da in der Finsternis
schien er mir fern und fremd.
Doch da gerade hätte ich ihn gebraucht
wie einen Vater
oder, mehr noch, wie eine Mutter.
Später, viel später erst habe ich begriffen,
dass Gott schon vor mir
in der Zisterne war,
um mich aufzufangen,
damals, als ihr mich hineinwarft.
Gott kam meiner Angst zuvor
und schuf das Licht,
das Licht der Hoffnung,
in meiner Seele.

Mein Vater Jakob!
Warum hast du mich sosehr geliebt?
Es hat nur die Eifersucht
meiner Brüder geweckt.
Eine Eifersucht, die wie so oft
nur zum Hass hin führt.
Es war nicht der bunte Rock,
nein, nicht das Stück Stoff,
sondern das Geschenk der Liebe.
Ihr wart so eifersüchtig, meine Brüder,
so eifersüchtig auf die Liebe des Vaters.
Was hat euch denn so wütend gemacht?
Waren es meine Träume, meine Visionen?
War ich in euren Augen bevorzugt?
Ja, ich war bevorzugt.
Aber wenn ihr nur wüsstet:
Ich war auch belastet.
nicht nur durch die Liebe des Vaters
und die Zärtlichkeit der Mutter.

Ich war auch belastet
durch die Begabung zum Träumen.
Denn damit gewann ich
den Blick in die Zukunft –
und es ist wohl das Schicksal von Träumern,
Einsichten, ungewohnte, zu gewinnen
und für ungewöhnliche Erkenntnisse
verantwortlich zu sein.
Was hatte ich euch denn gesagt?
Ich hatte euch nur gesagt,
was ich vor Augen hatte.
Ihr aber hieltet mich für arrogant –
und ich war es wohl auch.
Vielleicht sah ich mich wirklich an einer Stelle,
die euch mit Sorge und Abscheu erfüllt hat.
Aber ihr müsst auch wissen:
Nur Träume sind Schlüssel zur Wirklichkeit.
Wohl ist das Leben kein Traum.
Aber ein Traum bedeutet Leben.

Das alles erkannte ich
in der Tiefe der Zisterne.
Ich suchte nach Wasser.
Aber da war kein Wasser.
Ich suchte nach Erquickung.
Aber da war keine Erquickung.
Ich sehnte mich
nach den Brüdern, den Eltern,
den Herden, der Heimat.

Es war eine Sehnsucht
nach Geborgenheit und Obhut,
nach Rettung und Sinn –
Gedanken in der Tiefe,
Gedanken aus der Tiefe.
Aus der Tiefe kommen
die guten Gedanken.
Doch wenn Hass dazu führt,
einen Menschen zu töten,
ist es ein Glück,

dass es einen Bruder, einen Ruben, gibt,
der dem widersteht.
Aber was hilft es schon,
dass ein Bruder widersteht?
Ich weiß, dass es hilft.
Aus diesem Grund wünsche ich
denn auch allen Söhnen und Töchtern
der kommenden Generationen,
dass sie Brüder und Schwestern finden,
die für sie einstehen
zu gegebener Zeit.
Ihr aber habt meinen Rock mit Blut getränkt,
um den Vater zu täuschen.
Ihr habt mich auf schaurige Weise
verkauft und verraten.
Wisst ihr denn auch,
was das alles bedeutet?

Die Geschichte von Menschen
wird so oft mit Blut geschrieben.
Aber nimmt das denn niemals ein Ende?
Doch. Doch: Es kann ein Ende geben.
Erinnert euch nur, meine Brüder,
als Jakob, unser alter Vater,
dem Pharao die Hände aufgelegt
und ihn gesegnet hat!
Ich hatte Tränen in den Augen,
als ich das sah –
und wusste zugleich in dem Augenblick,
dass Segnen, einen Anderen zu segnen,
der einzige Weg zum Frieden ist.

Das wollte ich euch gerne noch sagen –
jetzt, am Ende meines Lebens,
damit ihr am Ende
unser Volk in die Freiheit führt,
in den sprudelnden Geist
unseres Gottes.

VI. Wenn sich die sozialen Rollen und Strukturen verändern

Patriarch oder Vater?

Familienethische Fragen an Jakob

Karin Ulrich-Eschemann

Wenn man die Josefsgeschichte – „ein Meisterstück hebräischer Erzählkunst“[23] –, auf die ich mich hier in erster Linie konzentrieren will, unter familiendynamischen Gesichtspunkten betrachtet, kann sich durchaus diese Frage stellen. Ich möchte einen der Protagonisten – auch Jakob ist einer – unter diesem Gesichtspunkt und von dieser Fragestellung her betrachten: Wo etwa wäre der Vater Jakob bei einer Familienaufstellung, wie sie heute vielfach als systemisch-therapeutische Übung durchgeführt wird, zu platzieren und wie würden die anderen ihn agieren lassen und selbst mit oder gegen ihn agieren? Von wem wäre er wo zu platzieren im Zusammenhang mit seinen beiden Frauen Rahel und Lea und deren Kindern, den Söhnen und der Tochter Dina, die allerdings in der Familiengeschichte keine Rolle zu spielen scheint? Vielleicht ja auch noch im Zusammenhang mit seinen Vorfahren. Halten wir dabei gleich daran fest, dass Josef und Benjamin, die Söhne seiner geliebten Frau Rahel, um die er lange Zeit geworben und gedient hat, die beiden bevorzugt geliebten Kinder sind. Seine Frau Lea hatte ihm viele Söhne geboren, aber dadurch nicht seine Liebe erwerben können.

Lassen wir uns wirklich auf diese Familiendynamik ein, dann können wir den Vater nicht einfach als den unangefochtenen und überlegenen Patriarchen (Erzvater) und als Oberhaupt der Familie ungescholten in einer Rangfolge oben platzieren, vielmehr wird es unter diesem Gesichtspunkt schwieriger, seinen Platz überhaupt auszumachen. Er wird von dem einen oder anderen der Mitspielenden und Mitbeteiligten wohl eher hin und her geschoben werden. Vielleicht sogar wird hier auf die Vorfahren gezeigt und daran erinnert, dass aus Genesis 25,28 zu erfahren ist, dass Rebekka Jakob lieb hatte und eben auch entsprechend agiert, und Isaak Esau lieb hatte. Vielleicht gar würden manche ein tradiertes Familienmuster erkennen wollen.

In der Josefsgeschichte scheint Jakob zunächst nur anfänglich in das Konfliktgeschehen einbezogen, obwohl er selbst der Auslöser für den Konflikt ist, und dann erst sehr viel später bei der Familienzusammenführung wieder mitspielt. Das Verhalten des Vaters provoziert den Neid und den Hass der Brüder.[24] Jakobs Verhalten ist ungeniert und erzieherisch gänzlich unbedarft, wenn er seinem geliebten Sohn die bevorzugte Stellung einräumt. („Israel aber hatte Josef lieber als alle seine Söhne, weil er der Sohn seines Alters war, und machte ihm einen bunten Rock." Gen 37,3) Kurz und bündig wird das erzählt und als Verhalten im biblischen Text nicht infrage gestellt. Allerdings löst das Verhalten des Vaters bei Grundschülern im Religionsunterricht meistens heftige Reaktionen aus, und sie denken an ihre eigenen Familiengeschichten. Kinder sind äußerst sensibel gegenüber ihren Eltern, wenn es um Gerechtigkeit geht: Wer bekommt mehr Aufmerksamkeit und Zuwendung geschenkt? Lieben die Eltern ihre Kinder alle gleich? In manchen Familien ist es ja so, dass ein Kind mehr Aufmerksamkeit braucht als die anderen, weil es bedürftiger ist. Wie kann die Josefsgeschichte Kinder an dem Punkt orientieren? Der nicht ausgesprochene Vorwurf gegenüber dem Vater muss im Raum stehen dürfen und sein provozierendes Verhalten sollte nicht gerechtfertigt werden. Es darf als Motiv in der fortlaufenden Geschichte erhalten bleiben, wissen wir doch am Anfang nicht um den Fortgang und Ausgang der Handlung.

Nun steht allerdings im Zentrum der Auslegung und Tradierung der Geschichte, zum Beispiel im Religionsunterricht, das schuldhafte Verhalten der Brüder gegenüber Josef, das sich implizit als Motiv durch die ganze Geschichte zieht, die Spannung trägt und auf eine Auflösung der Spannung hin arbeitet. Kommt Jakob einfach als „unschuldig" davon und zieht er sich nach dem vermeintlichen Tod Josefs nicht in eine tiefe Depression zurück, weil er seinen geliebten Sohn verloren hat („Ich werde mit Leid hinunterfahren zu den Toten, zu meinem Sohn. Und sein Vater beweinte ihn." Gen 37,35b).[25] Der Platz Josefs bleibt auf diese Weise in der Familiengeschichte präsent, in der Trauer des Vaters um den geliebten Sohn. Es kann bedrohlich werden für die anderen Familienmitglieder. Die Söhne Jakobs jedoch scheinen voll Mitgefühl für den Vater, wie es in der Rede Rubens vor Josef sehr schön zur Sprache kommt (Gen 44,18ff). Doch der Platz Josefs kann ohnehin nicht von jemand anderem besetzt werden, auch nicht von Benjamin. So wie jeder Mensch in einer Familiengeschichte seinen unersetzbaren Platz hat – über den Tod hinaus –, den er in keinem anderen sozialen Kontext einnehmen kann.[26]

Jakob wird handlungsunfähig und klammert sich jetzt mit seiner Liebe an Benjamin. Überlässt er die weitere Regie der Familie vollständig seinen Söhnen? Einmal dann wird Jakob allerdings aktiv, als es um das Überleben der Sippe geht. Er schickt die Söhne nach Ägypten, um Getreide zu kaufen. Wir können fragen, ob Jakob nicht doch weiterhin das Geschehen implizit beeinflusst, sei es durch seine Depression, sei es als Vater, der seiner Erziehungsaufgabe jedenfalls nach unseren Erwartungen und Vorstellungen nicht gerecht wird? Viele Fragen lassen sich aus unserer Sicht stellen: Warum lehnen sich die Söhne nicht gegen den Vater auf, sondern nur gegen Josef? Ist es denn nicht das Verhalten des Vaters, der Josef fast schon demonstrativ bevorzugt, und dies zumindest Anlass gibt für den Neid und den Hass der Brüder? Ist es die Liebe der anderen Söhne gegenüber dem Vater, den sie im Sinne des vierten Gebotes ehren und fürsorglich behandeln oder ist er einfach als Autorität (Patriarch) schlicht unangefochten?

Im Laufe der Geschichte könnte doch auch Josef selbst zur Einsicht kommen und versuchen, sein Verhalten zu korrigieren und nicht noch vor den Brüdern mit seinen Träumen aufzutrumpfen. Josef zeigt keinerlei Einsicht, er spielt seine Position so recht aus, könnte man sagen, erst recht dann auch später bei dem Wiedersehen seiner Brüder in Ägypten und bei der ihnen auferlegten moralischen Prüfung, wo er so recht seine Macht ausspielt. Eine schlichte Aufteilung in Opfer und Täter lässt die Geschichte nicht zu.

Warum sieht Jakob sein Fehlverhalten nicht ein, warum plagen ihn keine Gewissensbisse und warum hegt er kein Misstrauen gegen seine Söhne und schenkt ihnen blind Vertrauen, dass sie ihm die Wahrheit über Josefs Tod sagen? Einmal scheint Jakob erzieherisch auf Josef einwirken zu wollen, wenn er nach der Darstellung der Träume Josef vor ihm und seinen Brüdern schielt: „Was ist das für ein Traum, den du geträumt hast? Soll ich und deine Mutter und deine Brüder kommen und vor dir niederfallen?“ (Gen 37,10). Doch dieses Infragestellen wird sogleich relativiert, wenn es heißt, dass sein Vater diese Worte im Gedächtnis behält. Was bahnt sich hier an? Denkt Jakob darüber nach, dass die Träume doch etwas bedeuten könnten, dass es doch etwas Besonderes auf sich haben könnte mit diesem Sohn, dass er vielleicht zu Besonderem auserwählt wäre? Hier bieten sich gewiss alttestamentliche Traditionen an. Wir würden vielleicht heute eher vom begabten Kind sprechen, das zu Höherem ausersehen ist. Wir wissen, wie schwierig es auch für Eltern ist, mit begabten Kindern umzugehen, welche Aufmerksamkeit sie fordern, und wie schwierig es für alle Beteiligten im Familiensystem ist, diese Rolle zu akzeptieren. Wäre diese Familiengeschichte anders verlaufen, wäre es wahrscheinlich an anderer Stelle zu neuen Konflikten gekommen. Hier sollte nicht zu schnell von Erwählung und von Gottes Wirken gesprochen werden, weil man den Fortgang der Geschichte schon vor Augen hat. War es die übermäßige Liebe des Vaters oder war es die besondere Begabung Josefs, die die Brüder neidisch werden lässt? Die Frage bleibt ungeklärt.

Gewiss gäbe es Motive in der Geschichte aufzufinden oder Verhalten auszumachen, das heute bei einer Familienaufstellung zur Sprache käme. Viele Fragen habe ich an die Personen gestellt, die in der biblischen Familiengeschichte keineswegs gestellt werden. Aber sie können darauf aufmerksam machen, dass in mehrfacher Hinsicht von Versagen und Schuld zu sprechen wäre und dabei auch Jakob eine zentrale Rolle spielen würde. Die schlichte Aufteilung in Täter und Opfer darf nicht von vornherein feststehen. Der Zusammenhang ist komplizierter. Vielleicht war der Vater Jakob kein guter Erzieher und hat Fehler gemacht so wie bis heute Eltern Fehler in der Erziehung machen, die folgenreich sein können. So wie aber auch Kinder bis heute nicht nur die Opfer einer falschen Erziehung sind, vielmehr von Anfang an mitagieren und selbst schuldig werden können. Alle Beteiligten sind auf die Vergebung Gottes angewiesen – immer wieder neu –, dass ihre Geschichte weitergehen kann. Gott agiert mit und hat seinen Plan.[27]

Auch da, wo es kein Mensch mehr annehmen konnte, hat Gott alle Fäden in den Händen gehabt. Jedoch diese Führung Gottes wird nur behauptet; es wird nichts Näheres darüber gesagt, in welcher Weise denn Gott auch das Böse der Menschen in sein rettendes Handeln einbezogen hat.[28]

Es bleibt im Verborgenen, wie das Handeln Gottes mit dem Handeln der Menschen, sei es das von Jakob, zusammen kommt.

Das Modell der Familienaufstellung hat mir geholfen, mich auf die familiendynamische Struktur der Familie Jakobs einzulassen und Spuren aufzuzeigen, die durchaus in der Geschichte zu entdecken sind. Nun zielt aber alles in der Geschichte auf die Versöhnung am Schluss hin, obwohl hier nur von den Brüdern und Josef die Rede ist. Jakob kommt ungescholten davon, so könnte man sagen. Diese Versöhnung kann keine Familienaufstellung leisten. Aber in diese Versöhnung sind alle einbezogen, ob sie um ihre Sünde wissen oder nicht, ob sie ein Bewusstsein ihres Fehlverhaltens haben oder nicht. Sei es, dass sie Fehler in der Erziehung gemacht haben, selbst darunter leiden oder sich dessen gar nicht bewusst sind. In dieser Geschichte ist es nicht Josef, der großzügig seinen Brüdern die Sünde vergibt, vielmehr verweist er auf den Gott der Väter, der allein Sünde vergeben kann: „Stehe ich denn an Gottes Statt? Ihr gedachtet es böse mit mir zu machen, aber Gott gedachte es gut zu machen, um zu tun, was jetzt am Tage ist, nämlich am Leben zu erhalten ein großes Volk" (Gen 50,19f). Erst hier und im Nachhinein wird das Mitwirken Gottes erkannt und ausgesprochen.

Josef selbst verweist auf das Weitergehen der Familiengeschichte, die eingebettet ist in die Auserwählungs- und Heilsgeschichte Gottes mit seinem Volk. In deren Tradition hat Jakob als einer der Erzväter seinen unangefochtenen festen Platz, den ich allerdings in meiner familien-ethischen Betrachtung hoffentlich wieder ein Stück in Bewegung gebracht habe – wenn gewiss auch für manchen Leser oder manche Leserin irritierend. Eine etwas andere Lesart!

Jakob – Betrüger, Ahnvater und Staatengründer

Arne Manzeschke

Jakob, Sohn des Isaak, Sohn des Abraham, erhält nach dem Kampf mit einem namenlosen Flussdämon einen neuen Namen: „Israel". Der Vater von zwölf Söhnen und einer Tochter wird so zum Ursprung der zwölf Stämme und ihrer Einheit im Staat Israel, dem Großreich Davids und Salomos. Die Geschichte Jakobs fasziniert auch heute noch durch ihre weit angelegte Komposition, die plastische und manchmal drastische Darstellung einer Biographie, die im erhaltenen Text ihr Auf und Ab, ihre Brüche und Undurchschaubarkeiten erkennen lässt.

Der Zwilling Jakob bleibt über die Länge seines Lebens eine doppelgesichtige, zwiespältige Figur, ein Betrüger und Heuchler, ein fintenreicher Taktierer, ein Fersengreifer[29], der stets nach seinem Vorteil sucht und zugleich sich ergeben unter das Arbeitsjoch seines Onkels Laban spannt, um in zwei mal sieben Jahren die Frau zu erdienen, die er von Beginn an begehrt hat. Ein Patriarch, der sich willig den Ränkespielen seiner Frauen unterwirft, sich die Mägde zuführen lässt, wie es seine Frauen für opportun erachten und am Ende doch umsichtig sein Haus bestellt.

Gegenüber seinem Zwillingsbruder Esau hat Jakob sich das Erstgeburtsrecht um ein Linsengericht billig erkauft und so als Erstgeburtsberechtigter den Segen vom blinden Vater Isaak mit der Hilfe seiner Mutter Rebekka erschlichen. Die „*Beracha*", der „Segen", ist ein machthaltiges, wirkendes Wort. Sie hat eine große Nähe zur Magie, in der angewünscht wird – das Gute oder das Böse, Segen oder Fluch. Jakob sucht diesen Segen mit allen Mitteln zu gewinnen; der schon auf zweifelhafte Weise erworbene rechtliche Titel des Erstgeborenen reicht offenbar nicht aus. Im Segenswort wird Lebensmacht übereignet und seine Übereignung verläuft als ein patrilineares Testament. Jakob erhält den Segen, den auch schon seine Vorväter erhalten haben und gibt ihn weiter, zunächst an seine Enkel, Josefs Söhne Ephraim und Manasse (Gen 48) und dann an die eignen zwölf Söhne (Gen 49).[30] Gegenüber seinen Enkeln Ephraim und Manasse bevorzugt Jakob nun ganz förmlich – und gegen den Willen ihres Vaters Josef – den Zweitgeborenen Ephraim.

Der Segen, den Jakob an seine zwölf Söhne weitergibt, macht aus dem mächtigen und scheinbar einigen Segensstrom, unter dem Abraham und Isaak und Jakob standen, ein weit verzweigtes und mäanderndes Segensdelta, in dem gegen eine landläufige Vorstellung vom Segen als Verheißung und Erfüllung von lauter Gutem wie reiche Nachkommenschaft, fette Herden und großer Landbesitz auch anderes verheißen wird. Da ist von Verfluchung und Zerstreuung die Rede (Simeon und Levi), von fronpflichtiger Knechtschaft (Issaschar) – und wieder von der Zurücksetzung des Erstgeborenen unter die später geborenen Brüder (Ruben).

Der Segen ist im Alten Testament nie ganz frei von der magischen Vorstellung eines machtvoll wirkenden Wortes; durch die moderne Rede vom „perlokotionären Sprechakt" haben wir diese Vorstellung unseren säkularen Rationaliätskriterien anverwandelt, ohne jedoch völlig das Magische, Gespenstische daraus vertreiben zu können. Und es treten Gespenster auf den Plan, wenn ein Segen wie ein Testament eröffnet und weitergegeben wird.

Jakob ringt um Gottes Segen, um Lebensfülle und um die Berechtigung, besser noch: Rechtmäßigsprechung dessen, was er sich an Fülle in seinem Leben angeeignet hat. Was in der Geschichte vom Kampf am Jabbok noch an vorisraelitischen, animistischen Vorstellungen durchschimmert, ist durch seine biblische Redaktion längst adaptiert für das israelitische Gottesdenken – doch bleibt dieser in Männergestalt begegnende Gott[31] ungeheuer, fremd und gewalttätig. Dieser Mann/Geist/Gott tritt Jakob nicht im ehrlichen Zweikampf gegenüber, sondern überfällt ihn „hinterrücks". Sein Schlag gegen Jakobs Hüfte ist das, was man einen unsportlichen und verbotenen „Tiefschlag" (Soggin, 398) nennt, der nicht nur Jakobs Hüfte ausrenkt.[32] Mit einem Schlag wird auch Jakobs Leben zu einem ganz anderen. Er wird Israel, der Vater eines zwölfköpfigen Stämmebundes, der als auserwähltes Volk Israel seinen Bund mit Gott schließen wird. Gesegnet und geschlagen geht Jakob aus dieser Begegnung mit dem Mann/Geist/Gott hervor. Wer er war oder ist, weiß er bis zum Schluss nicht, denn er nennt seinen Namen nicht. Mit seinem Namen aber ließe er sich vielleicht beschwören, denn das Wort/der Name ist wirkmächtig; es/er verleiht Macht, an dem etwas zu bewirken, über dem man es/ihn ausspricht. Deshalb fragt Jakob über den Segen hinaus nach dem Namen seines Gegners. Aber es ist gerade umgekehrt: Der Mann/Geist/Gott am Fluss spricht seine Macht über Jakob aus, indem er ihm einen neuen Namen gibt. Dieser Mann/Geist/Gott lässt sich nicht bei seinem Namen beschwören, stattdessen schwört er Jakob mit einem neuen Namen ein.

Der Segen, den Jakob sich errungen hat, erweist sich als eine Gabe von paradoxer Qualität. Sie ist *Präsenz* des Anderen und seiner Zueignung und sie ist *Präsent*, Geschenk, Gabe jenseits von Kalkül, Gegenseitigkeit, Geschäft.[33] Jakob hat mit Gott und Menschen gerungen und ist dabei in die Präsenz des Gottes seiner Väter auf eine geradezu erschreckende Weise geraten. Der Segen, in der Väterverheißung seit Abraham von Vater zu Sohn weitergegeben und erneuert, wird an Jakob/Israel in seiner undurchsichtigen, weil unnennbaren und gewalttätigen Qualität erfahrbar. Ein überaus präsenter Gott, der kaum weniger hinterhältig ist als Jakob und sich der krummen Wege der Menschen bedient, um seine Erwählungsgeschichte zu schreiben, legt ihm Namen und Segen auf – und mit beidem verfügt er über ihn: „Ich werde dich zu einer großen Nation machen".[34] Souverän entzieht der Andere sich aller menschlichen Beschwörungsphantasien und Rationalisierungsbemühungen. Als *deus absconditus* wird er hier erkennbar, indem er unerkennbar bleibt. Ein zorniger, rächender und unverständlicher Gott, der wie ein Geist erscheint und die Welt aus den Fugen hebt, indem er Jakob die Hüfte ausrenkt.

„The time is out of joint" heißt es bei Hamlet, nachdem er vom Geist seines Vaters den Auftrag erhalten hat, im verrotteten Staat Dänemark seinen Mord zu rächen und die aus den Fugen geratene Welt wieder einzurichten: *„The time is out of joint – o cursed spite, that ever I was born to set it right"*.[35] Was muss geschehen, damit die Welt (wieder) eingerichtet ist? Muss etwas geschehen? Hamlet wird zur Rache ver-

pflichtet (*bound to revenge*), um das Recht wiederherzustellen und so die Grundlage des Staates als Ordnung menschlichen Zusammenlebens zu sichern. Doch dieses Recht hat immer Anteil an der Gewalt, die es doch hindern soll, in seinem Ursprung wie in seinem Ausgang.[36] Auch wenn die Gewalt als gerechtfertigtes Mittel zu gerechten Zwecken dient – Benjamin unterscheidet zwischen Recht setzenden und der Recht erhaltenden Gewalt als Mittel –, so bleibt sie doch Gewalt mit allen zerstörerischen Folgen. Bei Hamlet wird dem Recht als Rache eine Schranke geboten:

„But how – so ever thou pursu'st this act, taint not thy mind, nor let thy soul contrive against thy mother aught; leave her to heaven and to those thorns that in her bosom lodge".

Die Reminiszenz an den Himmel (*leave her to heaven*) hält die Einsicht wach, dass Rache als Recht und Recht als Rache letztlich nicht dem Menschen anstehen, weil ihre inhärente Gewalt die eingerichtete Welt immer wieder aufs Neue bedrohen.

Dass die Gewalt dem Recht als einer Ordnung von Menschen in einem Staatengebilde, einer Nation, inhäriert, darauf macht die Geschichte von Jakob/Israel aufmerksam. Er ist nicht nur derjenige, der sich seinen Segen mit Betrug und Gewalt erstreitet, sondern er erfährt diesen Segen selbst als eine Gewalt – in der Begegnung mit dem gewalttätigen Gott und in der Gewalt, die ihm als Staatengründer auferlegt wird. Jakob/ Israel wird da etwas einrichten, das ist ihm verheißen und verfügt worden. Er wird zum Vater einer großen Nation gemacht; einem staatspolitischen Gebilde, das nicht ohne Gewalt auskommt – in der Aneignung der fremden und Verteidigung der angeeigneten Territorien nach außen sowie in der Verteidigung der Nation und ihrer Ordnung nach innen. Der Ursprung dieser Gewalt liegt jedoch nicht einfach in der menschlichen *„Ursünde Gewalt"*,[37] sondern im „mystischen Grund der Autorität",[38] die sich zumisst, im Namen des Rechts zu sprechen, Gerechtigkeit herstellen will, um auf diese Weise die aus den Fugen geratene Welt (wieder) einzurichten.

Die Welt ist aus den Fugen, die Epoche ist entehrt, die Zeit aus den Angeln gehoben.[39] Bei Hamlet wie bei Jakob steht der Brudermord am Anfang einer ungerichteten, ungefugten und verrückten Welt. Beide Male ist es die Verfügung eines väterlichen Geistes, der sie beschwört, die Welt wieder ins Lot zu bringen – es wieder einzurenken. Was bei Hamlet die Restitution der Institution erfordert, die Wiederherstellung und Reinigung des durch Betrug und Mord verrotteten und befleckten Staates Dänemark, hat bei Jakob eher den Charakter einer Institutionalisierung einer rechtlichen Ordnung, eines Staates überhaupt: „Ich will dich zu einer großen Nation machen" (Gen 12,2); „Und ich will dich außerordentlich fruchtbar machen und zu ganzen Nationen machen" (Gen 17,6); „Deinen Samen will ich mehren so wie die Sterne am Himmel und will deinem Samen alle diese Länder geben, sodass sich mit deinem Samen segnen sollen alle Völker" (Gen 26,4); „Völker müssen dir dienen, Nationen sich bücken vor dir" (Gen 27,29).[40]

Betrug und Gewalt sind wie Kettfäden in das Gewebe der Heilsgeschichte Israels eingewirkt. Vom Mord Kains an seinem Bruder Abel über die mehrfach erzählte Geschichte von der „Gefährdung der Ahnfrau" (Gen 12; 20; 26), bei der es sich um einen Betrug der Erzväter gegenüber den jeweiligen Landesherren handelt, über den Betrug Jakobs an Esau, den Rachefeldzug von Simeon und Levi an Sichem (Gen 34) bis zum Verkauf Josefs durch seine Brüder nach Ägypten – immer wieder gehören Betrug und Gewalt zur Textur dieser Geschichte, die auf die Begründung des einen von Gott auserwählten Volkes und seines Staates Israel hinausläuft.

Gott, so heißt es hinterher, ist es gewesen, der Jakob da am Fluss im Zwielicht der Nacht gegenübergetreten ist, der ihn hart geschlagen, aber nicht überwältigt hat, der sich hat beschwören lassen – „Ich lasse dich nicht, du segnest mich denn" – und doch seinen Namen nicht preisgegeben hat. Gott ist Jakob gewalttätig begegnet, doch das geschah wie eine numinose Gewalt, die die herkömmlichen Ordnungen und Vorstellungen von Gott durchkreuzt. Es sind die physische Gewalt und Wortmacht eines Gottes, der sich in der verwechselbaren Gestalt eines mythischen Flussgeistes offenbart und zugleich verhüllt, die den Grund für das Staatswesen Israel abgeben. Es ist fraglich, ob nicht die Gabe Gottes da am Jabbok frei ist von Gewalt. Es ist eine paradoxe Gabe – paradox im Modus ihrer Anwesenheit (*Präsenz*) und paradox im Charakter ihres Inhaltes (*Präsent*). Zweifellos tut sie Jakob Gewalt an.

Der Segen, der den Erzvätern Abraham, Isaak und Jakob erteilt wird, ist nicht frei von Gewalt – und es wäre meines Erachtens eine fahrlässige Verkürzung im theologischen Denken, wollte man sie aus der Heilsgeschichte herausrechnen bzw. auf Gott nur die guten Dinge wie reiche Nachkommenschaft, große Herden oder großen Landbesitz (aus dem zuvor die ansässigen Völker vertrieben und vertilgt werden mussten) projizieren, während sich der Mensch in seiner sündigen Verfasstheit die bösen Dinge wie Betrug, Mord, Ehebruch, Vergewaltigung usw. zurechnen lassen muss. Ich meine, das Verhältnis von Segen und Gewalt ist dialektischer zu sehen, und hier bietet gerade die Jakobsgeschichte einen theologisch interessanten Ansatzpunkt. Denn hier wird die Staatengründung in der Namensgebung an Jakob und ihre mit Gewalt durchsetzte Textur sichtbar.

An der Geschichte Jakobs erscheint mir besonders bemerkenswert, dass die Grundlage der Erwählung und Bewahrung des von Gott geliebten Volkes, mit dem er einen ewigen Bund schließt, von Anfang an Betrug und Gewalt sind. Jakob ist der zu spät Gekommene, der sich seines Vaters Segen erschleicht und damit zum Ahnherr des Volkes Israel wird. Wäre er das auch ohne diesen Betrug geworden? Er ist es, der bei der Geburt an der Ferse seines Bruders Esau hängt, aber es wohl nicht mehr vermag, ihn in den Mutterleib zurückzudrängen und als erster auf die Welt zu kommen. Diese Assoziation liegt zumindest nahe, wenn man die Geburt seiner Enkel Serach und Perez (Gen 38,27ff) daneben legt. Es ist ein augenfälliges Motiv innerhalb der Jakobserzählung, dass es dreimal die Zweitgeborenen sind, die sich ein Vorrecht erschleichen bzw. zugesprochen bekommen. Es ist, als holten sich diese Zweitgeborenen, seit dem Mord Kains an Abel um ihre Existenz gebracht, das Leben, den Segen, ihr Recht – welche Kategorie wäre den archaischen Geschichten angemessen – nun um so vehementer zurück?

Jakob kämpft um diesen Segen mit Gott und mit Menschen und beweist eine ungeheure Energie dabei. Ja, man könnte meinen, sein unter heftigem Ringen gekeuchtes „Ich lasse Dich nicht, Du segnest mich denn“ (Gen 32,27), ist der Nukleus seiner ganzen Existenz. Überall hängt er sich dran, beißt sich fest, lässt nicht locker, bis er endlich hat, was er ersehnt: „Tau des Himmels, und von der Fettigkeit der Erde und Korn und Wein die Fülle. Völker sollen dir dienen und Stämme sollen dir zu Füßen fallen. Sei ein Herr über deine Brüder, und deiner Mutter Söhne sollen dir zu Füßen fallen. Verflucht sei, wer dir flucht, gesegnet sei, wer dich segnet" (Gen 27,28f, Luther).

Da ist sie wieder, die Magie des Wortes, das anwünscht im Guten wie im Bösen. Da ist der „mystische Grund der Autorität", der wohl die Gewalt in Gott gegründet und verortet sieht, aber Gott selbst Gewalt damit antut, dass er diese in Gott verortete Gewalt zu eigenen Staatszwecken (und wohl nicht nur Mitteln) zu beanspruchen sucht. Um Gerechtigkeit mit dem Mittel des Rechts herzustellen, greifen wir auf die Gewalt zurück und verheddern uns heillos in ihr.

Gut möglich, dass wir die Gabe der Gewalt, die im Segen Gottes steckt und stecken bleibt, nicht loswerden. Aber was wäre, wenn diese Gabe ohne Gegengabe bleiben könnte, ohne Gegengabe bleiben sollte? Derrida ist mit seiner Interpretation von Heideggers Interpretation des Spruchs des Anaximander der Frage nachgegangen, ob die Gerechtigkeit (die diké) die Ordnung der Welt einrichten und erhalten könnte, wobei einrichten und erhalten schon viel zu starke, zu statische Begriffe für das Temporäre der Präsenz (Heidegger spricht vom Verweilen) ist. Aber könnte das Geben der Gerechtigkeit (*didonai diken*) ein Ausweg aus dem Kreislauf der Gewalt, aus dem Wechselspiel von Gewalt und Gegengewalt sein? Derrida führt aus: „Es geht hier vor allem um ein Geben ohne Rückerstattung, ohne Kalkül, ohne Zählbarkeit. So entzieht Heidegger ein solches Geben jedem Horizont der Schuld, der Schuldigkeit des Rechts und vielleicht sogar der Pflicht. Er möchte es vor allem jener Erfahrung von Rache entziehen, deren Vorstellung, wie er sagt, denen teuer ist, ‚denen erst das Gerächte für das Gerechte gilt'".[41] Heidegger denkt die *diké* als eine „Fügung des Einklangs", die im Anwesen zum Eigenen (und zum Anderen) kommt. Ist aber damit schon die Differenz zwischen ihnen hinreichend ernst genommen?

Derrida geht aber über Heidegger hinaus und fragt: „Jenseits des Rechts und mehr noch jenseits des Moralismus, setzt die Gerechtigkeit als Bezug zum Anderen da nicht im Gegenteil den irreduziblen Exzess eines Bruchs (*disjointure*) oder einer Anachronie voraus, eine *Un-Fuge*, eine Dislokation *out of joint* im Sein und in der Zeit selbst, einen Bruch (*disjointure*), der, gerade indem er immer das Übel, die Enteignung und die Ungerechtigkeit (*adikia*) riskiert, gegen die es keine kalkulierbare Versicherung gibt, allein dem Anderen als dem Anderen *Gerechtigkeit erweisen oder widerfahren lassen* könnte?"[42]

Wäre demnach die Gerechtigkeit als Bezug zum Anderen (Lévinas) die eigentliche Gabe im Segen an Jakob? Wo kommt man hin, folgt man dieser Spur aus den heideggerschen Holzwegen über derridasche Pfade zurück an die Furt des Jabbok?

Eine Antwort kann hier nur in groben Strichen versucht werden. Vielleicht geht es ja gar nicht, oder zumindest nicht vorrangig, um Recht und Ordnung, sondern um das, was sich jenseits von Recht und Ordnung ereignet, ereignen soll/kann, deswegen aber nicht minder bedeutsam für das Zusammenleben der Menschen ist. Vielleicht ist das *didonai diken*, das Geben der Gerechtigkeit, ja eher in den Kategorien wie Terror und Gnade zu fassen. Gnade und Terror sind beide grundlos – sie verweisen auf „etwas" jenseits der gesetzten und gesetzlichen Ordnung. Das Gesetz kann diesen Akt nicht fassen, sondern bestenfalls als Randbedingung (Randereignis) des eigenen Systems negativ erfassen und beschreiben. Aber beide zielen auf eine Freiheit jenseits der Ordnung; der Terror, indem er die bestehende Ordnung (und im Prinzip jede Ordnung) zerstört; die Gnade, indem sie die Ordnung (und im Prinzip jede Ordnung) zeitweilig und individuell sistiert.[43]

Was in der Jakobsgeschichte auf anstößige Weise festgehalten wird, ist die gewalttätige Seite der Begegnung mit Gott, die womöglich keinem, der an diesem Segen teilhat, erspart bleibt. Aber diese Gewalt dient nicht dem Recht – oder zumindest nicht in erster Linie –, sondern der Gerechtigkeit, die es einander gestattet wahrzunehmen, dass diese Welt aus den Fugen ist, weil und sofern wir Menschen einander Gerechtigkeit (und nicht Recht) erweisen oder widerfahren lassen. Der Riss im Gefüge ist gewissermaßen die Eintrittsstelle oder Sollbruchstelle, an der die rechtliche Ordnung aufgebrochen ist, um einander Gerechtigkeit zu schenken.

Abbildung 7: Gerhard Gollwitzer,
Also ging ihr Geschenk vor ihm her

Nomadentum und Hochkultur

Horst Seebass

Wenn man über das Werden der Stämme Israels auf dem Boden Palästinas nachdenkt, ist es nicht ganz unberechtigt, von Nomadentum zu reden. Das eigentliche *Nomadentum* freilich wird, wie man längst weiß, seit der Herrschaft des Islam vor allem mit den arabischen Beduinen in Verbindung gebracht.

„Israel" und die Anfänge des Nomadentums

Für das früheste Stadium der Stämme Israels spricht man stattdessen von einem *Zieh- oder Berg-Nomadentum.* Es bedeutet, dass die früheste Bevölkerung des späteren Israel zum Teil schon sesshaft war – und zwar in kleinen Dörfern und in geringer Zahl (circa 40.000 Menschen). Es war für sie aber problemlos, die Sesshaftigkeit vorübergehend auch wieder aufzugeben (wie es etwa der Vater Isaak nach Gen 26 tat) und den Viehweiden zu folgen. Bei *Jakob* findet man neben diesem Typ von Nomadentum, das er laut Gen 31 bis 37 befolgte, auch ein so genanntes *Transmigrationsnomadentum,* also den Wechsel von einem lokalen Großraum zu einem anderen – das heißt bei Jakob von Nordwest-Mesopotamien (Haran) nach *Gilead* im Ostjordanland und von da nach *Machanaim, Pnuel, Sichem und Bethel.* Ein derartiges *Transmigrations-nomadentum* verbindet das Alte Testament auch mit dem Quellort *Beerscheba* am Südrand des eigentlichen Siedlungsgebiets. Es wird dem Patriarchen Abraham (Gen 12,9–20) und eben auch Jakob im Rahmen des großen Dramas um seinen Sohn Josef nachgesagt (Gen 46,1–5) – glaubhaft jeweils für einen vorübergehenden Aufenthalt in Ägypten und bedingt durch eine der nicht seltenen Hungersnöte Palästinas.

Dies führt uns zur Verbindung mit einer der ganz großen Hochkulturen der Region. Man nennt das damit beginnende Drama meistens die *Josefsgeschichte* (Gen 37 bis 50). Thomas Mann nannte es „Josef und seine Brüder". Eigentlich müsste man es aber *„Josef und sein Vater Israel/Jakob"* nennen, weil eben der Vater neben Josef die zweite Hauptfigur jenes Dramas ist. Die *Hochkultur Ägyptens* kommt so richtig erst in Gen 41 mit der Gestalt des namenlosen Pharao ins Bild, nicht nur wegen der außergewöhnlichen Träume von sieben Jahren Sättigung und sieben Jahren Hungersnot, welche in der so genannten Hungersnotstele auf der Kataraktinsel Sehel aus dem Anfang des 2. Jahrhunderts v.Chr. eine eigentümliche Analogie hat. Ganz anders als der Pharao aus der Zeit von Mose im Buch Exodus ist der Pharao Josefs gegenüber diesem Ausländer und seinen Verwandten äußerst zuvorkommend und geradezu heilvoll: Er zeichnet Josef als zweiten Mann im Staate nach sich selbst aus (Gen 41,41). Er versieht ihn mit großen Vollmachten, unter anderem auch mit der Grenzsicherung nach Osten sowie mit der Getreideverwaltung, durch die seine Brüder, ohne ihn zu erkennen, nach ihrem bösartigen Verkauf an durchziehende Nomaden wieder mit ihm zusammentreffen und sich sogar vor ihm verneigen müssen. So erfüllen sich Josefs anfängliche Träume, denen zufolge seine Brüder, ja sogar sein Vater sich einmal vor ihm niederwerfen würden (Gen 37,5ff). Was für Ägyptens Grabkultur typisch ist – der Pharao ermöglicht Josef später sogar eine ganz außergewöhnliche Grablege und Balsamierung seines Vaters. So großartig dieses Drama in seinen Einzelzügen und seinem Ergebnis auch niedergelegt ist – das Drama, das auf einen im alten Israel ungewöhnlichen Vergeltungsverzicht Josefs hinausläuft, weil Gott die Untat der Brüder am Ende zum Guten aller gewendet hatte –, so gewiss darf man sagen, dass das Meiste erst einer späten theologischen Denkarbeit um Ägypten und Israel zu verdanken ist. Es bleibt jedoch ein älterer, viel bescheidenerer Rest, der mit dem Karawanenweg von Beerscheba nach Ägypten verknüpft ist.

Die Beziehung „Israels" zu Assyrien und Babylonien

Die *Verbindung Altisraels zur polaren Hochkultur Assyriens und Babyloniens* dürfte wohl erst auf die Zeit der Könige zurückgehen. Sie war eine Zeit eher des Leidens als der Größe und des Glücks. Immerhin aber spiegelt die geradezu philosophisch anmutende biblische Erzählung des *Jahwisten* (meines Erachtens vom Anfang des 8. Jahrhunderts) von der so genannten Sintflut einen altbabylonisch tiefsinnigen Mythos wider – einen Mythos von der Bedeutung der Menschheit für den Bestand des Kosmos, für die Menschen ebenso gültig wie für die Götter, die in Mesopotamien, aber auch in Ägypten nicht als ewig lebend gedacht waren. Demnach hatte die Erschaffung von Menschen den Sinn, die Götter durch menschlichen Kult für den Erhalt des Kosmos zu stärken. Nach der Bibel hingegen nimmt Gott wahr, dass es Menschen wie Noah gibt, an denen er Gefallen finden kann und auch findet: sozusagen schon eine Vorausschau auf die Berufung Abrahams/Israels (Gen 12–17; 20–21).

Die Stämme Israels und der Staat Ägypten

Israel wird als Gruppe/Völkchen zum ersten Mal in einer Inschrift des ägyptischen Königs *Mer(i)-en-Ptah* (1213–1203 v. Chr.), des Nachfolgers Ramses II. (1279–1213), erwähnt, wahrscheinlich in einer Region des Gebirges Efraim. Als Bibelleser ist man zwar an zwölf Stämme Israels gewöhnt. Es gab jedoch mehr, da vor allem in den Stamm Juda auch kleinere Stämme aufgingen wie zum Beispiel die Kalibbiter ringsum Hebron. Dass die Stämme zu einem Volk wurden, führte man damals gerne auf Verwandtschaft zurück, repräsentiert durch den Vater Jakob/Israel. An der Volkwerdung ist aber auch das große Ägypten auf überraschende Weise beteiligt. Wir haben nämlich mit einer *autochthonen* Bevölkerung Altisraels zu rechnen, also mit Kanaanäern als Israeliten – trotz der späteren radikalen Ablehnung alles Kanaanäischen. Gegen Ende der Spätbronzezeit (ca. 1550–1300 v. Chr.) verarmte nämlich die kanaanäisch-städtische Kultur. Von den Verarmten aber zog ein kleiner Bevölkerungsteil –

zum ersten Mal in Palästinas Geschichte – auf das bis dahin unbesiedelte Gebirge. Diese Bevölkerung bildete den Grundstock des späteren Israel. Doch das Volksbewusstsein hat sich nicht autochthon entwickelt. Es orientierte sich stattdessen an den wenigen Gruppierungen, die von außen in das Land eingewandert sind. Diese hat es mit Sicherheit gegeben. Wir wissen das durch die Mosegruppe, die unter Josua in Palästinas Mitte einwanderte. Durch sie wurde schließlich der Auszug aus Ägypten zum großen Grunddatum des Selbstbewusstseins.

Das alles ist insofern denkwürdig, als am Ende des 13. und zu Beginn des 12. Jahrhunderts v. Chr. Ägyptens Großmacht noch in Palästina einflussreich war – in Beth Schean gab es sogar zur Zeit Salomos (ca. 970–930 v. Chr.) noch eine ägyptische Station. Ägypten nannte seinen Hauptverwaltungsort südlich von Gaza sogar Pa-Kanaan „das Kanaan". Seine Interessen galten allerdings den beiden großen Verkehrswegen längs der Küste, zum Teil bis nach Phönizien hinein, zum Teil durch die Jesreel-Ebene hinüber via Transjordanien bis nach Kleinasien/Babylonien.

Dass der Auszug aus Ägypten (Ex 1 bis 15) dann jene Bedeutung für Israels Volksbewusstsein bekam, liegt vor allem an seinem Gott *Jahwe*. Nach den ältesten Zeugnissen in Ri 5,2; Dt 33,2 (Hab 3,3) erinnerte sich Israel daran, dass Jahwe ursprünglich ja nicht in Palästina heimisch gewesen war, sondern aus Südsüdost stammte und von da einst den Israeliten zu Hilfe kam. Eine Inschrift Amenophis III. (14. Jahrhundert) aus Soleb/Sudan bezeugt *Jahu-Nomaden* neben *Se'ir-Nomaden*. Jahu ist dort wie Se'ir (Edom) ein Ortsname. Die israelitische Tradition bringt Jahwe zudem mit den *Midianitern* am Nord-Ost-Ende des Aqaba-Golfes in Verbindung: Mose und die Midianiter werden in Ex 3; 18 in eine historisch glaubwürdige Verbindung gebracht. Also kam auch Jahwe von außen, vom Süden her, und Mose, der Führer aus Ägypten unter Jahwes Initiative, war mit den Midianitern verwandt. Auch wenn zur Zeit eine große Debatte um die Historizität des Auszugs aus Ägypten in der Zeit Ramses II. (1279–1213 v. Chr.) im Schwange ist, bleibt es trotz solcher Bedenken wahrscheinlich, dass es diesen Auszug gab und dass er vom Gebiet der riesigen Ramsesstadt (Pi-Ramesse) im Ostdelta ausging (Ex 1,12; 12,37). Sie ist inzwischen weitgehend ausgegraben (tell ed-dab^{c}a). Wie diese Tradition zur Grundlage des Volksbewusstseins wurde, kann kaum im Einzelnen nachgezeichnet werden. Man wird aber nicht übersehen dürfen, dass das Entkommen der Moseleute aus dem Bereich der ägyptischen Herrschaft einen tiefen Eindruck auf Israel und seinen Glauben an Jahwe machen musste: unter nomineller ägyptischer Oberherrschaft.

Alte Dichtungen

Ein Schlaglicht auf frühe Verhältnisse israelitischer Stämme werfen zwei wahrscheinlich *alte Dichtungen: Ri 5 und Gen 49*. Beide sind zur Zeit wieder einmal sehr umstritten – aber wohl kaum zu Recht.

In Ri 5 besingt *Debora* Jahwe, der eine Sammlung von westjordanischen Stämmen und Gilead unter Baraks Führung gegen eine Koalition von kanaanäischen Stämmen der Jesreel-Ebene kämpfen und sie besiegen ließ (wobei abseits bleibende Stämme milde bis hart kritisiert werden).
Gen 49 berichtet, wohl im Blick auf Davids Vereinigung der zwölf Stämme, von einer relativ *schwachen Stämmegemeinschaft* (mit Ausnahme von Josef und Juda).

Dem Aufstieg Davids vorausgegangen war *die Gründung des Königtums* unter dem Benjaminiten Saul zur Abwehr einer Vorherrschaft der Philister, die einen Machtblock von fünf Städten in der Küstenebene bildeten. Saul erzielte wohl große Anfangserfolge, schaffte es aber nicht, das Königtum auch institutionell abzusichern, sondern bildete nur ein um sich gesammeltes Militärkommando. In dieses berief er auch den Judäer David, der erfolgreich Kämpfe bestand. Als Saul sich später gegen ihn stellte, sammelte David eine Raubtruppe, mit deren Beute er sich in Juda empfahl. Als er sich gegen Saul nicht halten konnte, ging er zu den Philistern über. Sie setzten ihn im Süden (Ziklag) ein, weit von Juda getrennt, um die Grenzen zu schützen. Nach Sauls spektakulärer Niederlage am Gebirge Gilboa/Nordrand Manasses machte David sich selbst zum König von Juda in Hebron. Zwei Jahre später erkannten dann auch Israels Stämme, dass – insbesondere nach dem Tode des Saul-Sohns Ischbaal – in der Tat nur David als König in Betracht kam. Diese Anerkennung krönte er nach fünf Jahren mit der *Eroberung Jerusalems*, das er als Davids Stadt, mitten zwischen Nord und Süd gelegen, zur königlichen Zentrale erkor.

König David und König Salomo

Das Bild von Davids und – mehr noch – von Salomos Herrschaft wandelt sich zur Zeit sehr stark im Vergleich zu dem schönen Bild, das noch Albrecht Alt und Martin Noth von seiner Entwicklung gezeichnet haben. Auf die Probleme, von denen man heute spricht, hat uns vorwiegend die Archäologie der neueren Zeit aufmerksam gemacht. Es gibt nämlich nur ausnahmsweise Spuren einer Bautätigkeit Davids. Immerhin scheint er das recht große, bis dahin Ägypten gehörende Geser im Hügelland für sich gewonnen zu haben (2Sam 5,22–25). Schon in Jerusalem selbst ist außer einem Wachtturm nichts Davidisches zu finden. Aber unzweifelhaft dürfte er die ostjordanischen Königtümer Ammon und Moab konfisziert haben. Auch das damals sehr dünn besiedelte Edom wird wohl zu seinem Einflussgebiet gehört haben. Neuere Untersuchungen sehen in ihm allerdings eher einen gefährlichen Militär mit starken Kräften als einen Herrscher über das Gebiet von Damaskus und weiter nach Nordosten in Richtung Euphrat. Es scheint, auf eine einfache Formel gebracht, wohl so zu sein, dass man sich damals besser nicht mit ihm anlegte. Und doch hat er offenbar eine staatliche Struktur entwickelt, wie es zwei „Minister"- Listen in 2Sam 8; 20 zeigen. Es sieht durchaus danach aus, als sei sein Heerführerkönigtum von beträchtlicher Stärke gewesen. Absaloms Aufstand gegen seinen Vater passt jedenfalls gut in dieses Bild. Doch geriet auch David nicht unverschuldet in diesen Konflikt. Am Schluss hat er aufgrund einer gekonnten Intrige seiner Frau Bathseba und des Propheten Nathan den in der Thronfolge weit zurückliegenden Salomo zu seinem Nachfolger bestimmt – was schließlich bei dessen Amtsantritt zu üblen Verwerfungen führte.

Da man viel von Bauvorhaben *Salomos* erfährt, ist es besonders enttäuschend, dass sich bisher keine einzige der namentlich genannten Städtebauten hat verifizieren lassen. Wahrscheinlich übte sein Bau des (relativ kleinen) Tempels zu Jerusalem als eines Königheiligtums eine beträchtliche Wirkung im Lande aus. Auch von Salomo sind Strukturmaßnahmen bekannt, vor allem die inzwischen heftig umstrittene Liste von zwölf Vögten im Bereich Nordisraels (1Kön 4,7ff). Obgleich es einen beachtlichen Widerspruch gibt, bleibt es wohl doch dabei, dass das Dokument eine territoriale Verwaltungsmaßnahme zur Versorgung des Königtums wiedergibt. Auch bei Salomo ist eine „Minister"- Liste belegt (1Kön 4,2–6). Archäologisch betrachtet, begann allerdings der Aufstieg zu einem gut organisierten Staatswesen wohl erst und ausgerechnet unter den *Omriden* (ca. 880–845 v. Chr.) in dem von Juda getrennten Israel. Nach deren grausamer Vernichtung kam es ein Dreivierteljahrhundert später dann zur Konsolidierung für gut fünfzig Jahre (ab 787 v. Chr.). Danach erst scheint sich Juda unter *Hiskia* (725–701 v. Chr.) entfaltet zu haben.

Integration und Identität, Konflikte und Migrationen

Die relativ schwachen Staaten *Juda* (ab Rehabeam, Ende 10. Jahrhundert) und Israel von Jerobeam bis Simri (bis ca. 880 v. Chr.) und von Jehu bis Joahas (845–797 v. Chr.) konnten sich in der internationalen Szenerie nur halten, weil die südliche Großmacht Ägypten sich nach dem Tod des Eroberers Schoschenk (924) ebenso schwächelte wie schon länger Assyrien-Babylonien. Unter dem Aramäer Hasael von Damaskus war Israel ein Vasall (ab 845). Dass aber auch eine Position der Stärke möglich gewesen war, hatte einst schon der Omride *Ahab* 853 v. Chr. bewiesen, als er – einer assyrischen Quelle zufolge – 2000 Kriegswagen gegen Assur aufzubringen vermochte. Solche Stärke erreichte Israel erst wieder unter *Jerobeam II.* (787–747 v. Chr.), Juda aber wohl nie.

Mitten dazwischen liegt *ein erster großer Konflikt um die eigene Identität des Jahwe-Volkes*, nämlich der Konflikt um seine religiöse Identität. Zum Verständnis dieses Konfliktes ist es jedoch nötig, sich bewusst zu machen, dass *Jahwe als der zentrale Gott Israels und Judas* (vor allem im Nordreich, später auch in Juda) in religiöser Hinsicht als integrativ empfunden wurde. Inzwischen ist durch zwei Inschriften gesichert, dass Jahwe mindestens bis zur *deuteronomischen Reform* im 7. Jahrhundert die Göttin *Aschera* zur Seite hatte. Es ist und bleibt strittig, ob sie als voll anerkannte Gottheit neben Jahwe aufgefasst wurde – oder eher als eine Art Hypostase seiner zugewandten Seite für Menschen in Not. Zwar bleibt das Letztere wahrscheinlich; aber im alltäglichen Umgang mag diese begriffliche Unterscheidung keine große Rolle gespielt haben. Archäologische Zeugnisse belegen des Weiteren, dass man in den Haushalten der Menschen mit allerhand gottheitlichen Symbolen rechnen muss. Ein heftiger Konflikt um die Religion aber erwuchs unter Ahab von Israel, einem außergewöhnlich tüchtigen König. Nach 1Kön 16,31–33 baute er dem syrisch-phönizischen Wettergott *„Baal"* = *„Herr"* einen Tempel in der von seinem Vater gegründeten Hauptstadt Samaria, um wohl seiner politisch äußerst gewichtigen phönizischen Gemahlin Isebel und deren Gefolge samt Diplomaten und anderen einen eigenen Kult zu ermöglichen. Der Hauptanstoß dabei war, dass er als Staatsoberhaupt gelegentlich auch selbst an diesem Kult teilnahm. Berühmt sind in diesem Zusammenhang die Erzählungen vom Gottesmann *Elia*, der in Ahabs Amtszeit eine lang währende Dürre ankündigte, aber nach 1Kön 18 den König bei dem einsetzenden Regen begleiten konnte. Schlimmer erging es – historisch gesehen – Ahabs Sohn und Nachfolger Ahasja, der nach einem Fenstersturz den Philistergott Baal Zebul und nicht Jahwe um Hilfe anging. Elia hatte ihm den Tod anzukündigen (2Kön 1), weil in *Israel* Jahwe „der Gott" ist. Einen letzten Akt vollzog dann *Elischa* als Schüler Elias, indem er den Feldherrn Jehu zum König gegen den Omriden Joram designierte und dieser in einer beispiellos grausamen und auch politisch unklugen Weise nicht nur Baals-Verehrer, sondern auch politische Anhänger der Omriden beseitigte. Es muss damals ganz erhebliche gesellschaftliche Konflikte gegeben haben, die dies alles ermöglichten.

Der zweite große Konflikt, der – biblisch gesehen – sicher wichtigste, entstand durch eine ganz ungewöhnlich große Prophetie. Dieser Konflikt hatte zwei Spitzen:

1. Nach *Amos, Jesaja und Micha* hatten Israel und Juda aufgrund der Duldung schlimmster rechtswidriger Zustände und des vorherrschenden Opferkultes ihre Legitimität vor Jahwe verloren. So wurde Jahwe zum Feind, weil er letztlich hinter dem Handeln Assurs/Babylons stand und sie im Grunde jenen großen Mächten auslieferte.

2. Bei *Hosea, Jeremia und Ezechiel* (vor Jerusalems Eroberung) stand im Mittelpunkt ihrer Verkündigung der Vorwurf, dass Israel und Juda Jahwe verlassen und andere Gottheiten angebetet hatten.

Freilich ist diese große Prophetie zu ihrer Zeit je und je nur von wenigen verstanden worden. Ohne sie wären aber die beiden verheerenden nationalen Katastrophen von 722 v. Chr. (Israel) und von 587/586 v.Chr. (Juda) wohl kaum von denen verkraftet worden, die vom Volk noch übrig waren. Erhalten blieb sie durch eine nachträgliche Redaktionsarbeit, vorbildlich auch durch den Maßstab, den sie sowohl an Israel wie an Juda anlegte – kein anderes Volk der Erde kann man von diesem Maßstab ausnehmen.

Der dritte große Konflikt ergab sich aus der *Auffindung des Ur-Deuteronomiums* (in Dt 6,4–26) zur Zeit des jungen Königs *Joschia* im Jahre 623/622 mit dem beherrschenden Motto „Nur ein einziges, nicht viele Heiligtümer für den einzigartigen Gott Jahwe“. Wie so Vieles ist auch heute heftig umstritten, wie weit überhaupt *Joschias Reform* gegangen ist. Unstrittig ist, dass der König Symbole assyrischer und wohl auch einheimischer Religiosität neben Jahwe entfernen ließ. Ferner ist inzwischen nachgewiesen, dass die judäische Namensgebung danach ganz drastisch rein jahwistisch wurde, was auch die Siegelkunst von damals wiedergab. Strittig ist zudem, ob der König überhaupt das Urdeuteronomium gemäß 2Kön 23 in einem Vertrag mit dem Volk Judas als Staatsgesetz einführte und dessen Reformen radikal umzusetzen versuchte. Wahrscheinlich ist vielmehr, dass Joschia eine Teilumsetzung vorgenommen hat, unter anderem auch dahingehend, dass nur noch die in Jerusalem amtierenden Priester für den Kult zugelassen wurden. Des Königs Tod im Kampf gegen die Großmacht Ägypten im Jahre 609 v. Chr. machten schließlich seinen Reformplänen ein Ende. Jeremia und Ezechiel oblag es jedenfalls in der letzten Phase des Königtums, die Verehrung fremder Götter anzuklagen. Sicher ist wohl „das Dass" dieser Reform, da von ihr eine der wichtigsten theologischen Klärungen für die Zukunft des Gottesvolkes mit Jahwe nach der nationalen, religiösen und institutionellen Katastrophe des Exils und des Nachexils ausging: das so genannte *Deuteronomistische Geschichtswerk* (von Dt bis 2Kön).

Zwei Migrationen dürfen zudem nicht übergangen werden, die beide dem Untergang des Staates Israel 722 v. Chr. folgten. *Die eine Migration* ist im Chronistischen Geschichtswerk erwähnt und archäologisch nachweisbar. Sie betraf eine Zuwanderung von Flüchtenden aus dem ehemaligen Nordreich nach Juda-Jerusalem. Manche Nordreichstraditionen, zumal die von der Herausführung aus Ägypten als Grunddatum der Erwählung von Israel als Gottesvolk, aber auch prophetische Traditionen wie die von Elia-Elischa fanden damals entweder Eingang oder Nachdruck im expandierenden Juda. *Die andere Migration* ist nicht in der Bibel notiert. Sie ergibt sich aber aus Papyrusfunden einer israelitischen Militärkolonie auf Elephantine im äußersten Süden Ägyptens, die noch Züge einer Gott-vermischenden Religionspraxis erkennen lassen (um 400 v.Chr.), die im Deuteronomium allerdings nicht enthalten ist.

Grundlegung einer neuen Identität für das Gottesvolk Israel

Mitten im Exil, wohl um 550 v. Chr., erstand ein erstes Werk zur Grundlegung einer neuen Identität. Man nennt es das *Deuteronomistische Geschichtswerk*, weil es einerseits das Deuteronomium mit einer kleinen historischen Einführung (Dtn 1–3) dem Ganzen von Dtn bis 2Kön (ohne Ruth) voranstellt und weil eine gut nachweisbare Redaktion das Ganze zusammenhält. Es sind später noch mehrere Redaktionen hinzugekommen, auf die wir aber hier nicht näher eingehen müssen. Dieses bedeutende Werk umfasst zwei Bücher, die von der Übereinstimmung zwischen dem Volk und seinem Gott erzählen (Dtn, Jos), und fünf, die in einem einzigen großen Wurf darlegen, dass das Volk Israel, aufgeteilt in die

Staaten Israel und Juda, den Untergang des Nordstaates wie später des Südstaates selbst zu verantworten hatte. Es ist eine *Theodizee* für den Gott Jahwe, der nicht einfach der Gott einer Nation hat sein wollen, sondern – als Gott der ganzen Welt – sich sein Volk erwählte und ihm eine hohe Moral zutraute. Denn mit der Einzigartigkeit seines Gottes war zugleich auch eine Isolation im Umkreis seiner Nachbarn verbunden. Die Grundlegung erfolgt also dadurch, dass Gott die einzigartige Erwählung Israels selbst nach der Katastrophe nicht aufgibt, sondern sie in Liebe hegt und pflegt (Dtn 7,7ff), andererseits aber seinem Volk Israel unverändert die Maßstäbe des *deuteronomischen* Rechts ans Herz legt (mit dem ersten Gebot als dem wichtigsten). Nur in diesem Rahmen – so die grundlegende Botschaft – gibt es eine Zukunft.

In der Diktion und der Sache nach ganz anders, entstand wohl kurz nach dem Exil, aber vor Vollendung des zweiten Tempels im Jahre 515 v. Chr die sog. Priesterschrift, ein Pentateuchentwurf, der beim Thema der Weltschöpfung in sieben Tagen einsetzt (Gen 1,1–2,4a). Er berichtet auch von einer gewaltigen Flut, die wegen der Verderbtheit allen „Fleisches" (Mensch und Tier) geschickt worden ist und alle Menschen bis auf Noah und seine Leute ins Verderben gestürzt hat – mit der Zusage freilich, dass der Weltengott nie wieder die Wasser der Urflut über die Erde würde kommen lassen (Gen 6,9–9,16). Darüber hinaus hatte er Abraham und seiner Frau Sara einen ewigen, nie kündbaren Bund als El Schaddaj (Gott der Retter?) zusagt. Aus Abraham sollte später ein Gewoge von Völkern hervorgehen, und er werde, so die Verheißung, auf lange Sicht ein Land zum Besitz erhalten (Gen 17). Entscheidend ist daran, dass der Weltengott Mose seinen Namen *Jahwe* anvertraut und dass er ihn beauftragt, sein Volk, die Gemeindeversammlung, aus der Knechtschaft Ägyptens herauszuführen und sie an den Sinai zu bringen. Für die Priesterschrift ist der Sinai freilich nicht mehr Ort eines Gottesbundes, da Gott seinen Bund bereits mit Abraham geschlossen hat, sondern Ort einer umfassenden Neuordnung des Kultwesens einschließlich einer neuen Priesterschaft, nämlich Aarons und seiner Nachkommen (Ex *25–31.*35–40). Nach der Weihe der Gemeinde (Lev 9) befahl Jahwe sodann in der Sinaiwüste eine Musterung der Kampfbereiten

(Num *1) und die Errichtung ihres Lagers (Num *2) sowie die Neuordnung eines neuen Kultpersonals. Das waren die schon bekannten Leviten, jetzt freilich in der Funktion, den Priestern Zubringerdienste zu leisten. Aber auch sie waren – wie die Priester – von Jahwe Erwählte (Num *3–4). Nach dem Aufbruch aus der Wüste kam es – wie bekannt – zu der katastrophalen Versündigung der Gemeinde am Heiligen Land, das sie als Menschen fressend betrachtete, so dass sie (wie die Exilierten) eine Generation lang in der Wüste wandern mussten (Num *13–14). Nach einer Versündigung auch ihres Führers Mose und des Priesters Aaron, die darin gipfelte, Jahwe an den Wassern von Meriba nicht zu verherrlichen, werden diese von der Verantwortung, das Volk ins Heilige Land zu bringen, ausgeschlossen (20,*1–13). Als bald darauf Aaron stirbt, lässt Jahwe Josua zum Führer der Gemeinde an Moses Statt weihen, wenngleich mit weniger Majestät als Mose (27,12–*14a.16.19–23). Die Mitteilung vom Tode des Mose ist allerdings nur noch in Resten in Dtn 34 erhalten geblieben. Dieser Entwurf, der der Volksordnung zugrunde liegt, schafft dem nachexilischen, wahrscheinlich kümmerlich kleinen Völkchen im Heiligen Land sowie den beiden Diasporen in Babylonien/Persien und in Ägypten auf seine Weise Gewissheit – Vergewisserung im Blick auf den ewig geltenden Bund des Weltenschöpfers im Kult am einzigen Heiligtum.

Beide Entwürfe sind freilich nicht deckungsgleich: Der Entwurf der *Priesterschrift* ist ausschließlich von Gottes Verheißung an Abraham getragen. Aber beide zusammen ermöglichten eine Existenz im persischen Großreich – allerdings, was sehr wichtig ist, nun nicht mehr als staatlich organisiertes Volk, sondern als *Ethnos*, das getrost über die Welt verstreut sein konnte, sofern es je vor Ort auch ausreichende Lebensbedingungen fand. In der Verstreuung aber gab es stets eine Rückbindung an das Heiligtum in Jerusalem. Das *deuteronomische Recht* lieferte zudem eine Moral, die Vieles im Zusammenleben der Völker überholte, wo doch Anderes – wie etwa die Kriegsgesetzgebung – an Staatlichkeit gebunden wäre. Man stelle sich dazu die riesigen Perspektiven vor, die der namenlose Prophet *Deuterojesaja* einem politisch kenntnisreichen, aber verzweifelten Diasporavolk in Babylonien ausgemalt hat. Es sollte freilich noch

Jahrhunderte dauern, bis es Wirklichkeit werden konnte. Man denke zudem auch an die Sammlung der Prophetenbücher, aber auch der unentbehrlichen Psalmen, des Buches Hiob, des radikalen Zweifels Kohelets, der trotz allem nicht an dem einzigartigen Gott Israels verzweifelt ist, und vieles mehr. So kam die große Zeit in den Diasporen, erst von Babylonien/Persien und später – unter den Griechen – von Ägypten.

Nun war das Ethnos Israel nicht mehr nur das kleine Volk zwischen Dan und Beerscheba. Es war weltweit geworden, mit einer festen Verankerung im Heiligtum von Jerusalem, vom persischen Großkönig garantiert, weltweit lebend und handelnd, manchmal unter Verfolgungen leidend wie etwa nach dem Esther-Buch, häufig florierend und manchmal sogar glänzend wie Josef und sein Vater Israel nach der letzten Fassung von Gen 41 und Gen 50. Der große Forscher *Bernhard Duhm* soll gesagt haben, dass Altisrael zwar keine Gabe für eine reguläre Staatlichkeit gehabt habe. Aber es habe stattdessen die Gabe bekommen, weltweit zu werden. Wie es denn auch für die Christenheit den Grund gelegt hat – als Gabe und als Aufgabe.

VII. Spuren im kulturellen Gedächtnis

Jakob in der Literatur

Ein weithin unentdecktes Land in der Geschichte der Literatur

Katharina Städtler

Trotz seiner immensen Bedeutung für die drei monotheistischen Religionen Judentum, Christentum und Islam ist der Patriarch Jakob kaum in die Literaturgeschichte des Abendlandes eingegangen. Das mag erstaunen, bietet doch die Geschichte des biblischen Patriarchen (Gen, Kap. 25–50) viel Stoff, aus dem Literatur gemacht werden könnte. Aber sie ist auch selbst ein Stück Literatur, und insofern ist es legitim, dass ich versuche, hier Anmerkungen aus der Sicht einer Literaturwissenschaftlerin zu machen. Dabei lese ich den Text, wie man moderne Texte liest, synchron, ohne auf die sicher komplizierte Entstehungsgeschichte einzugehen, als ein fertiges Kunstprodukt.

Jakob – ein Name, viele Geschichten

„Jakob" gilt als Stammvater des Volkes Israel. Den Namen „Israel" erhielt er dem Alten Testament zufolge von Gott selbst. Er bedeutet „Gott möge (für uns) streiten/Gott streitet" oder auch „Gott möge herrschen/Gott herrscht". Jakob hatte also zwei Namen, einen von den Menschen und einen von Gott gegeben. Von „Jakob" zu sprechen oder zu schreiben bedeutet also immer, sich auf den Menschen zu beziehen, auf sein Einzelschicksal.

Es mag mehrere Gründe haben, warum der Patriarch Jakob, anders als zum Beispiel sein Sohn Josef, nicht zur literarischen Symbolfigur wurde.[44] Erstens ist sein Name selbst nicht weiter mit Bedeutung aufladbar: Jakob bedeutet „Er hielt die Ferse fest" (Gen 25,26), und dieser ungewöhnliche Name ist zu sehr an das Bild der Geburt der Zwillingsbrüder

Esau und Jakob gebunden als dass er auf eine andere Situation ohne Weiteres übertragbar wäre.[45] Zweitens verbindet sich mit der Person Jakobs auch keine eindeutige, über den Text hinausweisende Geschichte, für die er selbst zum Symbol hätte werden können. Während man mit anderen biblischen Figuren sofort ihre Geschichten und Deutungen assoziiert – Josefs Aufstieg in Ägypten wird beispielsweise gedeutet als Sieg der Unschuld und des Fleißes über die Zurücksetzung und Verleumdung –, will sich diese Assoziation bei Jakob nicht so recht einstellen, obwohl sie der biblische Text durchaus zuließe. Jakob könnte stehen für jahrelange beharrliche Bemühungen, eine Frau zu gewinnen (Rahel), für den Kampf mit einem Fremden, den man mit einer körperlichen Behinderung bezahlt, für die lebenslange Trauer um den tot geglaubten Sohn (Josef) und für viele andere Stoffe, die einzig ihn charakterisieren.

Aber genau da liegt das Problem: So wie Jakobs Geschichte im Alten Testament erzählt wird, weist sie sehr viele Personen, Themen und Handlungsstränge auf, die noch dazu teilweise in Widerspruch zueinander stehen, teilweise mehrfach erzählt werden. Solch eine Reihung von Episoden wirkt auf ein modernes Lesepublikum verwirrend, demotivierend, unglaubwürdig, denn spätestens seit der Aufklärung ist man in epischen Texten – trotz moderner Erzählstrategien – an einen konsequenten Spannungsaufbau gewöhnt, an die psychologische Entwicklung oder Desillusionierung des Protagonisten, an eine mehr oder weniger eindeutige „Moral von der Geschicht'".

Für einen biblischen Text galten darüber hinaus lange Zeit nur Theologen als befugte Exegeten.[46] Die historisch-kritische Theologie versuchte lange Zeit vor allen Dingen, dem oft sehr kurz gehaltenen Erzähltext durch die Heranziehung archäologischer und texthistorischer Forschungsergebnisse Anschaulichkeit zu verleihen und seine Fremdheit zu reduzieren. Fragen zur Textentstehung, zu den Autoren und Tradenten sowie zu den historischen Personen und zur Zeitgeschichte standen im Mittelpunkt ihres Interesses, mündeten jedoch oft in Hypothesen, welche das Textverständnis nur mäßig förderten. Inzwischen erfolgte allerdings ein Paradigmenwechsel, eine Hinwendung zum heutigen Lesepublikum des Bibeltextes, zu seinen Möglichkeiten und Bedürfnissen. Auch Literaturwissenschaftler und Literaturkritiker lesen und reden jetzt mit und können zeigen, worin die Ästhetik auch eines alten Textes besteht.

Wie nun liest sich dieser biblische Text aus literaturkritischer Perspektive? *Textum* ist das lateinische Wort für „*Gewebe, Geflecht*", und dies gilt es zunächst genau zu betrachten. Ich wähle hierfür verschiedene Perspektiven: den Text als *eine* Geschichte zweier Brüder, als eine Sammlung von Geschichten und als Ausgangspunkt für neue Geschichten. Diese Betrachtungsweisen schulde ich dem französischen Literaturtheoretiker *Roland Barthes*, aber sie ergeben sich auch aus der Analyse dessen, was mir vorliegt: des biblischen Textes und seiner Wiederaufnahme in einigen anderen Jakob-Romanen.

Esau und Jakob: Eine Brüdergeschichte

Im Zentrum der Jakobs-Geschichte steht die Doppelbiographie der Zwillingsbrüder Esau und Jakob. Ihre Lebenswege sind von Geburt an eng miteinander verbunden, was schon im Bild des Jakob, der sich während der Geburt an der Ferse seines Bruders festhält, überdeutlich zum Ausdruck kommt. Obwohl sie als Gegensätze dargestellt werden, verläuft ihr Leben in symmetrischen Bahnen: Esau ist der Raue, behaart, Jäger, der Lieblingssohn seines Vaters Isaak; Jakob ist glatt, sanft, bleibt lieber bei den Hütten (Zelten) der Familie und ist der Liebling der Mutter. Später tauschen sie die Rollen: Während Esau bei den Eltern in Kanaan bleibt und mehrere Frauen von dort heiratet, was seinen Eltern Kummer bereitet (denn es sind nicht Frauen aus ihrem Volk), zieht Jakob zu seinem Onkel Laban nach Mesopotamien und will dort seine Kusine Rahel heiraten. Weitere Frauen werden ihm im Laufe der Zeit vermählt oder untergeschoben, da Rahel zunächst kinderlos bleibt. Beide Brüder haben mit ihren Frauen viele Kinder und sind wirtschaftlich erfolgreich, was sich an den großen Viehherden ablesen lässt.

Innerhalb dieser symmetrischen Erzählung gibt es ein dynamisches Element, nämlich den Willen Gottes, die Brüder zu trennen und ihre natürliche Reihenfolge bei der Geburt durch eine neue Hierarchie zu ersetzen: „Zwei Völker sind in deinem Leib, zwei Stämme trennen sich schon in deinem Schoß. Ein Stamm ist dem andern überlegen, der Ältere muss dem Jüngeren dienen." (Gen, 25,23) Jakobs Versuche, sich an die Stelle des Erstgeborenen zu setzen, geschehen also in Erfüllung des göttlichen Willens. Die Handlungen mit diesem Ziel ziehen sich durch die ganze Geschichte, vom Verkauf eines Linsengerichts an Esau für den Preis des Erstgeburtsrechts (d.h. des alleinigen Erbanspruchs) über die Erschleichung des väterlichen Erstgeburtssegens mit Hilfe der Mutter bis hin zur Vertauschung der als Söhne angenommenen Enkel Manasse und Ephraim, als er Manasse den Erstgeburtssegen geben soll.

In dieser individuellen Umkehrung der biologisch-sozialen Hierarchie liegt natürlich eine Menge Zündstoff, die aber durch glückliche Umstände nicht zur Explosion kommt. Zunächst verkauft Esau sein Erstgeburtsrecht, weil es ihm nichts bedeutet; nach der zweiten Täuschung Jakobs, der Erschleichung des väterlichen Segens, droht er, den Bruder umzubringen, was Jakob durch seine Flucht vereitelt; und Josef, der die Vertauschung seiner Söhne verhindern will, muss – wenn auch nicht ohne Widerspruch – erkennen, dass sein fast blinder Vater durchaus planvoll handelt, als er den Jüngeren wieder als Erstgeborenen segnet.

Während Jakob sein ganzes Leben lang zielstrebig an der Umsetzung des göttlichen Willens mitwirkt, muss er doch in einem Punkt auf seine umstürzlerische Haltung verzichten. Bei der Rückkehr zu Esau bezeichnet und verhält er sich wieder als „Knecht", als Jüngerer, Untergebener, um seinen Zwillingsbruder, dessen Hass er immer noch fürchtet, milde zu stimmen. Er beschenkt ihn überreich mit Vieh. Schließlich trennen sich die Brüder ein letztes Mal, um sich mit ihren Großfamilien in verschiedenen Gegenden Palästinas niederzulassen.

Es ist offensichtlich, dass die Geschichte der Brüder Esau und Jakob eine literarische Konstruktion, ja eine Komposition mit völlig gleichmäßiger Struktur ist. Dieser Aufbau belegt, dass es sich bei dem Text um ein literarisches Kunstwerk handelt, eine bewusste Gestaltung, die einen eigenen Rhythmus hervorbringt.

Dass man beim Lesen diese gleichmäßige Struktur nicht ohne Weiteres erkennt, liegt an den vielen Nebenhandlungen, die in die Kerngeschichte eingeschoben sind und die jede für sich eine eigene Erzähllogik besitzen. Vier dieser Nebengeschichten sind Erzählungen, in denen Frauen eine zentrale Rolle spielen, und sie sind im Abstand von etwa vier Kapiteln in die Jakobs-Geschichte eingefügt. Dabei sind drei kürzere Episoden der Mutter Jakobs, seiner Tochter und der Frau seines Enkels gewidmet, also „entfernteren“ Verwandten, die längste Geschichte erzählt hingegen von seinen Frauen und Nebenfrauen.

In der ersten Episode (Gen 26) zieht Isaak wegen einer Teuerung zum Volk der Philister, wo er seine schöne Frau Rebekka, Jakobs Mutter, als seine Schwester ausgibt, da er um sein Leben fürchtet, falls die Philister seine Frau begehren. Der Philisterkönig entdeckt schließlich die Wahrheit und stellt beide unter seinen Schutz, nicht ohne Jakob zu ermahnen, dass sein Verhalten auch zur Vergewaltigung Rebekkas hätte führen können. Rebekka selbst kommt in dieser Geschichte allerdings nicht zu Wort.

Die zweite Frauengeschichte ist nicht nur die längste, sondern auch die bedeutendste für Jakobs eigenen Lebensweg (Gen 29–31). Sie erzählt zunächst, wie Jakob seine Frau Rahel fand und heiratete. Er lernte sie an einer Viehtränke kennen, arbeitete sieben Jahre ohne Lohn bei ihrem Vater Laban, seinem Onkel, um sie erhalten, wurde dann von Laban gezwungen, erst die ältere Schwester Lea zu heiraten und mit ihr die Brautwoche zu verbringen, bevor er dann endlich Rahel heiraten durfte und – in vollendeter Symmetrie – dafür nochmals sieben Jahre bei seinem Schwiegervater arbeiten musste. Es beginnt ein erbitterter Wettkampf zwischen den beiden Frauen darum, welche dem Jakob mehr Nachkommen gebären kann. Das Ende des 29. und das 30. Kapitel berichten von einer langen Reihe von Schwangerschaften und Geburten: Lea bekommt als Erste vier Söhne, dann Rahels Magd Bilha, die Jakob wegen Rahels Kinderlosigkeit als Ersatzfrau angeboten wird, zwei Söhne, dann Leas Magd Silpa, ebenfalls eine Ersatzfrau, zwei Söhne, dann wieder Lea zwei

Söhne und eine Tochter, Dina, und endlich gebiert Rahel ihren Sohn Josef. Die Sonderstellung der Kinder Dina und Josef wird schon allein dadurch deutlich, dass sie zwar die Zwölferreihe herstellen, aber dennoch die Symmetrie der Kinderreihe stören: Dina ist das einzige Mädchen (sie wird später aus der Brüderreihe gedrängt) und Josef ist zwar der Letzte in der Reihe der Brüder, aber der erste Sohn seiner Mutter. Nach dem subversiven Gesetz Gottes, das schon für Jakob gilt, wird er seine älteren Halbbrüder eines Tages beherrschen. Rahel wird auf der Reise nach Kanaan (Gen 35) noch einen weiteren Sohn gebären, Benjamin, und bei seiner Geburt sterben.

Dinas Geschichte ist die dritte Frauengeschichte (Gen 34). Sie muss sehr neugierig gewesen sein, aber auch sehr unvorsichtig, denn sie ging allein in einem fremden Land spazieren. Die Frage, die sich nach ihrer Vergewaltigung durch den Fürstensohn Hamor stellt, ist, ob die Familie Jakobs glauben kann, was Hamor und sein Vater Sichem behaupten, dass nämlich aus Gewalt Liebe werden kann, und ob sie dann den Ehrenmord am Volk Hamors unterlässt. Die Söhne Jakobs ziehen die Blutrache vor. Dina, von der kein einziges Wort tradiert wird, scheidet durch ihre Entehrung und durch die Geburt Benjamins kurze Zeit später aus der Brüderreihe aus, denn als Jakob vor seinem Tod die Brüder segnet (Gen 49), ist sie nicht dabei.

Die letzte Episode, in deren Mittelpunkt eine Frau steht, ist Tamars Geschichte (Gen 38), die in gewisser Weise Dinas Geschichte umkehrt, denn Tamar ergreift selbst die Initiative, um schwanger zu werden. Tamar soll nach dem Tod ihrer beiden ersten Ehemänner, beide Söhne Judas und Enkel Jakobs, als Witwe bei ihren Eltern wohnen, bis sie den dritten Sohn Schela heiraten kann. Sie will aber um jeden Preis Kinder bekommen. Als sie merkt, dass man ihr Schela vorenthält, greift sie zu einem Trick und richtet es so ein, dass sie von ihrem Schwiegervater Juda schwanger wird. Drei Monate später soll sie wegen Unzucht verbrannt werden, kann aber durch Pfänder, die sie von Juda erhalten hat, beweisen, dass er der Vater ihrer Kinder ist. Offenbar hat sie als Ehefrau ein Recht auf Kinder, welches Juda anerkennt, und so darf sie am Leben bleiben. Bei der Geburt ihrer Zwillinge wechseln Erst- und Zweitgeborener wieder die Plätze; der Ältere heißt Serach

(„Rotglanz“), weil er einen roten Faden um die Hand gewickelt bekommt, aber wird als Zweiter geboren. Damit schließt sich der Kreis zum ersten Zwillingspaar Esau und Jakob.

Gerade bei den Frauengeschichten bietet es sich an, nach der Aktualität dieser alten Texte zu fragen, da insbesondere die Lage der Frauen bei den Viehhirtenvölkern damals und in den Industriegesellschaften heute wohl kaum vergleichbar erscheint. Und dennoch: Manche Themen der biblischen Jakobs-Geschichte sind auch heute noch aktuell. So nannte beispielsweise der in Deutschland im Exil lebende afrikanische Dramatiker *Senouvo A. Zinsou* eines seiner Stücke über Bürgerkriege in Afrika *Dina und Sichem*, weil seiner Meinung nach die biblische Geschichte eine große Ähnlichkeit aufweist mit den jüngst beendeten Kriegen in Ruanda und Kongo. Die Tamar-Episode wiederum enthält Motive, die uns aus europäischen Märchen bekannt sind, etwa die verkleidete Frau (oder Geliebte) und die Liebespfänder, die der Wahrheitsfindung dienen. Sie zeigt aber auch, dass nicht alle Frauen damals Opfer waren, sondern dass einige sich mit ihren eigenen Mitteln zu wehren wussten.

Die Jakobs-Geschichte bleibt an manchen Stellen aber auch durch ihre Fremdheit verrätselt und sperrt sich unserem Verständnis. Aufmerksame Leserinnen und Leser werden die radikale Infragestellung des Erstgeborenenprinzips – dreimal werden erstgeborene Söhne zugunsten der Zweitgeborenen zurückgesetzt (Esau/Jakob, die Söhne Tamars, Manasse/Ephraim) –, die Betonung einer zahlreichen Nachkommenschaft, die Vielehe und die nachrangige Stellung der Frauen sowie merkwürdige Praktiken bei der Viehzucht bemerkt haben, aber die Interpretation dieser Phänomene müssen die Literaturwissenschaftler tunlichst der historischen Anthropologie und Ethnologie überlassen oder – wenn man diese Beispiele als religiöse Parabeln auffassen will – der Theologie.

Jakob und Laban: Eine Männergeschichte

Während die Frauengeschichten gleichmäßig über die ganze Lebenserzählung Jakobs verteilt sind, bildet die mit Rahel und Lea verknüpfte Laban-Geschichte einen Schwerpunkt in der Mitte von Jakobs Leben (Gen 29–31). Der Aufenthalt bei Laban gerät zunehmend von einem Asyl zu einem Exil. Aus den ursprünglich geplanten sieben werden insgesamt 20 Dienstjahre bei seinem Schwiegervater, der ihm zwar mehrmals anbietet, ihn zu entlohnen, ihn aber im entscheidenden Moment betrügt, indem er ihm Lea statt Rahel zur Frau gibt (übrigens auch ein Märchenmotiv). Als Jakob Mesopotamien verlassen will, um endlich für sich selbst arbeiten zu können, ändert Laban mehrmals die Konditionen der Entlohnung (Gen 31,7 und 31,41) und nur Gottes Eingreifen hat es Jakob zu verdanken, dass er überhaupt entlohnt wird (Gen 31,9–13 und 31,38–42) und dass sich nach der Aufteilung des Herdenbesitzes seine eigene Tierschar vergrößert. Die eigenen Töchter werfen Laban sogar vor, sie verkauft und enterbt zu haben (Gen 31,15). Das Verhältnis zwischen Jakob und dem Aramäer kühlt im Laufe der Jahre derart ab, dass Jakob schließlich mit den Seinen die Flucht ergreift, weil er nicht mehr mit einer einvernehmlichen Trennung rechnet. Gott bewirkt aber, dass Laban Jakob nichts antut und dass es doch noch zu einem vertraglich vereinbarten Frieden zwischen den beiden Familienoberhäuptern kommt.

Es mag sein, dass der Laban-Episode ursprünglich eine Hirtengeschichte zugrunde liegt, weil so viele Details zur Schaf- und Ziegenzucht darin aufgeführt werden. Allerdings kann man das dem Sprachstil nicht unbedingt ansehen. Hingegen betrachte ich Jakob nicht als einen betrogenen Betrüger. Er hintergeht Laban nicht, sondern muss sich eine Taktik ausdenken, um überhaupt zu seinem Lohn in Gestalt von Tierherden zu kommen. Seine Arbeitsbedingungen waren sehr hart: Gerissenes Vieh musste er selbst ersetzen, bei Hitze und Frost musste er draußen sein, sechs Jahre lang Tag und Nacht über die Herden wachen, schlafen konnte er nicht (Gen 31,38–41). Laban erscheint hier ein weiteres Mal als Ausbeuter und Betrüger.

Die Geschichte mit Gott

Jakob versucht sein Leben lang herauszufinden, ob er dem Gott seiner Väter Abraham und Isaak vertrauen kann. Ein häufiges Medium, durch das Gott mit Jakob in Verbindung tritt, ist der Traum, also etwas, was Jakob – im Gegensatz etwa zum Gebet – nicht selbst initiieren kann. Auf der Flucht nach Mesopotamien träumt er zum ersten Mal. Am oberen Ende der berühmt gewordenen Himmelsleiter erblickt Jakob Gott, der ihn segnet und ihm Wohltaten verspricht (Gen 28,12–15). Jakob seinerseits gelobt, an dem Ort des Traums ein Gotteshaus zu errichten und Gott den Zehnten zu opfern. Den Befehl zur Rückkehr nach Kanaan erhält er später ebenfalls in einem Traum (Gen 31,13 und 35,1).

Jakob begegnet Gott und den Engeln aber auch direkt, körperlich sozusagen. Die bekannteste Szene ist zweifelsohne der Kampf mit dem Fremden (Gen 32,25–31). Aber was für ein Gott soll das sein, der mit einem Menschen ringt, ihm das Hüftgelenk ausrenkt, den Namen dieses Menschen nicht weiß, ihn aber dann umbenennt in Israel und sich selbst nicht zu erkennen gibt? Dieser Gott prägt sich Jakob ein, sowohl körperlich durch die Verletzung als auch symbolisch durch die Namensgebung, die auch Aneignung und Bestimmung bedeutet. Die Begründung des Namens Israel bleibt an dieser Stelle allerdings rätselhaft, denn Jakob hat weder Gott noch einen Menschen besiegt und es ist nicht einmal geklärt, ob der „Fremde“ wirklich Gott ist. Dies leitet Jakob vielleicht aus der Tatsache ab, dass der Fremde ihn schließlich segnet, so wie Jakob es von ihm verlangt hat. Jedenfalls ist Jakob überzeugt, dass er Gott gesehen hat und er wundert sich, dass er trotzdem noch lebt (Gen 32,31). Die zweite Variante dieser Episode (Gen 35,9–13) erwähnt den Kampf mit dem Fremden nicht. Gott „erscheint“ Jakob und segnet ihn, gibt ihm ebenfalls den Namen Israel und verspricht ihm und seinen Nachkommen das Land seiner Väter. Insofern ähnelt diese Szene dem ersten Traum auf der Flucht, und vermutlich ist auch sie als Traum zu verstehen.

Die Geschichten nach der Geschichte

Schriftsteller sind belesene Menschen, die das, was vor und zeitgleich mit ihnen geschrieben wurde, genau kennen wollen. Viele lasen die Bibel, auch wenn sie nicht religiös waren, und schöpften daraus Anregungen, ein berühmtes Beispiel ist

Bertold Brecht. Allerdings hat die Geschichte Jakobs weit weniger Anklang gefunden als etwa die Josefsgeschichte.[47] Ich selbst stieß bei meinen Recherchen nur auf *etwa zwölf literarische Werke*, welche den *Namen Jakob* im Titel führen oder als eine Hauptperson enthalten. Davon sind zwei Gedichtbände, zwei Dramen,[48] die übrigen Prosa. Es ist nicht immer einfach herauszufinden, worin die Ähnlichkeit dieser Texte mit der alttestamentarischen Jakobs-Geschichte besteht oder was den Autor bewogen hat, seinen Helden Jakob zu nennen. Bei anderen liegt die Analogie auf der Hand oder kann zumindest hergestellt werden.[49] Von diesen möchte ich *drei sehr unterschiedliche Beispiele* kurz skizzieren.

- Robert WALSERS Tagebuchroman Jakob VON GUNTEN erschien 1908. Darin schildert der Ich-Erzähler Jakob von Gunten in einer Mischung aus Phantasien, Träumen und sachlicher Erzählung seine Ausbildung in der Berliner Dienerschule Institut Benjamenta. Aber anstatt zu Demut und zum Dienen werden Jakob und seine sieben Miteleven nur zum Auswendiglernen und zum Putzen angehalten. Nach einiger Zeit entwickeln sich zwischen dem Schulleiter Benjamenta und Jakob, aber auch zwischen dem Musterschüler Kraus und Jakob eigenartig zwiespältige Beziehungen. Schließlich hat der Tod von Benjamentas Schwester Lisa tief greifende Auswirkungen auf das Leben im Institut, es verliert seinen Sinn. Der Direktor verschafft allen Zöglingen außer Jakob eine Stelle und verlässt zum Schluss gemeinsam mit ihm das Institut Richtung Wüste. Durch inhaltliche Ähnlichkeit – das Leben in der Schule ist von strengen, aber nicht immer einleuchtenden Regeln („Gesetzen“) und Symbolen bestimmt – , aber auch durch den zwischen Sachlichkeit und beängstigender Phantasie oszillierenden Stil wurde Walsers Roman oft in die Nähe von Franz Kafka gerückt. Aber man hat ihn auch als religiöse Dichtung mit evidentem Bezug auf die biblische Jakobsgeschichte gedeutet, weil Jakob von Gunten in der Dienerschule ein Dasein als Knecht führt wie Jakob bei Laban und weil beide durch Flucht in die Fremde, Dienst, Läuterung, Kampf und Segen den Bund mit Gott zu erneuern suchen, wenn auch bei Walser in verhüllter Form. Jakob von Gunten erhält den Segen, den der Patriarch dem „Fremden“

nach dem Kampf abringt, von Lisa: „Ich stehe nicht vorher auf, bis Sie mir versprochen haben [dass es Gott gibt].“[50]

- Eine in mehrfacher Hinsicht alttestamentarische Figur ist *Jakob Haferglanz*, der Titelheld des gleichnamigen Romans von *Martin Gregor-Dellin* aus dem Jahr 1963. Die Handlung ist kurz erzählt: Der halb jüdische, halb christliche Schüler Jakob kompensiert die Anfeindungen, die er in einer bayerischen Kleinstadt während der nationalsozialistischen Herrschaft erfährt, durch das Komponieren von Musik. Als das Notenbuch des Schuldirektors entwendet und unter Jakobs Bank gefunden wird, verhöhnt der Schulleiter Jakob als „Judensau“ und verweist ihn vom Gymnasium. Jakob, der unschuldig ist, komponiert sein letztes Werk zu Ende und stürzt sich dann in einen Fluss. Dem Roman vorangestellt ist als Motto und gleichsam als Inhaltsangabe der Vers 1Sam 19,9, welcher beschreibt, wie David in höchster Lebensgefahr Harfe spielt, während Saul ihm mit dem Spieß in der Hand bereits nach dem Leben trachtet. Die Musik als Retterin und Trösterin findet sich in der Patriarchengeschichte nicht, wohl aber das Motiv des unschuldig Beschuldigten. Im Alten Testament nimmt diese Rolle aber nicht Jakob, sondern Benjamin ein, dem Josef seinen silbernen Becher ins Gepäck schmuggeln lässt. In der Jakobs-Geschichte hingegen ist es Rahel, welche ihrem Vater Laban eine Götzenfigur entwendet und diese bei der Durchsuchung von Jakobs Zelten mit einem Trick vor den Augen ihres Vaters verbirgt. Lesenswert ist Gregor-Dellins Roman vor allem wegen des eindringlichen, fast expressionistisch wirkenden Erzählstils.

- 1965 erschien die deutsche Ausgabe von *Isaac Bashevis Singers* ursprünglich auf jiddisch geschriebenem Roman *Jakob der Knecht*. Singer setzte darin dem erst während der Hitler-Diktatur untergegangenen ostpolnischen Judentum ein literarisches Denkmal. Der Roman spielt im Polen des 17. Jahrhunderts, als russische Kosaken unter Bogdan Chmielnicki die Juden terrorisieren. Der jüdische Leibeigene Jakob, dessen erste Frau mit den Kindern von Kosaken umgebracht wurde, verliebt sich in Wanda, die Tochter seines christlichen Herrn. Als Jakob freigekauft wird, bekehrt er Wanda zu seinem Glauben, nennt sie Sara und nimmt sie zur Frau. Sie stirbt bei der Geburt des ersten Kindes, aber Jakob kann den Sohn retten und nennt ihn Benjamin. Die Parallelen zur Patriarchengeschichte werden im Text deutlich benannt:

Auch sein eigener Name war Jakob. Auch er hatte in der Fremde ein geliebtes Weib verloren, die Tochter eines Götzendieners. Auch Sara war auf dem Weg begraben worden und hatte ihm einen Sohn zurückgelassen. Wie der biblische Jakob überquerte er, lediglich einen Stecken in der Hand, den Strom, verfolgt von einem anderen Esau. Alles blieb sich gleich: die Liebe, der Kummer, die schon von alters her auf der Welt waren (Ausgabe von 1965, 280–281).

Aber der Roman fasziniert weniger durch diese Parallelen zum Tanak, sondern durch die lebendige und dichte Erzählweise des Autors, der seinem Helden zur Bewältigung seines tragischen Schicksals Humor und unbedingtes Vertrauen auf Gott verliehen hat.

Die zitierten Romanbeispiele belegen, was eingangs angedeutet wurde. Bereits die biblische Jakobs-Geschichte ist zu vielfältig, als dass man sie als nur *eine* Handlung begreifen und erzählen könnte. Dies mag mit ihrer Entstehungsgeschichte zu erklären sein, es entspricht aber auch der Erfahrung, dass es sehr reiche, komplexe Lebensläufe gibt, die sich nicht als *eine* Geschichte von der Geburt bis zum Tode darstellen lassen. Dies gilt insbesondere dann, wenn Gott in dieses Leben eingreift. Der Jakob des biblischen Textes wurde im Laufe seines Lebens zum Protagonisten mehrerer Geschichten, und auch die literarischen Nachfolger sind mehr-perspektivische Gestalten. Insofern könnte Jakob doch noch zu einer Symbolfigur werden – für den (post)modernen, facettenreichen Menschen, über den nicht seine Geschichte, sondern nur viele Geschichten erzählt werden können.

Literatur

JOHNSON, UWE, Mutmaßungen über Jakob 1959.
BECKER, JUREK, Jakob, der Lügner 1969.

Jakob in der Musik

Ein Ringender und die Macht des Gebetes

ANDREAS JACOB

Zu Arnold Schönbergs Jakobsleiter
als Zeugnis seiner Spiritualität

Die *Jakobsleiter* von Arnold Schönberg ist, obwohl Fragment geblieben, eine der wichtigsten Kompositionen, ja geradezu ein Schlüssel im Werk des Komponisten. Dies liegt einerseits in bestimmten Aspekten der Kompositionstechnik dieses Oratoriums begründet, die ihm eine Brückenfunktion zwischen der von Schönberg um 1909 erreichten „freien Atonalität" und der ab 1923 vorgestellten Methode der „Komposition mit zwölf nur aufeinander bezogenen Tönen"[51] verleihen. Andererseits lässt sich anhand der *Jakobsleiter* die geistige Haltung Schönbergs und seine besondere Spiritualität auf paradigmatische Weise studieren. Letztgenannter Aspekt stellt sich als umso aufschlussreicher dar, als der Beginn der Entstehung des Werks in eine Phase der Erschütterung der weltanschaulichen Grundlagen nicht nur des Komponisten fiel.

Der Musiker Arnold Schönberg setzte sich zu weiten Strecken seines Lebens auf relativ unterschiedliche, aber oftmals sehr intensive Art mit spirituell-religiösen Themen auseinander. Eventuell stand die Haltung zu derartigen Fragen in der Selbstwahrnehmung des Komponisten an Wichtigkeit nur wenig gegenüber seiner musikalisch-künstlerischen Selbstverortung hintan.[52] Nicht zuletzt aus der erhaltenen, sehr umfangreichen Privatbibliothek Schönbergs weiß man, dass ihn dabei absolut divergente Phänomene interessieren konnten, reichend von religiösen Texten verschiedener Provenienz über philosophische Schriften bis hin zu okkult-esoterischen Traktaten. Um nur einige wenige Beispiele hierfür anzuführen: Basistexte von Weltreligionen (die Bibel, die

Thora oder auch die Reden Buddhas) stehen hier neben bildungsbürgerlichen Klassikerausgaben von Philosophen (wie Platon oder Kant), wobei in der Philosophie jedoch ein deutlicher Schwerpunkt auf damals heftig diskutierten, teilweise auch deutlich dem Zeitgeist verhafteten Autoren liegt.[53] Texte mit mystischem Charakter standen Schönberg offenbar nahe – wofür Angelus Silesius einerseits, der „Geisterseher“ Emanuel Swedenborg andererseits Beispiele abgeben. Eine weitere Besonderheit in Schönbergs Bibliothek stellt eine Reihe von Autoren und Schriften dar, die aus einem als literarisch-philosophisch zu beschreibenden hybriden Genre stammen. Erwähnt seien hier nur die Philosophischen Erzählungen Honoré de Balzacs, Maurice Maeterlincks Philosopheme sowie das ebenfalls oft symbolistisch-metaphysisch getönte Werk August Strindbergs (in vollständiger Ausgabe mit mehr als 40 Bänden). Daneben findet sich hier, wie bereits angedeutet, aber auch Literatur von blankerdings esoterischer Provenienz, etwa Schriften zur Astrologie oder Anthroposophie. Vor diesem Hintergrund überrascht es nicht, dass Schönberg nie frei von Anwandlungen des schieren Aberglaubens war, wofür die Titelgebung seiner großen Oper *Moses und Aron* ein berühmtes Beispiel liefert: Das zweite „a“ von „Aaron“ fiel dem Umstand zum Opfer, dass der Titel in herkömmlicher Schreibweise dreizehn Buchstaben gehabt hätte!

Nicht allein als politisch denkender Kopf hatte Schönberg einige Änderungen seines Standpunkts zu registrieren – eklatant etwa während jener, relativ kurzen Episode in seinen zwanziger Lebensjahren, als er mit Ideen der Arbeiterbewegung und des Marxismus liebäugelte, bevor er erkannte, dass er letztlich doch ein *„bourgeois“* sei.[54] Ebenso konnten sich auch die jeweiligen Schwerpunkte seiner metaphysischen Interessenlagen deutlich verschieben. Doch blieb die Grundhaltung in spirituellen wie theologischen Dingen eine konstante, sich auf unterschiedliche Weise um eine Zugangsweise zum Transzendenten zu bemühen – Schönberg war in dieser Hinsicht zeitlebens „ein Ringender“.[55]

Mit seinem Übertritt zum protestantischen Christentum 1898 (im Österreich jener Epoche übrigens fast genau so sehr ein politisches wie ein religiöses Bekenntnis) war jener Prozess der spirituellen Bewusstseinsbildung also bei Weitem nicht abgeschlossen, vielmehr unterlag Schönberg zu Anfang des 20. Jahrhunderts noch vielen weiteren geistigen Einflüssen. Unter jenen war die Beschäftigung mit dem Werk von August Strindberg von eminenter Wichtigkeit. Etwa ab 1909 ist für Schönberg und seinen Kreis dokumentiert, wie das literarische Werk und die Figur Strindbergs zu einer geistigen Projektionsfläche ersten Ranges avancierten.[56] Dies mag schon mit gewissen als Analogien erkannten Gemeinsamkeiten des geistigen Wegs zusammenhängen, da Schönberg wie Strindberg aus liberal-religiösen Verhältnissen stammten, sich im Zuge einer spezifischen Aneignung des Aufklärungsgedankens zunächst einem eher materialistischen Weltbild zuwandten und dann – auf dem Umweg esoterischer Experimente – zu einer Neufundierung ihrer Spiritualität gelangten.

Insbesondere hat Strindbergs Fragment *Jakob ringt*, das der Erzählungssammlung *Legenden* (1898) beigefügt wurde, den Musiker Schönberg tief berührt. Strindberg berichtet hier von einer Begegnung mit dem Gemälde „Jakob ringt mit dem Engel" von Eugène Delacroix in der Kirche St. Sulpice in Paris. Dem halluzinierenden Dichter erscheint ein Unbekannter, auf in Gedanken vorgestellte Sünden erfolgt sofortige Bestrafung (durch „einen groben Basston wie aus einer Orgel oder aus dem Rüssel eines Elefanten, wenn er trompetet und böse ist."[57]).

Schönbergs Lektüre Swedenborgs und von Balzacs Roman *Seraphita* dürfte ebenfalls im Sinne einer Nachfolge des Vorbilds Strindberg (der von dieser Lektüre berichtete) zustande gekommen sein. Swedenborgs „Engelsgeister" (als Zwischenstufe zwischen Mensch und Engel) durchlaufen verschiedene Stadien der Läuterung, die im Sinne einer Reinkarnationslehre verstanden werden können. Der Verbindungspunkt zur biblischen Vision der Himmelsleiter in Jakobs Traum liegt somit im Auf- und Absteigen der Engel auf jener Leiter (welche „mit der Spitze an den Himmel" rührt; Gen 28,12), was im Sinne eines spirituellen Fortschritts gedeutet wird. Auf Swedenborgs Ideen beruht die Vorstellungswelt Balzacs, der dem Hermaphroditen Seraphitus/Seraphita – der irdischen Welt enthoben – gegen Ende eine „Himmelfahrt" zuteil werden lässt. Ein derartiges Geschehen stellte sich für Strindberg als eine Art Weltentheater dar; über Okkultismus, Theosophie und gar Buddhismus führt sein spirituelles Konzept hin zu einem mystisch aufgefassten Katholizismus.

Schönberg schienen derartige Ideen überaus attraktiv, und so kam wohl bereits früh (um 1910) der Plan auf, die Texte von Strindberg und/oder Balzac musikalisch umzusetzen. Angedacht war offenbar unter anderem, entweder beide Vorlagen miteinander zu verbinden, Strindberg selbst um einen Text zu bitten oder auch nur die *Seraphita* (als Bühnenwerk mit drei Abenden Spieldauer!) zu verwenden. Statt bei Strindberg anzufragen, wandte sich Schönberg schließlich in einem Brief vom 13.12.1912 an den von ihm sehr geschätzten Dichter Richard Dehmel, um wegen eines Texts anzufragen:

> *[...] ich will seit langem ein Oratorium schreiben, das als Inhalt haben sollte: wie sich der Mensch von heute, der durch den Materialismus, Sozialismus, Anarchie durchgegangen war, aber sich doch ein Restchen alten Glaubens bewahrt hat (in Form von Aberglauben), wie dieser moderne Mensch mit Gott streitet (siehe auch „Jakob ringt" von Strindberg) und schließlich dazu gelangt, Gott zu finden und religiös zu werden. Beten zu lernen!*[58]

Bereits an dieser Stelle scheint auf, welcher Wert dem Gebet (das auch in *Seraphita* an zentraler Stelle angesprochen wird) beigemessen wird.

Zeitgleich und offenbar unter dem Eindruck von Mahlers Achter Symphonie (1910 komponiert, aber erst 1912 von Schönberg das erste Mal gehört), gelangte Schönberg um 1912 zu dem Plan, eine Symphonie riesigen Ausmaßes unter Einsatz von großem Chor zu schreiben, was 1914/15 als Gesamtentwurf festgehalten wurde. Die Verästelungen und Veränderungen jener Pläne zur Chorsymphonie bzw. zum Oratorium nachzuzeichnen, führt hier zu weit,[59] festgehalten sei nur, dass der schließlich von Schönberg ab Januar 1915 (und 1917 abgeschlossene) selbst verfasste Libretto-Text zur *Jakobsleiter* zunächst noch als literarischer Vorentwurf zu einem Satz der geplanten Monumental-Symphonie dienen sollte. Der mittlerweile erfolgte Ausbruch des Ersten Weltkriegs und Schönbergs vorübergehende Einberufungen[60] dürften jedoch dazu beigetragen haben, dass die Arbeit nicht wie geplant voranging und Schönberg ab 1917 (bis 1922) daranging, die *Jakobsleiter* als nunmehr selbstständig stehendes Oratorium zu vertonen.[61]

Im Text werden verschiedene Formen spirituellen Bemühens vorgestellt. Geleitet und kommentiert wird dieses Geschehen vom Erzengel Gabriel, der als Mittler zwischen Mensch und Gott gleichsam die Funktion eines „Meisters" für die auf ihrem spirituellen Weg befindlichen Individuen einnimmt.[62] Gabriel verkündet zu Beginn, dass das Weiterschreiten – unabhängig von den in menschlicher Anschauungsart vorkommenden Richtungen – der Kern jenes angestrebten spirituellen Fortschritt ist: „Ob rechts oder links, vorwärts oder rückwärts, bergauf oder bergab – man hat weiterzugehen, ohne zu fragen, was vor oder hinter einem liegt."[63] Der Chor greift dieses Moment ewigen Progresses auf: „Kein Anfang und kein Ende!"[64] Die Formen jenes Strebens werden exemplifiziert an Rollen mit autobiographischen Zügen, die von den Massen der „Gleichgültigen" und „Sanftergebenen" abgehoben werden. So treten auf: ein (Schönheit suchender) „Berufener", „ein Aufrührerischer", „ein Ringender" – der unter anderem Schopenhauer zitiert[65] –, „ein Auserwählter", „ein Mönch" und schließlich „ein Sterbender".

Das zentrale Moment des Textes ist die Vision des zuletzt eingeführten „Sterbenden". Ihm erscheinen „gesunkene Seelen" (wie Rationalisten oder Zyniker), aber auch „schwankende" und „beschränkte Seelen" (zu den „Halbwissern" wird hier auch der Wissenschaftler gerechnet, dessen Tätigkeit den Blick aufs Ganze verstellt). „Ein Gott" erklärt dem „Sterbenden", dass jede Überheblichkeit gegenüber den auf ihrem Weg nicht weit vorangekommenen fehl am Platze sei: „Allen stehst du gleich nah!"[66] Auf den höheren Stufen der als spiritueller Weg gedeuteten Jakobsleiter wird – wie Gabriel statuiert – Nähe zur Sphäre des Transzendenten dadurch erkennbar, dass „in jeder Handlung Gott" gesucht wird; doch ist allen eine derartige Annäherung durchs Gebet möglich.[67] Balzacs *Seraphita* zitierend („Wer betet, ist mit Gott eins worden"), wird eine bereits angeklungene Maxime Schönbergs ausgesprochen: „Lernet beten! Klopfet an, so wird euch aufgetan!"[68] Entsprechend wird die zentrale Rolle des Gebets gegen Schluss des Texts von einem „Chor aus der Höhe" zusammengefasst: „Einen Augenblick himmlischen Glanzes gewährt Gottes Gnad' dem Gebet."[69] Das zentrale Anliegen jenes spirituellen Bemühens wird in einem Gebet formuliert, das Gabriel vor Gott bringt. Es geht darum, die Individualisierung aufzuheben und mit dem Ganzen eins zu werden: „Herr, lass uns eingehn, aufgehn im Ganzen! [...] Lass uns wieder ein ganzes werden, mit jenem Ganzen, dessen Teile wir jetzt sind!"[70]

Ein derartig erleuchtungsartiger Augenblick des Erkennens jener möglichen Transzendierung, im Oratorium durch die Vision des „Sterbenden" dem Hörer mitgeteilt, wird als Konsequenz eine geänderte Fortführung des Lebens nach sich ziehen. Das Überwinden jenes für menschliches Streben so charakteristischen Ringens um Erkenntnis ist allein durch das Gebet möglich. Doch scheint das Gebet für Schönberg an dieser Stelle noch die Funktion einnehmen zu können, Gott in gewisser Weise herbei zu zwingen.

Ein später Text Schönbergs – ein *Moderner Psalm* aus dem Jahr 1950 – weiß dagegen von der Ohmacht des Einzelnen und der Größe jener Distanz:[71] Gottes Wege können durch das Gebet nicht gelenkt werden, aber „trotzdem bete ich, denn ich will nicht des beseligenden Gefühls der Einigkeit, der Vereinigung mit dir, verlustig werden."[72] Das Gebet wird hier als „Gnade" geschildert, die eine „Verbindung" mit Gott erfahrbar werden lässt. Die *Jakobsleiter* beschäftigt sich dem gegenüber stärker mit dem Bemühen um die Überwindung der kategorialen Differenz zwischen Gott und Mensch – der „Ringende" kann (ganz im Sinne der biblischen Jakobsfigur) als Schlüsselperson für die menschliche, Sinn suchende Haltung stehen.

Interessant ist nun – und dies sei hier zum Schluss wenigstens angedeutet –, wie Schönberg jene Aufhebung von Grenzen und das Aufgehen im Ganzen mit musikalischen Mitteln zum Ausdruck bringen wollte. Denn in der *Jakobsleiter* wird ein Versuch unternommen, aus der Kategorie der Einheit heraus einen genuin „musikalischen Raum" zu kreieren, der sich der Zeit als Tiefendimension bedient.[73] Bereits am Anfang des Oratoriums wird diese Vorstellung sinnfällig zum Ausdruck gebracht (vgl. hierzu die beigefügten Notenbeispiele): Die Violoncelli stellen eine wellenförmige thematische Gruppe von sechs Tönen vor (*cis-D-F-e-gis-G*), die als Ostinato wiederholt wird. Über diese grundierende Schicht treten nun als getrennte Instrumentengruppe und mit lang ausgehaltenen Notenwerten Bläser hinzu, die die restlichen sechs Töne des chromatischen Totals einführen (*c-es-h'-b''-fis'''-a'''*). Nach Verstummen der Celli bringen nun Bratschen und ausgewählte Holzbläser weitere, schneller kreisende Ostinato-Figuren, welche die Töne des Cello-Ostinatos in anderer Reihenfolge anordnen. Um nur ein Beispiel anzugeben: Die Bratschen-Figur ordnet die Töne als *d-f-cis'-as*[74]*-g-e* an. Die Einheit wird hier als Einheit des thematischen Materials *qua* sechs identischer Tonhöhen vorgeführt. „Das Ganze", zu dem sich dieses thematische Material als Einzelteil erhält, ist mit dem chromatischen Total der zwölf Töne gegeben, das in einer komplementären Schicht als mögliche Ergänzung angelegt wurde. Die Gleichzeitigkeit jenes Totals ist zumindest latent immer vorhanden und mitgedacht – auch wenn es zum betreffenden Zeitpunkt nicht unbedingt erklingen muss. Die Gleichwertigkeit des „rechts oder links, vorwärts oder rückwärts, bergauf oder bergab" wird durch die Mehrwertigkeit der Abfolge des sechstönigen thematischen Materials kenntlich gemacht. Hierin besteht übrigens ein deutlicher Unterschied zur von Schönberg etwas später entwickelten zwölftönigen Reihentechnik, bei der die Reihenfolge der Töne eine sehr wichtige Rolle spielt und eben nicht als gleich- oder mehrwertig behandelt wird: In der *Jakobsleiter* muss kein Ereignis auf ein anderes „warten", potenziell könnte alles Ungleichzeitige jederzeit auch zugleich erklingen.

Schönberg beschrieb in später amerikanischer Zeit, wie ihm als Grundidee vorschwebte, alle Themen des Oratoriums aus der gleichen sechstönigen Gruppe zu konzipieren.[75] In einer gewiss etwas gewollten Selbststilisierung seiner Kompositionsweise als Akt des kreativen Unbewussten behauptet er schließlich, erst Jahre später wahrgenommen zu haben, dass die fehlenden sechs Töne des chromatischen Totals am Anfang von den anderen Instrumenten schrittweise hinzugefügt wurden.

Erkennbar wird, wie jene ideell begründeten Prinzipien der Einheit des Ganzen und der Gleichzeitigkeit wie Gleichwertigkeit alles Daseins hier einen stringenten musikalischen

Ausdruck finden, der die *Jakobsleiter* auch als „Weltanschauungsmusik“ interpretierbar werden lässt.[76] Als zeitgeschichtliches Dokument bedeutsam wird jene Vereinigung von spirituellen mit künstlerischen Motiven vor allem vor dem Hintergrund des im Ersten Weltkrieg erfahrbar gewordenen Zusammenbruchs tradierter Normensysteme. In diesem Sinne schreibt Schönberg auch in einem Brief an Wassily Kandinsky vom 20.7.1922, „vielleicht [...] das Ärgste“ sei „doch die Umstürzung all dessen“ gewesen, „woran man früher geglaubt hat. Das war wohl am schmerzhaftesten. Wenn man von seinen Arbeiten her gewöhnt war, durch einen eventuell gewaltigen Denkakt alle Schwierigkeiten hinwegzuräumen, denen gegenüber alles Denken, alle Erfindung, alle Energien, alle Idee ohnmächtig war, so bedeutet das für einen, der alles nur für Idee gehalten hat, den Zusammenbruch, sofern er nicht auf einen anderen höheren Glauben immer mehr sich gestützt hat. Was ich meine, würde Ihnen am besten meine Dichtung ‚Jakobsleiter‘ (ein Oratorium) sagen: ich meine – wenn auch ohne alle organisatorischen Fesseln – die Religion. Mir war sie in diesen Jahren meine einzige Stütze – es sei das hier zum ersten Mal gesagt.“[77]

So tritt nicht nur das Ringen hervor, das Schönberg stets im Zusammenhang mit geistlichen Themen zeigte, sondern wird auch die Hinwendung ans Gebet verständlich, die Schönberg von nun an begleiten sollte: Die *Jakobsleiter* ist gleichermaßen das persönliche Zeugnis einer lebenslangen spirituellen Grundhaltung wie einer krisenhaften Situation. Vor diesem Hintergrund wird verständlich, aus welchen Gründen es „der Ringende“ Jakob und seine Vision der Himmelsleiter waren, die als originäre Inspirationsquelle von Schönberg wie anderen Künstlern dienen konnten.

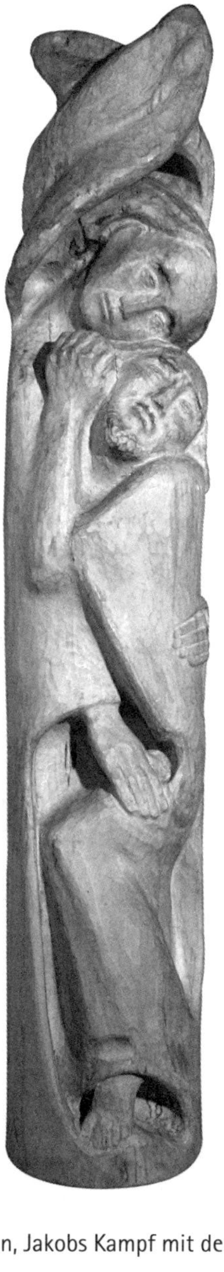

Abb. 8: Helmut Amman, Jakobs Kampf mit dem Engel: Begegnung

Jakob in der bildenden Kunst

am Beispiel von Helmut Ammann

Erich Kasberger/Marita Krauss

„Hier war Gott – und ich wusste es nicht.“
Der Jakobskampf in den Tagebüchern
und Arbeiten des Bildhauers
Helmut Ammann (1907–2001)

Es gibt in der bildenden Kunst eine ganze Reihe von Darstellungen des Jakobskampfes, so bei Gauguin, Delacroix, Rembrandt oder Chagall. Chagall gestaltete im Jahre 1970 einen fünfteiligen Fensterzyklus im Chor des Frauenmünsters in Zürich. Auch der Schweizer Bildhauer, Maler und Grafiker Helmut Ammann, der diese Glasfenster sehr schätzte, beschäftigte sich immer wieder mit dem biblischen Geschehen am Jabbok. So schnitzte er 1945 das Eichenbrett *„Jakob ringt mit dem Engel“* als christliche Antwort auf die Erfahrungen des Zweiten Weltkrieges. 1963 gestaltete er einen über zweieinhalb Meter hohen Lindenstamm zu diesem Thema. In seinen über siebzig Jahre mit bemerkenswerter Sprach- und Reflexionskraft geführten Tagebüchern nahm er mehrfach Bezug auf das Jakobsgeschehen, betraf es doch seine religiöse wie künstlerische Existenz: Die biblische Erzählung vom Jakobskampf gehörte wesentlich zu seiner Begegnung mit Gott und dem Menschen.

Ammann war ein tief gläubiger Mensch, der sich intensiv mit Religionsphilosophie und Theologie, mit Gott und der Bibel auseinandersetzte. Seine profunden Bibelkenntnisse und die Fähigkeit, für biblische Erzählungen Zeichen in Holz, Glas und Stein zu finden, machten ihn dreißig Jahre lang zu einem gefragten Kirchenkünstler in ganz Deutschland. Seine Aufgaben führten ihn zur Frage nach dem Stellenwert und den Gestaltungsmöglichkeiten gegenwärtiger christlicher

Kunst. Im Jakobskampf sah er ein zeitloses, aber aktuelles Thema, das er immer wieder neu befragte.

In seinen Tagebüchern hielt er unter dem 27. September 1966 folgendes Gespräch fest:

Ich zeigte Fotos eigener Arbeiten. Darüber gerieten wir in ein langes Gespräch, ausgehend von der Frage, wie weit heute entstehende Gestaltungen auf dem Gebiet der religiösen Kunst noch auf ein allgemeines Verständnis stoßen können. Ich sagte, dass der Kreis größer sei als er annehme und über die Konfessionen im engeren Sinne hinausginge, worauf Th.[eisen] erwiderte, es fehle aber die selbstverständliche Kenntnis und Verbundenheit mit dem bibl.[ischen] Stoff im Gegensatz etwa zum christl.[ichen] Mittelalter, wo dieser noch Gemeingut gewesen sei. Ich dagegen: Dieser Stoff verlange immer neue Verkündigung und Deutung usw. Mich beschäftige eigentlich das Themenlose in den Themen oder es seien immer dieselben großen Urbilder der menschlichen Seele und des Menschenlebens, die nach Gestaltung verlangten. – Hier schweife ich ab vom Gespräch und spinne für mich weiter! Diese Urbilder gilt es zu treffen. Nur da gibt es große Aussage und große Kunst, wo dies geschieht. Das Bild des Jakobskampfes ist z.B. ein solches Urbild. Hinter dem geschilderten bibl.[ischen] Vorgang steht ein ewig menschlicher, themenloser. Was für eine Gestalt muss der gleiche Vorgang dieses Kampfes heute annehmen? – Gibt es den Segen noch, den Jakob erhielt, den er in Anspruch nahm, der ihn nicht verließ, wenn er fehlte, und unter dem er litt, und den er zugleich mit Würde trug? Und wenn es ihn gibt, wie drückt er sich heute aus? Ist er völlig verborgen im Unsegen, liegt er gerade im Ausgestoßensein, so dass er fast mit einem Fluch zu verwechseln ist? – Und wie sieht heute der „Engel" aus, mit dem der Jakobsmensch unserer Zeit zu ringen hat? – Mit welchem Mann muss er kämpfen? Zu wem sagt er: „Ich lasse dich nicht, du segnest mich denn?" Und wie lang ist die Nacht bis zur Morgenröte? – Und was ist das für eine Morgenröte? – Nur nicht aufhören zu fragen in aller Genauigkeit. Wusste es denn der biblische Jakob, wer sein Engel war, hat er ihn denn überhaupt sehen können? – War es nicht eine augenlose Erfahrung, deren Realität sich in der verrenkten Hüfte Jakobs bekundete? Zeigt sich hier nicht, dass der Gesegnete der mit Schmerzen „Gezeichnete" ist?[78]

Solche Überlegungen zielten nicht nur auf wesentliche theologische Fragen dieser schillernden und dunklen Erzählung des Alten Testaments. Sie betrafen unmittelbar das alltägliche Ringen des schöpferisch tätigen Menschen Helmut Ammann. Er stand in einem Arbeitsprozess, in dem sich nichts erzwingen lässt, sondern Ideen und Gestalten zur Reife gelangen müssen. Diese Vorgänge vollzogen sich in den

„tiefsten Schichten der Geduld". Der künstlerische Prozess erforderte Gelassenheit. Erfinden geschieht im *Loslassen*, im Öffnen innerer Räume, im „großen Atem", wie Ammann es nannte. Das trifft den Wortsinn des Gedankens: „Ich lasse dich nicht ... ". *Lassen* bedeutet auch einlassen, zulassen, loslassen. In *Martin Heideggers* Traktat *„Lob der Gelassenheit"* lösen ein Gelehrter und ein Forscher in einem sokratisch geführten Gespräch das Wort aus seiner alltäglichen Bedeutung:

Gelehrter: Zwar weiß ich noch nicht, was das Wort Gelassenheit meint; aber ich ahne doch ungefähr, dass sie erwacht, wenn unser Wesen zugelassen ist, sich auf das einzulassen, was nicht ein Wollen ist. Forscher: Sie reden unablässig von einem Lassen, so dass der Eindruck entsteht, es sei eine Art von Passivität gemeint. Gleichwohl glaube ich zu wissen, dass es sich keineswegs um ein kraftloses Gleiten- und Treibenlassen der Dinge handelt. Gelehrter: Vielleicht verbirgt sich in der Gelassenheit ein höheres Tun als in allen Taten der Welt [...][79]

Gelassenheit, das bedeutete für den Bildhauer Helmut Ammann auch *„Wollen ohne Wollen wollen"*, es meinte, sich „absichtslos" auf den Weg des bildhauerischen Erfindens und Entdeckens zu begeben, immer im Vertrauen auf das von Gott geführte Tun. Die Fülle der Aufgaben und Pflichten, die zeitlich terminierten Auftragsarbeiten standen der notwendigen Gelassenheit oft diametral entgegen. Ammann begegnete dem „furchtbaren Dilemma, das in der Spannung zwischen inneren Notwendigkeiten und äußeren Pflichten" bestand, mit einer fast übermenschlichen Arbeitsdisziplin und Strenge gegenüber sich selbst. Finden ließ sich die notwendige Gelassenheit nur im Inneren. So schreibt er am 7. Juni 1959:

Innen sein – und zugleich in der Welt! Uraltes Problem. Es kommt auf die Kraft an und den Mut, alles nach Innen zu nehmen. – Aber stimmt das mit der „Kraft" – Mit Kraft kann man ja nichts nach Innen nehmen. Das muss ja ganz ohne Aufwand geschehen, – leise; wissend ohne hinzuschauen, im Atmen! Voll Vertrauen in die Verwandlung . – Die Umkehr üben – unablässig! – Einordnung in die große Partitur aller Stimmen.

Innen zu bleiben, bedeutete, *aus der eigenen Mitte zu leben* und zu schaffen. Helmut Ammann übte sich darin wie ein Schütze im Bogenschießen, wie ein Zen-Meister. Seine Nähe zu fernöstlichen Philosophien rührte auch von seinem

Geburtsort Shanghai her. Sein Vater, Professor Waldemar Ammann, hatte dort in den Jahren 1907-1911 an der Deutschen Medizinschule gelehrt.

Vor jeder neuen schöpferischen Arbeit stand der *„Engel des Anfangs“*. Mit ihm rang der Künstler, bis der erste Schlag ins unbehauene Holz getan oder erste Strich auf das leere Papier gesetzt werden konnte: *„Vergiss nicht den Engel des Anfangs.*– Oft habe ich ihm großen Kummer gemacht, aber er ist größer als mein Herz und geduldiger“, heißt es in den Tagebüchern. Zugleich stand das Bild des Jakobskampfes für die Aufforderung, sich den Herausforderungen zu stellen. Am 30. November 1984 notierte er in sein Tagebuch:

Morgens bei mir in Pöcking. Vorhin habe ich mir diesen wilden, dämonischen Jakobskampf wieder an den Treppenstützbalken im Eingang aufgehängt als Aufforderung zum Tanz für vieles Folgende [...]

Das Gelingen setzte handwerkliches Können selbstverständlich voraus. Helmut Ammann schnitzte Tag für Tag seine Ideen in kleine Rinden, übte die Sicherheit seines Schlages an Profilen im Holz, zeichnete unablässig „anonyme Zeitgenossen“, die ihm begegneten. Diese „Etüden“ glichen den Einspielübungen eines Geigers oder der Intensität des Anschlags beim Pianisten. Vor allem aber ging es um die innere Haltung heraus, die es zu finden und zu formen galt. Nur in sich konnte er, gelöst von äußeren Urteilen, finden, ob der beschrittene Weg richtig oder falsch war. Die Sicherheit und das Vertrauen in den richtigen Weg fand der Bildhauer im Glauben und im Tun. Das setzte Vertrauen in die Allgegenwart Gottes voraus. Am 7. November 1971 hält er in seinem Tagebuch fest:

Erlebnisse hinter der Oberfläche der Erscheinungen. Im Text die Stelle von der Jakobsleiter. „Hier war Gott – und ich wusste es nicht.“ Überall ist es so, denn er ist an jeder Stelle, in jedem Atemzug. Aber wir wollen es nicht wissen, sind ihm mit all unseren Dinglichkeiten und Vordergründigkeiten im Wege. An jeder Stelle aber, in jedem Augenblick kann dieses Bewusstsein ausbrechen. Im Verhältnis zu dieser Wahrnehmung ist nichts anderes wichtig. – „Spalte das Holz und ich bin dort.“ Das ist die unglaubliche Erfahrung, die jeden Formalismus unmöglich macht. Die Haltung, in der ich das Holz spalte, ist entscheidend.

Dies war entscheidend, für ein Werk eine gültige Gestalt zu finden und zugleich alles Konventionelle und Formalistische hinter sich zu lassen. „Gestalt", schrieb Helmut Ammann in dem Vortrag, Wie ein Porträt entsteht, „ist nicht einfach zu haben. Sie ist das letzte Prinzip, die gemeinte Ordnung, der Sinn, zu dem man immerzu unterwegs ist."[80]

Die Tagebuchaufzeichnungen zeigen, wie schwer der Weg eines freien Bildhauers zu gehen war. Die Honorare aus den Auftragsarbeiten für die Kirche waren keineswegs üppig. Ständig mussten zusätzlich private Aufträge eingeworben werden, um das finanzielle Überleben zu sichern. Irrwege und Irrtümer begleiteten den künstlerischen Prozess. Im Inneren lebte Helmut Ammann viele Spannungen und Gegensätze – ganz im Sinne des Wortes –, rang wie Jakob mit seinem Engel und blickte als ein Mensch, der seine Seelen bis in die Tiefen auszuloten suchte, auch in Abgründe, die er nur seinen Tagebüchern anvertraute:

d. 2. Februar 1955. Was hilft es, ich bin müde, und sofort hängen sich schattenhafte Geister an alle Glieder, suchen sie hinab zu ziehen und lahm zu machen, und der Kopf wird zu einem beziehungslosen Stern im leeren Raum über der von Trollen beschwerten, abgezogenen Leibes-Erde. – Aber ich will keinen Tag fallen lassen in diesem Jahr; auch der leere Spuk solcher Stunden soll mir noch dienen [...] – doch liegt so viel an der eigenen Entscheidung zur Wachheit, um immer im Unscheinbaren das Wesentliche zu bemerken.

Am 12. Mai 1965 hält er in seinem Tagebuch fest:

Gegen Abend im Atelier begann ich etwas zu schreiben aus einer tiefen Depression heraus (um mich wie Münchhausen selber an meinen Haaren aus dem Sumpf zu ziehen). [...] Bei aller Unzulänglichkeit, bei aller Angst, Not, Bedrängnis und Beschwerung, bei aller Verstrickung und Kümmernis, wird doch Gottes Bestimmung, die er in einem Menschen ausrichten will, von alledem nicht und überhaupt von nichts beeinflusst werden. So wie im Alten Testament auch nicht der Segen von Jakob genommen werden konnte, da er ihn einmal betroffen hatte. Ähnlich ist es mit David, der vom Speere Sauls nicht getroffen werden konnte. Auch wenn er wie ein Fluch erscheinen kann unter menschlichen Gesichtspunkten – halte dich an diesen Segen. [...] Wenn ich doch nicht immer wieder müde werden wollte und in den Wahn stürzen würde, die Rettung von einer falschen Richtung her zu erwarten. – Abgründiger und zugleich aufgründiger Tag.

Für Helmut Ammann bedeutete der Beruf des Bildhauers göttliche Berufung.[81] 1927 schrieb der damals Zwanzigjährige an seinen Vater: *„Der ganze Himmel ist mit tausend Offenbarungen in mich gefallen und ich in ihn.“* Er war sich der Gnade und des göttlichen Segens bewusst, der ihn als Bildhauer und Maler ein Leben lang begleiten sollte. Der Segen war Privileg und Grenzerfahrung. Zur künstlerischen Existenz gehörte, sich den Segen immer wieder verdienen zu müssen.

Am 1. Juni 1959 heißt es in seinem Tagebuch:

Im Morgentext: „Wer die Hand an den Pflug legt und sieht zurück, der ist nicht geeignet zum Reiche Gottes.“ Dieses Wort ist schwer zu ertragen und lässt mich alle eigene Unzulänglichkeit doppelt erleiden. – Meine Kunst ist mein Pflug. Es gibt nur unendliche Bemühung.

Das Ringen mit dem „Engel des Anfangs“ trug den Segen in sich.

Abbildung 9: Helmut Ammann, Jakobs Kampf mit dem Engel, Berührung

Jakob im Film

Kostproben eines kafkaesken Drehbuchs

Johanna Haberer

Die Geschichte des Erzvaters Jakob, niedergelegt im ersten Buch der Bibel, liest sich wie ein Drehbuch des Lebens mit Rollenangeboten für alle Beziehungsdramen, die sich in einer Familie abspielen können. Ein Drama mit mehreren Hauptrollen – und die Erzählung setzt immer wieder einen Spot auf eine der Personen, die somit in den Mittelpunkt der Aufmerksamkeit rückt. So entstehen unterschiedliche Plots.

Hauptperson ist natürlich *Jakob*, dessen Lebensgeschichte von der holprigen Geburt bis zum Greisenalter berichtet wird. Die Dramen aber rund um die Hauptperson haben viele Hauptrollen. Und der Film im Kopf, der nach diesem Drehbuch abläuft, würde völlig unterschiedlich verlaufen, je nachdem aus welcher Perspektive man die Geschichte erzählt. Hier nur, in aller Kürze, ein paar Kostproben.

Hauptrolle Rebecca – oder: Blinde Mutterliebe

Da wäre die fatale Rolle der Zwillingsmutter Rebecca. Gnadenlos einseitig liebt sie ihren schmalen, klugen und wendigen Sohn Jakob, und sie kann sich nicht zur Liebe zu dem anderen durchringen, zu Esau, dem Erstgeborenen.

Und so inszeniert sie verschlagen und gewissenlos vor den blinden Augen ihres sterbenden Ehemannes Isaak den Erbbetrug zu Gunsten des Jüngeren. Die Gaukelei, mit dem Ziegenfell, um den Segen des Vaters zu erschwindeln, der Betrug ums Erstgeburtsrecht serviert an einem Linsengericht.

Ja. Man kann die Geschichte aus der Perspektive einer schönen, mächtigen, ehrgeizigen und intelligenten Frau in einer Männergesellschaft erzählen, die blutjung einen viel älteren Mann geheiratet hat. Isaak, Rebeccas Gatte, war ein Muttersöhnchen und schon beinahe ein Hagestolz, als er die etwa dreizehnjährige Rebecca als Frau nahm. Sie passte sich an, sie unterwarf sich. Erst litt sie unter Kinderlosigkeit und dann unter Zwillingen, die einander ferner standen als Planeten.

Sie will ihren Part in dieser Geschichte spielen, sie will ihre Handschrift im Familiendrama der Familie Abraham und Isaak hinterlassen: Und so puscht sie ihren Lieblingssohn auf Kosten des anderen. Was für eine schonungslose Geschichte über eine tragische Mutter, die am Ende ihres Intrigenspiels beide Söhne verloren hat.

Hauptrolle Esau – oder: Wie ein Verlierer erwachsen wird

Man kann die gleiche Geschichte auch aus der Perspektive des Esau erzählen. Esau, der Ungeliebte und ewig Betrogene, der Ungeschlachte und Ungezähmte, harmlos Brutale, der der Mutterliebe hinterherläuft wie eine Schildkröte einem Kamelrennen. Er ist – moralisch gesehen – die größte Figur in diesem Familiendrama. Der Betrogene, der um sein Erstgeburtrecht und um den Segen gebracht wurde, tobt zunächst und schwört blutige Rache. Er ist so betroffen und enttäuscht, dass er seinen Bruder, den vom Glück, vom Schicksal und von der Mutter Verwöhnten am liebsten umbringen würde. Sozusagen eine Neuauflage von Kain und Abel. Aber die Zeit und die Erfahrung machen ihn, der als ungehobelter Verlierer in die Geschichte eingegangen ist, zum eigentlichen Helden. Als er nach einem halben Menschenleben seinen Bruder wieder trifft, der sich ihm verunsichert, mit Geschenken bewaffnet, nähert, umarmt er ihn großherzig und sagt: Ich brauche deine Geschenke nicht, Bruder, ich habe genug. Esau wird gezeichnet als einer, der sich aus den Schlingen des Hasses und der Eifersucht befreit, der die Rolle des Benachteiligten hinter sich lässt und sein Leben meistert – auch ohne den Segen des Vaters.

Die Hauptrollen Lea und Rahel – oder: Der Zickenkrieg

Man könnte die Geschichte des Erzvaters Jakob weiter aus der Perspektive seiner beiden Ehefrauen erzählen. Zunächst der Ungeliebten, der armen, armen *Lea.* Sie sehnt sich nach der Liebe ihres Mannes und er begattet sie lieblos. Kind um Kind bringt sie ihm zur Welt, um ihn an sich zu binden, aber Jakobs Herz lehnt sie ab, so tief wie nach der Hochzeitsnacht, als Jakob meinte mit der geliebten Rahel zu schlafen und das Licht des Morgens die böse Überraschung in Gestalt ihrer älteren Schwester bereithielt. Auch hier ein Geschwisterpaar: Rahel und Lea, in Eifersucht und Neid unlösbar verbunden und wieder die Erfahrung, dass man sich die Liebe des anderen nicht verdienen kann.

Und *Rahel* – auch sie könnte erzählen, von ihrer Liebe zu Jakob, dem Attraktiven und ihrer Kinderlosigkeit, während ihre ältere Schwester die Söhne zur Welt bringt wie eine Gebärmaschine. Nur zwei Kinder sind ihr geschenkt – und wie so oft in den Dramen familiärer Verstrickung: die Tragödie der Ungeliebten setzt sich in der nächsten Generation fort: Jakob liebt die Kinder seiner Frau Rahel ungleich mehr als die Söhne Leas. Und so rächen sich die Söhne Leas und werfen den traumtänzerischen Josef, den ersten Sohn der Rahel, voller Hass in die Grube.

Hauptrolle Jakob – oder: Der Kampf um den Segen

Und Jakob selbst, diese ambivalente Gestalt, die soviel Liebe auslöst bei Gott und den Menschen? Jakob lebt das große Drama des zu früh Gesegneten in einem großen Lebenskreis. Der erschlichene Segen macht den jungen Mann zum Flüchtling. Aber in der Fremde erfährt er selbst, wie es sich anfühlt, betrogen zu werden. Der Schwiegervater Laban lässt ihn um die geliebte Frau dienen und schiebt ihm dann die Ungeliebte unter. Vierzehn Jahre Fron und Unterwerfung für die große Liebe.

Und dann ergreift Jakob wieder die Flucht – diesmal die Flucht nach Hause. Er ist reich geworden, aber er lebt mit dem Schandmal des erschlichenen Segens und unter dem Fluch seines Bruders. Die entscheidende Szene spielt sich dann am Fluss *Jabbok* ab, zwischen Jakob und seinem dunklen Gott.

Am Fluss in der Nacht, bevor Jakob seinem Bruder Esau wieder begegnen soll, fällt ihn ein Schatten an und ringt mit ihm die ganze Nacht. Und diesmal kann Jakob nicht betrügen, diesmal kann er sich nicht entziehen, nicht fliehen, diesmal muss er sich stellen. Und es wird die Nacht seines Lebens, der Wendepunkt hin zum Stammvater eines großen Volkes. Er erringt sich den Segen mit aller seiner Kraft, er erpresst und erzwingt ihn von Gott: „Ich lasse Dich nicht, Du segnest mich denn“, sagt er zu dem flüchtenden Schatten, den er später als Gott identifizieren wird. Er geht als Gezeichneter aus diesem Kampf. Als Gezeichneter überquert er die Furt zurück in seine Heimat: er hinkt an einer Hüfte. Der Segen hat ihn einen hohen Preis gekostet und einen neuen Namen mit gereifter Persönlichkeit eingebracht: Israel, der Gotteskämpfer, der für und mit Gott kämpft.

Das Leitmotiv aber der unerwiderten Liebe trifft ihn wieder in der nächsten Generation. Die Söhne der Lea konkurrieren mit den Söhnen der Rahel mit solcher Gewalt, dass sie Josef den Träumer nach Ägypten verkaufen und in einem Akt unsäglicher Rache für erlittene Zurücksetzung ihrem Vater den Lieblingssohn als vermisst melden.

Ruben – der Beschützer, Juda – der Bürge

Eifersucht und Neid, Bevorzugung und Benachteiligung, Schuld und das schlechte Gewissen. Man könnte die Geschichte des von den eigenen Kindern belogenen Jakob auch aus der Sicht des älteren Sohnes *Ruben* erzählen. Dieser bockige Älteste, der den Vater schon mal gern brüskiert und die Ansprüche des Sippenältesten anmeldet, indem er mit Jakobs Nebenfrau schläft. Er versucht die Mordlust seiner Geschwister gegenüber Josef, dem Zweitjüngsten, der träumt der Größte zu sein, zu kanalisieren. Er schreitet ein, er interveniert zu Gunsten der Familiensolidarität, als die Söhne der ungeliebten Lea den ältesten Sohn der Rahel töten wollen. Er versucht mit der Autorität des Ältesten die Blutschande zu verhindern, die geschieht, wenn Brüder Brüder töten. Sein Einsatz verhindert den Mord, nicht aber den Verrat am kleinen Bruder. Josef wird verkauft, bevor Ruben ihn retten kann. Er macht den ganzen Schwindel mit. Er lügt mit seinen Brüdern dem Vater vor, ein Tier habe Josef umgebracht. Der bunte Rock des Josef, mit Blut getränkt, soll die Katastrophe bezeugen.

Aus Rache im Namen der ungeliebten Mutter Lea und aus Eifersucht brechen die Söhne von Jakobs ungeliebter Frau Lea ihrem Vater das Herz, und auch der große Bruder Ruben kann letztlich nicht helfen.

Aber Gottes Geschichte in diesem Familiendrama entlässt sie nicht aus der Verantwortung.

Josef, der in Ägypten Karriere gemacht hat, setzt die Maskerade und die Intrige nahtlos fort, als er ein halbes Menschenleben später in der Position des stellvertretenden Pharao seine Brüder zwingt, den jüngsten Sohn der Rahel, den kleinen Benjamin mit nach Ägypten zu bringen. Der Schmerz des Jakob wird als unaussprechlich geschildert. Ein Mann, der am Ende seines Lebens konstatiert, er stünde nun wieder ganz am Anfang, weil ihm alle Söhne genommen werden. Und nun betritt der ältere Bruder *Juda* die Szene. Er bürgt vor Josef mit seinem Leben für das Leben des kleinen Benjamin. Was er an Josef versäumt hat, möchte er jetzt an seinem anderen Bruder und an seinem Vater wieder gut machen. Er hat gelernt, dass einer mit der vermeintlichen Schuld, für den Tod des kleinen Bruders mitverantwortlich zu sein, nicht leben kann.

Deshalb wirft er sein Leben in die Waagschale für den anderen – diesmal wirklich, er bietet sein Leben für das Leben des Benjamin, des Bruders. Juda hat seine Lektion gelernt. Er wird zum Stellvertreter, der mit seinem Leben für das Leben des Bruders einsteht.

Als Josef, der verratene Bruder, das hört, weint er bitterlich und gibt sich zu erkennen.

Hauptrolle Josef

Wenn Josef, der Träumer, der mit dem bunten Rock und dem ägyptischen Thron, die Geschichte erzählen würde, sie wäre komplex, verschlungen, reflektiert und sie würde von einem Visionär berichten, der durch Verrat und Schaden nicht nur klug, sondern auch stark geworden ist.

Wie es einer schafft, trotz Mobbing Hass und Gewalt, Intrige, Lüge und üble Nachstellung aufrecht zu bleiben; wie es einer, der in den Brunnen gestürzt, verkauft, verleumdet, verhaftet wurde, schafft, ein integrer und einfühlsamer

Mensch zu bleiben, der aus jeder noch so tiefen Krise einen Lernprozess macht, – diese Geschichte erzählt Josef.

Es ist die unbedingte Überzeugung, dass Gott auch mit sinnlosen Wegen etwas im Sinn hat, die den Josef durch die Abgründe trägt. Es ist die Überzeugung, für eine besondere Aufgabe von Gott vorgesehen zu sein, die den Josef wie ein Papierschiffchen durch alle Wellentäler des Lebens trägt. Erwählung als Auftrag, nicht als Hervorhebung. Josef buchstabiert dieses Lebenswissen und Gotteswissen bis zum guten Ende durch.

Diese Deutung seines Lebens als Plan Gottes erlaubt es ihm, seinen Brüdern zu vergeben.

Das Familiendrama der Familie Isaak und Jakob endet dann in einem furiosen Finale: Am Ende stehen sie alle, die Kinder Leas und die Kinder Rahels mitsamt ihrem alten Vater, vor dem Statthalter des ägyptischen Pharao, der ihr verratener Bruder ist. Und – sie müssen alle erkennen, dass keine Ränke, keine Gewalt, kein Hass und keine List der Menschen Gott davon abbringen kann, seine Geschichte als Rettungsgeschichte in das Leben seiner Menschen einzutragen.

Moralisch gesehen sind die Figuren in diesem Generationendrama, dieser glasklar analysierten Familienaufstellung alle keine Helden. Sie sind Schwindler und Betrüger, sie sind eifersüchtig und misstrauisch, sie kämpfen um Liebe und Anerkennung – so wie alle Menschen. Und Gott – so weiß diese Geschichte – sucht sich seine Helden auch nicht nach der weißen Weste aus, sondern nach ihrer Gotteskraft. Lehrreich, dass dies nicht als identisch angesehen wird. Ihr habt Böses im Sinn gehabt – das ist das Leitmotiv der Erzählung – , aber Gott hatte dabei Gutes im Sinn, um zu erreichen, was heute geschieht: Viel Volk am Leben zu erhalten. Eine schräge, ehrliche und durchschlagende Trostgeschichte.

Jakob

Ein Musical – Gottesdienst

Dagmar Knecht

Beteiligte:
E: *Erzähler/in;* L: *Liturgin/Predigerin;* Lk: *Lektor/in;* G: *Gemeinde; Gospelchor; Solosängerin; Schauspieler/innen* für Pantomime: Hirten, Rahel, Laban, Lea, Hochzeitsgäste; *Band* (Piano, Klarinette, Saxophon, Schlagzeug); Regisseur/in.

Instrumentalvorspiel (Band)

Begrüßung (L)

Song: *Jakob* (Chor, Solo)

|:*Jakob, Jakob, hör auf Gottes Botschaft!*
Jakob, Jakob, hör, was Gott dir sagt!:|
Du gehst deine Wege und hast deinen eigenen Plan,
doch bleib einmal stehen und schau es dir an:
Was ist daraus geworden, gehn deine Pläne auf?
Oder türmen sich die Sorgen himmelhoch auf?
|:*Jakob, Jakob, hör auf Gottes Botschaft!...*
Mach die Augen zu, mein Kind, und hör mir mal gut zu!
Ich weiß, wie deine Tage sind, und Nächte ohne Ruh'.
Und das wird so weiter gehn, wenn du es nicht begreifst,
dass du auch im Scheitern und Loslassen reifst.
|:*Jakob, Jakob, hör auf Gottes Botschaft!...*

Eingangsbesinnung

E: Jakob wurde geboren zusammen mit seinem Bruder Esau. Man sagt, er hielt Esaus Ferse bei der Geburt fest. Aber sosehr sich Jakob auch bemühte, er blieb der Zweite. Sein Vater, Isaak, zog den Bruder vor, Esau: den Starken, den Wilden. Er, Jakob, konnte nie mit ihm mithalten. Jakob war zarter, blieb lieber zu Hause und widmete sich anderen Dingen. Seine Mutter Rebekka dankte es ihm und sah ihm mit viel Liebe zu.

Aber Jakob sehnte sich nach der Anerkennung, die Esau bekam. „Bin ich nichts wert, mit dem, was ich kann und tue?", fragte er sich. „Und wenn es so ist?", dachte er, „Was kann ich tun, damit auch ich gesehen werde?"

L: Was kann ich tun, damit ich gesehen werde? Was kann ich tun, damit ich erlebe: Ich werde geachtet? Ich vertraue fest darauf, dass Gott all die leisen Stimmen hört, all die zweiten Geigen und alle die, die sich lieber zurückziehen als laut nach Anerkennung zu schreien. Auch alle die, die Pläne schmieden, um sich selbst ihr Recht zu verschaffen.

Gott hört uns – reden wir mit Gott! Lasst uns beten:

Ewiger Gott,
durch alle Zeiten hast Du die Menschen gekannt –
Du kennst auch mich:
meine Sehnsucht, meine Hoffnung,
meine Trauer und meine dunklen Seiten.
Sieh auf mich mit Liebe und heile mich.
Denn Du bist ein Gott, der mich sieht.

Lied: *Du bist ein Gott, der mich sieht*
(Text und Musik: Johannes M. Roth)

Du bist ein Gott der mich sieht...
Du bist ein Gott, der mich trägt, ...
Du bist ein Gott, der vergibt ...

Gnadenzuspruch

L: Darum bitte ich Dich, Gott aller Hoffnung:
Gott, sei uns Sündern gnädig.

G: Der allmächtige Gott erbarme sich unser,
er vergebe uns unsere Sünde und führe uns
zum ewigen Leben. Amen.

L: Gott hat Erbarmen mit uns. In Jakobs Kindern und Kindeskindern wirkt Gottes Segen fort, bis in unsere Tage. Jesus Christus macht uns zu Kindern Gottes. Wer glaubt und getauft ist, wird selig werden. Das verleihe Gott uns allen. Amen.

Lesung I

E: Der Segen, den Gott in frühen Zeiten dem Abraham zugesprochen hat, wäre über Isaak an Esau weitergegangen. Das wäre er, wenn nicht sein Bruder Jakob diesen Plan durchkreuzt hätte. Rebekka, die Mutter, hatte die Idee dazu: Als Isaak schon alt war und sich aufs Sterben vorbereitete, schickte sie Jakob zu ihm. Als sein Bruder verkleidet, sollte er vom Vater den Segen für den Erstgeborenen empfangen. Der Plan gelang. Isaak segnete Jakob und sprach:

Lk: *„Gott gebe dir vom Tau des Himmels und von der Fettigkeit der Erde und Korn und Wein die Fülle. Völker sollen dir dienen, und Stämme sollen dir zu Füßen fallen. Sei ein Herr über deine Brüder, und deiner Mutter Söhne sollen dir zu Füßen fallen. Verflucht sei, wer dir flucht; gesegnet sei, wer dich segnet!"* (Gen 27,28f)

Lesung II

E: Kurz danach kam Esau zurück und erfuhr von dem Betrug. Er sprach mit seinem Vater, doch der Segen blieb bei dem, über den er gesprochen war. Esau hatte alles verloren. Die Trauer wich langsam der Wut. Mordgedanken kamen in Esau auf. Jakob musste fliehen.

Wieder griff Rebekka ein: Auf ihre Klagen hin schickte Isaak seinen Sohn Jakob zu Laban, Rebekkas Bruder. Dort sollte er eine Frau finden.

Es sah aus, wie eine Hochzeitsreise. Aber es war doch eine Flucht. Und Jakob war müde. Als es Nacht wurde, legte er sich auf den Wüstenboden und lehnte den Kopf an einen Stein. Dunkle Gedanken wiegten ihn in den Schlaf. Im Traum aber – da war es plötzlich strahlend hell. Es war ihm, als würde sich der Himmel öffnen. Wie eine Leiter war da eine Verbindung von unten nach oben.

[Ein blaues Band mit weißen Federn von der Decke lassen.]

Der Himmel war nicht mehr unerreichbar – vor seinen Augen stiegen die Engel auf und ab, federleicht! Jakob hob seinen Blick und sah nach oben. Und wirklich: Gott selber gab sich zu erkennen. Gott war so nah, dass Jakob ihn spüren konnte. Und er hörte Gottes Stimme:

Lk: *„Ich bin der HERR, der Gott deines Vaters Abraham, und Isaaks Gott; das Land, darauf du liegst, will ich dir und deinen Nachkommen geben. Und siehe, ich bin mit dir und will dich behüten, wo du hinziehst, und will dich wieder herbringen in dies Land. Denn ich will dich nicht verlassen, bis ich alles tue, was ich dir zugesagt habe."*

E: Als nun Jakob von seinem Schlaf aufwachte, sprach er:

Lk: *„Fürwahr, der HERR ist an dieser Stätte, und ich wusste es nicht! Und er fürchtete sich und sprach: Wie heilig ist diese Stätte! Hier ist nichts anderes als Gottes Haus, und hier ist die Pforte des Himmels"* (Gen 28,13ff)

L: Auch hier ist Gottes Haus,
auch hier ist eine Pforte zum Himmel.
Erheben wir unsere Sinne
und bekennen uns zu unserem Gott.

Glaubensbekenntnis

Lied: *Dir begegnen* (Text und Musik: Johannes M. Roth)

Jakob in Haran

Szene 1 – Am Brunnen

Einige Hirten lehnen sich locker an den Taufstein. Rahel steht dabei und zündet Schwimmkerzen an – oder schöpft mit der Hand Wasser.

E: Schließlich kommt Jakob in Haran an. An einem Brunnen trifft er auf Hirten und fragt sie nach Laban. Sie zeigen ihm Rahel, Labans Tochter. Rahel ist jung, sie ist schön, und Jakob spürt, dass sich der weite Weg gelohnt hat. Er schaut ihr zu, bis alle ihre Tiere getränkt sind und begleitet sie nach Hause.

Rahel bläst die Kerzen aus und geht ab; Hirten gehen auch ab.

E: Dort lernt er Laban kennen – aber nicht gut genug. Jakob vertraut ihm und wird mit ihm handelseinig. Sieben Jahre will er Laban dienen, dann soll Rahel seine Frau werden.

Aber die Jahre werden ihm lang. Bis endlich Hochzeit gefeiert wird.

Szene 2 – Hochzeit

Eine verschleierte Braut und viele Hochzeitsgäste kommen tanzend und mit Musikinstrumenten (Tamburin, Rasseln) herein, darunter auch Laban und Rahel.

Song: *Jakob* (Chor, Solo)

|:*Jakob, Jakob, hör auf Gottes Botschaft!...*
Heute ist ein Fest für dich, das hat ein jeder gern.
Genieße es und freu dich, und dank deinem Herrn!
Doch pass auf, das Leben ist nicht immer, was es scheint.
Wer weiß, was es morgen schon mit dir meint!

|:*Jakob, Jakob, hör auf Gottes Botschaft!...*

Rahel und Laban bleiben am Altar gelehnt stehen, die anderen gehen ab.

E: Die Hochzeit wurde rauschend gefeiert. Doch am nächsten Morgen gab es ein böses Erwachen: Nicht Rahel war Jakobs Frau geworden, sondern Lea, ihre Schwester. Jakob stellte Laban zur Rede.

Laban winkt ab, zeigt auf Rahel. Er muss verschmitzt und geschäftig wirken.

E: Aber der blieb gelassen. „Die jüngere Tochter kann nicht vor der älteren heiraten", sagt er. Und wenn Jakob Rahel unbedingt haben wolle, dann könne er sie gerne auch haben. Er müsse nur weitere sieben Jahre bleiben und Laban dienen.

Rahel und Laban gehen ab.

E: Jakob trägt es mit Geduld. Er bleibt. Er erträgt jede Demütigung. Er sieht, wie Laban ihn wieder und wieder betrügt und bleibt, bis Gott selbst ihn nach Hause holt. Dann aber bricht er auf: mit zwei Ehefrauen und ihren Mägden, mit vielen, vielen Tieren und zwölf Kindern, die inzwischen geboren waren. Er kommt schließlich an eine Furt – mitten in der Nacht. Alle setzen über, zuletzt bleibt Jakob allein zurück. Hier am Wasser, zwischen Nacht und Tag, denkt er nach:

über das, was war, und über das, womit er jenseits des Flusses rechnen muss. Er würde Esau wieder begegnen, seinem Bruder.

Song: *Jakob* (Chor, Solo)

|:Jakob, Jakob, hör auf Gottes Botschaft!...
Was hast du getan, o Mann, das war ein starkes Stück.
Denkst du manchmal noch daran und sehnst dich zurück?
Ungeschehen wird das nicht, die Schuld begleitet dich.
Du flehst sie an: „Lass mich!" Doch sie lässt dich nicht.

|:Jakob, Jakob, hör auf Gottes Botschaft!...

Kannst du jetzt meine Wege sehn? Du hast sie nie erkannt!
Glaub mir endlich, kleiner Mensch, und reich mir die Hand.
Vertraue meinem Segen, der seine Spuren zieht
in deinem ganzen Leben und in dem, was vor dir liegt.

|:Jakob, Jakob, hör auf Gottes Botschaft!...

Predigt

Liebe Gemeinde,
da steht er nun, Jakob. Ganz allein an der Furt mitten in der Nacht. Allein steht er da und wartet. Er wird am Wasser stehen bleiben und in die Nacht lauschen. Drüben, auf der anderen Seite, werden die Stimmen langsam leiser. Seine Frauen und seine Kinder sind dort, seine Vergangenheit und seine Zukunft. Aber hat er wirklich noch eine Zukunft?

Er weiß, dass auch Esau, sein Bruder, dort drüben ist. Er kommt ihm entgegen, so haben es ihm seine Späher erzählt, und zwar mit 400 Mann Begleitung. Wie wird das ausgehen?

Jakob wird nicht vergessen haben, wie wütend sein Bruder auf ihn gewesen ist. Und mit Recht, denn Jakob hatte ihn um alles betrogen, was ihm heilig war. Damals musste Jakob um sein Leben fürchten – und er floh. Und nun? Die Flucht ist zu Ende. Das Ende ihres Streits steht unmittelbar bevor: so oder so.

Jakob wird viel nachdenken in dieser Nacht. Er wird nach Gott fragen: wird um Schutz und Rettung beten, auch um Segen und Vergebung. Er wird sich an das erinnern, was Gott ihm bei seinem Aufbruch versprochen hat:

Ich bin der HERR,
der Gott deines Vaters Abraham, und Isaaks Gott;
das Land, darauf du liegst, will ich dir
und deinen Nachkommen geben.
Und siehe, ich bin mit dir und will dich behüten,
wo du hinziehst,
und will dich wieder herbringen in dies Land.
Denn ich will dich nicht verlassen,
bis ich alles tue, was ich dir zugesagt habe.

Und trotzdem, Jakob kommt in dieser Nacht nicht zur Ruhe. Er sehnt sich nach Gottes Nähe. Aber als Gott dann da ist, ist selbst das nicht leicht.

Lk: „*Und Jakob blieb allein zurück. Da rang ein Mann mit ihm, bis die Morgenröte anbrach. Und als er sah, dass er ihn nicht übermochte, schlug er ihn auf das Gelenk seiner Hüfte, und das Gelenk der Hüfte Jakobs wurde über dem Ringen mit ihm verrenkt. Und er sprach: Lass mich gehen, denn die Morgenröte bricht an. Aber Jakob antwortete: Ich lasse dich nicht, du segnest mich denn.*

Er sprach: Wie heißt du? Er antwortete: Jakob. Er sprach: Du sollst nicht mehr Jakob heißen, sondern Israel; denn du hast mit Gott und mit Menschen gekämpft und hast gewonnen. Und Jakob fragte ihn und sprach: Sage doch, wie heißt du? Er aber sprach: Warum fragst du, wie ich heiße? Und er segnete ihn daselbst.

Und Jakob nannte die Stätte Pnuël; denn, sprach er, ich habe Gott von Angesicht gesehen, und doch wurde mein Leben gerettet. Und als er an Pnuël vorüberkam, ging ihm die Sonne auf; und er hinkte an seiner Hüfte.“ (Gen 32,25–32)

Diese Nacht-Begegnung, liebe Gemeinde, ist eine der Schlüsselstellen in der ganzen Jakobsgeschichte. Wann immer ich sie höre, spüre ich einen leichten Schauer, eine Gänsehaut und ein Erschrecken. Man spürt irgendwie, dass dieser Kampf etwas entscheidet. Dass er Weichen stellt. Aber was da genau vor sich geht, was das alles bedeutet, das ist kaum in Worte zu fassen. Jedenfalls tue ich mich schwer damit, es zu verstehen. Bis heute frage ich mich: Mit wem ringt Jakob da eigentlich?

Die Bibel selber bleibt die Antwort darauf schuldig. Auch im hebräischen Originaltext steht einfach nur „ein Mann“. Jakob selbst sagt nach dieser Begegnung, er habe Gottes Angesicht gesehen. Aber aus dem genauen Wortlaut der Bibel kann man einfach nicht erschließen, ob Jakob mit Gott selbst gekämpft hat oder mit einer Art Engel.

Dafür kann es eigentlich nur eine Erklärung geben: Wir sollen es gar nicht so genau wissen. Wir sollen an dieser Stelle gar nicht unterscheiden, sondern möglicherweise mehrere Deutungen zulassen. Bei Gott gibt es ja oft nicht nur eine richtige Antwort. Verschiedene Menschen haben verschiedene Auffassungen über Gott, und das liegt sicher daran, dass Gott uns auf verschiedene Weise ansprechen will. So kann es auch mit diesem nächtlichen Kampf sein. Wir müssen gar nicht alle dasselbe darin sehen. Und was jeder von uns erkennt, das wird davon abhängen, welche Erfahrungen er – oder sie – selber gemacht hat. Je nachdem, welche Kämpfe ich in meinem Leben ausgefochten habe, werde ich auch diesen Kampf deuten. Ein paar Sichtweisen dazu will ich an dieser Stelle vorschlagen:

Schuld

Der „Mann“, mit dem Jakob gekämpft hat, könnte vielleicht auch *Engel der Anklage* heißen. Er kann derjenige sein, der für Esaus Sache gegen Jakob antritt. Mit dem hebräischen Wort, also in der Sprache des Alten Testaments, ist das der Satan. Damit ist allerdings nicht ein Gegenspieler Gottes gemeint, sondern – so kann man es im Buch Hiob nachlesen – einer, der Gott untergeordnet ist und die Menschen vor Gott verklagt, eben ein Ankläger. Er ist einer, der nicht gegen Gott handelt, sondern gerade die Wahrheit darüber ans Licht bringen will, wie ein Mensch zu Gott steht oder gestanden hat. So tritt er, auf seine Weise, für Gottes Gerechtigkeit ein. Allerdings tut er das nicht wie ein Verteidiger, der für jemanden Partei ergreift, sondern er tut es als Ankläger: Er stellt sich gegen einen Menschen, deckt seine Schuld auf und klagt an.

So ein Ankläger kann bei Jakob durchaus einiges finden. Jakob hat gelogen und betrogen. Er muss so verbittert gewesen sein, vom Neid auf seinen Bruder, dass er vor nichts Halt gemacht hat. Als Isaak, der Vater von Jakob und Esau, schon alt war und vom Sterben sprach, da hat Jakob, zusammen mit seiner Mutter, böse Pläne gesponnen. Er ist nicht hingegangen und hat versucht, in Frieden Abschied zu nehmen, sondern er hat seinem Vater etwas vorgespielt: Er hat sich als seinen Bruder ausgegeben, als Esau, und der fast blinde Isaak hat es nicht gemerkt. So hat sich Jakob ein Erbe erschlichen, das ihm nicht zustand. Von nun an lag ein besonderer Segen auf Jakob. Dieser Segen ließ sich nicht zurücknehmen. Aber Ruhe in seiner Seele brachte er dem Jakob trotzdem nicht. Wie oft hat er sich wohl gewünscht, er könne das alles rückgängig machen, nochmals von vorne anfangen. Einen Neuanfang hatte er gemacht, damals. Und nun liegt wieder einer vor ihm. Aber die Schuld kann er nicht abschütteln. Sie begleitet ihn – wie ein Schatten. Sie lässt ihn nicht los.

Wer weiß, ob Jakob nicht in dieser Nacht mit seiner eigenen Schuld ringt? Endlich stellt er sich dem, was er angestellt hat. Er setzt sich auseinander, kämpft sich durch. Dann wird er wieder gesegnet – und jetzt verändert sich etwas, ja alles.

Angst

Ein anderer Name für den nächtlichen Gegner im Ringkampf könnte *Engel der Herausforderung* sein. Bis zu dieser Begebenheit am Fluss kennen wir Jakob eigentlich nicht als den mutigen Kämpfer. In seiner Kindheit war er wohl eher ein stiller Junge, ein mehr künstlerisch Begabter vielleicht. Jedenfalls nicht so ein wilder und mutiger Jäger wie sein Bruder. Auch die Zeit bei Laban lässt Jakob nicht gerade als selbstbewusst erscheinen. Er macht alles mit, was Laban von ihm will, lässt sich regelrecht ausnutzen. Er bleibt, er dient, er nimmt einfach hin. Und als er schließlich nach Hause zurück will, mit seinen Frauen und Kindern, da fragt er erst höflich um Erlaubnis. Er verhandelt auch nicht um Lohn für seine Dienste, sondern er sorgt durch heimliche Tricks in der Viehzucht dafür, dass seine eigene Herde immer größer wird.

Auch sein Wiedersehen mit Esau hat Jakob, der Vorsichtige, gut vorbereitet. Er schickt ihm reiche Geschenke entgegen, die den Bruder milde stimmen sollen.

Und trotzdem weicht die Angst nicht von ihm. Was, wenn der Bruder alle Geschenke ausschlägt? Wenn er ihn und seine Familie töten will? Esau kommt ihm mit vierhundert Mann Begleitung entgegen. Das spricht nicht gerade für friedliche Absichten. Jakob hat Angst.

Und vielleicht wäre er in dieser Nacht in Angst versunken. Vielleicht hätte er seine letzte Kraft eingebüßt vor lauter Sorge. Vielleicht wäre es so gekommen, wenn ihn nicht jemand aufgeschreckt hätte, in dieser Nacht. Ein „Engel der Herausforderung" kommt auf ihn zu. Jakob *kann* sich nicht in seiner Angst verkriechen. Er wird angegriffen und muss kämpfen. Zum ersten Mal ist er richtig mutig. Alle Wut, alle Enttäuschung entlädt sich in diesem Kampf. Und – wer hätte das gedacht? – es wachsen ihm ungeahnte Kräfte zu. Endlich ist er nicht mehr der Schwache, der Kleine, sondern der Ebenbürtige, der Starke. Er gewinnt den Kampf, sagt der Engel. Als der Morgen anbricht, gibt er auf. Der Engel bittet darum, dass er gehen darf. Jetzt wird er nicht mehr gebraucht. Jakob hat nun zwar eine Verletzung an der Hüfte. Er hinkt, und äußerlich erscheint er als schwach. Aber in seinem Inneren hat er jetzt Kraft gewonnen. Er hat ein neues Bild von sich selbst. So kann er seinem Bruder entgegengehen.

Ratlosigkeit

Doch ich sehe noch dritte Möglichkeit, liebe Gemeinde.

Vielleicht ringt Jakob in dieser Nacht wirklich mit *Gott selbst.*

Gott hätte Jakob einiges vorzuwerfen – genug, dass Jakob sich angegriffen fühlt. Und Jakob selbst wird auch einiges haben, was er Gott vorwerfen möchte. Da ist zum Beispiel das große Versprechen, das Gott ihm gegeben hat. Der Segen, die Verheißung auf ein behütetes Leben, auch auf Reichtum, Ansehen und Macht. Und nun? Jakob hat viel verdient bei Laban, aber nach den vielen Geschenken an Esau ist sein Besitz wieder geschmälert. Von Ansehen und Macht keine

Spur. Jakob kann nicht einmal sicher sein, dass er den nächsten Tag überleben wird. Ist das die Art und Weise, wie Gott behütet? „Warum?“ wird Jakob fragen. „Warum lässt Gott zu, dass sich die Dinge so oft zum Schlechten entwickeln?“ Warum war schon in seiner Kindheit die Zuneigung der Eltern so ungerecht auf die beiden Brüder verteilt? Warum durfte Laban ihn so behandeln?

In dem, was Jakob in dieser Nacht noch nicht weiß, kommen sicher noch mehr solche Fragen auf ihn zu. In den Monaten und Jahren danach muss er noch manches Leid und manche Trauer hinnehmen: Seine Tochter leidet bitteres Unglück, und ihre Brüder verstricken die ganze Familie in Mord und Totschlag. Rahel, die Frau, die Jakob so sehr geliebt hat, stirbt bei der Geburt seines jüngsten Sohnes. Und, noch etwas später, trauert er um Josef, seinen Lieblingssohn, den er tot glaubt.

Da gibt es viele Gründe, um nach Gott zu fragen und mit Gott zu ringen.

Wer von uns kennt das nicht? Es geschieht so viel Schlimmes in der Welt, so vieles, das zu unserer Vorstellung von einem liebenden und allmächtigen Gott einfach nicht passt. Meistens denken wir darüber lieber nicht nach. Das ist unangenehm und bedrückend. Denn wenn anderen Menschen so etwas zustoßen kann, dann kann es mir ja auch passieren. Es gibt keine Sicherheit, dass mir so ein Leiden erspart bleibt. Im Gegenteil. Das einzige, was wirklich sicher ist, ist, dass wir alle eines Tages sterben müssen. Und viele von uns werden dabei an Angst und Schmerzen nicht vorbeikommen. Da kann es leicht sein, dass wir uns in so einem Ringkampf wiederfinden, so wie Jakob.

Was tu *ich* dann? Was macht *Jakob*?

Er nagelt Gott fest: auf sein Versprechen, das er ihm gegeben hat, oder vielleicht auch auf seine eigenen Wünsche und Sehnsüchte. Er hält an Gott fest, mit der Kraft des Verzweifelten, aber er kann es nicht anders tun, als in dem er um sich schlägt. Er schleudert Gott all seine Klagen entgegen – mit aller Kraft und mit der verzweifelten Hoffnung, dass Gott sich als noch stärker erweist.

Am Morgen endet der Kampf. Eigentlich endet er unentschieden. Keiner von beiden ist wirklich besiegt. Es kann wohl nicht anders sein. Gott lässt sich nicht von einem Menschen besiegen, nicht von seiner Wut und nicht von seiner Verzweiflung. Aber Gott siegt auch nicht über uns. Gott stellt sich dem Kampf – und verabschiedet sich mit einem Segen.

Vielleicht wäre uns ja manchmal eine Antwort lieber als ein weiterer Segen. Eine schöne, klare Antwort, die uns hilft, Gott zu verstehen und zu sehen, wo es hingeht in dieser ganzen Welt, wo es hingeht mit dieser ganzen Welt. Aber, ehrlich gesagt, ich bezweifle, dass uns so eine Antwort lange tragen könnte. Unser Leben verändert sich. Wir stellen neue Fragen, sehen andere Zusammenhänge. Welche Antwort auf die Frage nach dem „Warum?“ könnte uns wirklich auf Dauer überzeugen?

Es wird wohl so sein, dass wir um die Ringkämpfe in unserem Leben nicht herum kommen. Wie auch immer wir den Gegner nennen. Der Engel der Anklage und der Engel der Herausforderung werden uns weiter begleiten – und Gott wird für uns unfassbar bleiben. Aber eines gibt es, auf das wir uns verlassen können: Gottes Segen hat eine Kraft, die von Grund auf verwandelt.

Jakob war nach dieser Begegnung ein anderer. Er hat gelernt, seine Schuld anzunehmen. Er geht mit neuer Kraft in die Zukunft und hält an Gott fest, gerade auch im Kampf. Eben deshalb bekommt er einen neuen Namen: *Israel*, das bedeutet so viel wie: „Fechter Gottes“. Der Name bedeutet aber auch, dass er zum Stammvater eines ganzen Volkes geworden ist. Die Verheißung, die Gott ihm gegeben hat, hat sich erfüllt – sogar weit über sein Leben hinaus.

Aber auch sein Leben wird sich verändert haben durch diesen Kampf in der Nacht. Ich denke, Jakob wird es von nun an *leichter* nehmen. (*Feder zeigen.*) Er hatte das ja früher schon einmal erlebt, dass Engel ihm nahe waren und durch sie und mit ihnen das Angesicht und die Stimme Gottes. Wir stellen uns Engel immer als Lichtwesen vor, weiß und leicht – so wie eine Feder. Aber Engel sind mächtig und zart zugleich. In ihnen deutet sich schon an, was später Jesus Christus zusagen wird: „Lass dir an meiner Gnade genügen, denn meine Kraft ist in den Schwachen mächtig.“

Gerade in diesen Wochen der Passionszeit, aber auch das ganze Jahr hindurch, ist uns der schwache Christus besonders nahe. Seine Schwäche ging bis zum Äußersten, bis zum

Tod. Doch dieser Tod hat nicht das letzte Wort behalten. Im Gegenteil. Sein Tod öffnet den Himmel – für ihn damals schon, und für uns dann, wenn es so weit ist.

Die Verbindung zwischen Himmel und Erde, die Jakob im Traum gesehen hat, als die Engel auf- und abstiegen, diese Verbindung hat in Christus Gestalt angenommen. Gott hält sich aus unserem Leben nicht heraus. Er kommt uns nah, zart, wie eine Feder manchmal – und manchmal auch so machtvoll wie in einem Kampf.

Nicht immer werden wir verstehen können, was da geschieht. Aber wir werden erleben, dass sich etwas verwandelt. So, wie Jakobs Leben sich in dieser Nacht verwandelt hat, so verwandelt Gottes Segen auch unser Leben. Trauer und Angst, Schuld und Schweigen werden uns auch weiter begleiten. Sie gehören zu uns wie die Nacht zum Tag. Aber Gott selbst – oder sein Engel wird sie verwandeln.
Amen.

Und der Friede Gottes, der höher ist als alle unsere Vernunft, bewahre unsere Herzen und Sinne in Christus Jesus. Amen.

Lied: *Du verwandelst meine Trauer in Freude*
(Text und Musik: Johannes M. Roth)

Du verwandelst meine Trauer in Freude,
Du verwandelst meine Ängste in Mut,
dass in der Wüste neues Leben erblühe,
frisches Wasser meine Seele berührt,
dass in der Wüste neues Leben erblühe,
frisches Wasser meine Seele berührt.
Du verwandelst meine Fehler in Leben,
Du verwandelst meine Fragen in Vertraun, dass...
Du verwandelst meine Enge in Weite,
Du verwandelst meine Dunkelheit in Licht, dass...
Du verwandelst meine Stille in Frieden,
Du verwandelst meine Klage in Gesang, dass...

Fürbittengebet

L: Lasst uns beten:

Rahel: Guter Gott,
ich bitte Dich für alle Menschen,
die in ihrem Leben auf etwas warten.
Für die, die sich nach Liebe sehnen oder Frieden
und für die, die auf Deine Kraft hoffen:
Enttäusche unsere Sehnsucht nicht, ewiger Gott.
Unser Herz und unser Verstand reichen nicht über die Zeit hinaus. Wir bitten Dich, lass uns auch in diesem Leben hier schon Erfüllung finden.

EG 178,11 *Herr, erbarme Dich...*

Laban: Guter Gott,
ich bitte Dich für die Menschen,
die mit ihrem Leben zufrieden sind,
die Erfolg haben
und deren Kummer sich gewendet hat.
Bewahre uns unsere Zuversicht und die Freude am Leben.
Und lass uns dabei nicht vergessen, dass wir alles Dir zu verdanken haben.

EG 178,11 *Herr, erbarme Dich...*

Lea: Guter Gott,
ich bitte Dich für die Menschen,
die sich von anderen benutzt fühlen,
oder ausgenutzt.
Für die, die nicht erleben, dass sie um ihrer selbst willen geschätzt werden.
Sei Du uns ganz nahe, erfülle uns mit Deinem Geist, damit wir wissen, wie wertvoll wir für Dich sind.

EG 178,11 *Herr, erbarme Dich...*

Hochzeitsgast: Guter Gott,
ich bitte Dich für die Menschen,
die immer nur daneben stehen, wenn etwas Großes geschieht. Für alle die, die nie etwas gewinnen und die nie im Rampenlicht stehen.
Lass uns nicht bitter werden, sondern bewahre uns in Deiner Liebe und führe Du uns am Ende zu einem wunderbaren Ziel.

EG 178,11 *Herr, erbarme Dich...*

L: Guter Gott,
Du hast uns das Leben gegeben und führst uns in die Zukunft. Dir vertrauen wir uns an,
jetzt und Ewigkeit.
In diesem Vertrauen beten wir als Deine Kinder:

Vater unser

Band (Improvisation)

Abkündigungen (L)

L: Wir wollen Sie nicht aus diesem Gottesdienst entlassen, ohne einen Ausblick auf das weitere Leben von Jakob zu geben:

Ausblick

E: Jakob und Esau haben sich versöhnt, und Jakob führte noch ein langes Leben. Allerdings ein Leben mit Höhen und Tiefen – wie bei wohl allen Menschen. Ein zwölfter Sohn wurde ihm geboren, aber seine geliebte Frau Rahel starb bei der Geburt. Seine Kinder wurden erwachsen. Doch sie entwickelten sich nicht so, wie er es sich vorgestellt hatte.

Auch Jakob hatte, wie sein Vater, ein Lieblingskind, Josef. Und der Junge musste – wie sein Vater – viel erleiden. Jakob dachte schon, Josef wäre tot.

Aber dann wendete Gott doch noch einmal alles zum Guten. Und am Ende feierte die ganze Familie ein großes Versöhnungsfest. Ein Fest, das fast schon wie ein Abglanz dessen war, was eigentlich erst im Himmel auf uns wartet. Ein Fest, in dem sichtbar wurde, dass der Segen Gottes in Jakob aufgegangen ist – der Segen in seinen Kindern und Kindeskindern bis auf den heutigen Tag.

Segen

L: Auch wir gehören zu den geistlichen Kindern Jakobs,
den Gesegneten.
Deshalb geht in diesen Tag
unter dem Segen Gottes:

Der Herr segne Dich und behüte Dich.
Der Herr lasse sein Angesicht leuchten über Dir
und sei Dir gnädig.
Der Herr erhebe sein Angesicht auf Dich
und gebe Dir Frieden.
Amen.

Lied: *Ihr sollt ein Segen sein*
(Text und Musik: Johannes M. Roth)

Ihr sollt ein Segen sein,
ihr sollt ein Segen sein!
Ihr sollt ein Segen sein,
ihr sollt ein Segen sein!
Für die Welt, für die Völker,
die Menschen,
für die Tiere, die Blumen
und alles, was lebt.
Ihr seid füreinander da,
um zu leben,
den Segen weiterzugeben.[82]

Ausklang (Band)

VIII. Heraus-forderung des Glaubens

Jakob, der gesegnete Lügner

FULBERT STEFFENSKY

Was soll ich an Jakob lieben, an diesem Hinterhältigen und Schlitzohr? Schon im Mutterleib versucht er sich vor seinen Bruder zu drängen, indem er seine Ferse ergreift. Was soll ich an ihm lieben, der seinem Bruder Esau, dem Tölpel, das Erstgeburtsrecht abluchst? Was soll ich an ihm lieben, der später die Hilflosigkeit des Vaters ausnutzt und den Bruder um den Erbsegen betrügt? Später wird er selber von seinem Schwiegervater betrogen und er betrügt diesen wieder. Jakob, der Lügner und der betrogene Betrüger! Er wird bevorzugt von der Mutter, die ihm hilft, den Vater zu hintergehen. So wird er später Benjamin und Josef seinen anderen Söhnen vorziehen. Welche Geschichte des Hintergehens, der ungerechten Bevorzugung und der kalten Berechnung!

Dann der Humor Gottes! Er lässt sich sehen von den Augen des Listigen im nächtlichen Traum in der Stadt Lus, durch die er auf seiner Flucht vor dem Zorn des betrogenen Bruders kommt. Gott wartet nicht darauf, dass einer mit reinen Augen kommt. Er verspricht sich dem Hinterlistigen beinahe, wie sich eine Braut dem Mann verspricht: „Siehe, ich bin mit dir und will dich behüten – ich will dich nicht verlassen!" Jakob reagiert eher kühl auf die Erscheinung Gottes. Er salbt zwar den Stein, auf dem er geschlafen hat mit Öl und gibt dem Ort den neuen Namen Bethel. Das Gelübde aber, das er dann ablegt, hat nicht die Innigkeit des Versprechens und der Zuneigung Gottes: Wenn der, der mir da erschienen ist, mir Brot und Kleider gibt; wenn er mich im Frieden wieder zurückbringt, dann soll er mein Gott sein. Das Menschlein, das Schlitzohr, knüpft die Verehrung dieses Gottes an Bedingungen. Dieser Gott verspricht ihm ohne Einschränkung seine Anwesenheit und den Segen – Großmut gegen Kalkül! Jakobs Frömmigkeit ist Mittel zum Zweck.

Jakob dient als Knecht im fremden Land. Er wird reich, und er zieht zurück in das Land seiner Herkunft. Er hört, dass Esau ihm mit einer Kriegsschar entgegenzieht. Er fürchtet sich und er betet. Nein, es ist nicht das reinste Gebet, das jemand sprechen kann. Es ist aus Angst geboren. Aber eines hat er schon gelernt in seiner Angst: Er beruft sich nicht mehr auf sich selber. „Ich bin zu gering aller Barmherzigkeit und aller Treue, die du an deinem Knecht getan hast." Jakob baut sich nicht vor Gott auf, nicht einmal als reuiger Sünder. Er argumentiert mit nichts anderem als mit der grundlosen Barmherzigkeit Gottes. Gnade hat keinen Grund – außer der Gnade. Er argumentiert mit seiner Armut: Ich bin zu gering! Er lernt die große Kunst der Bedürftigkeit. Nein, einer, der sich mit eigenen Künsten, Tricks und mit dem eigenen Manövrieren durch das Leben schlägt, kann einem nicht sympathisch sein. Aber auf einen, der keine Argumente mehr hat, wird man aufmerksam. Er verliert sein Gesicht vor der Güte, die ihn geführt hat. Er lernt, dass er nichts vorzuweisen hat. Er spricht wie jener Zöllner aus dem Evangelium: Herr, sei mir Sünder gnädig! Ich liebe an Jakob seinen Protestantismus: Er hat jedes Recht auf Berufung vor diesem Gott aufgegeben. Die letzte Hinterlist und der letzte Hintersinn sind ihm abhanden gekommen. Der Schlaukopf hat seine Schläue verloren. Er weiß nur das eine: Ich bin zu gering aller Barmherzigkeit und Treue! Nein, das ist keine Selbstmissachtung. Es ist die größte menschliche Größe, die man sich denken kann, zur eigenen Bedürftigkeit zu stehen. In dieser Größe kann man nicht groß sein. Man ist „gering", man ist sich selbst enteignet und angewiesen auf Barmherzigkeit und Treue. Erst bedürftige Menschen sind gewaltlose Menschen. So ist das Eingeständnis der Bedürftigkeit die Möglichkeit der Versöhnung mit dem verfeindeten Bruder.

Dann kommt jene Nacht an der Jabbokfurt. Hab und Gut hat er schon über das Wasser gebracht. Er bleibt allein zurück in der Einsamkeit und Dunkelheit jener Nacht. „Da rang ein Mann mit ihm bis die Morgenröte anbrach." Diese Geschichte lässt uns mit unseren Fragen allein. Wer ist der Mann? Warum greift er ihn an? Warum verletzt er Jakob? Wir haben nicht mehr als das Geheimnis dieser Geschichte. Auf einem alten Bild ist sie überschrieben: „Jakob worstelt mit dem Engel." Weder Jakob noch der dunkle Fremde siegen. Mit Siegen ist nichts mehr gewonnen. Es bleibt ein gesegneter Geschlagener zurück. Offensichtlich können auch Engel verletzen. Es bleibt einer zurück mit einem neuen Namen: Israel. Es bleibt einer zurück, der Gott gesehen und überlebt hat. Der alte natürliche Name Jakob ist zweideutig: „Jakob“ kann heißen der Zweitgeborene, es kann heißen der Hinterhältige. Der verliehene Name befreit Jakob aus seiner Zweideutigkeit. Aber er ist geschlagen, er hinkt. Und so geht er dem feindlichen Bruder entgegen, lahmend und leicht zu schlagen. Aber er wird nicht geschlagen von seinem Bruder, der ihn doch einst töten wollte. Seine Lähmung ist der Grund der Versöhnung. Es ist nicht der letzte Schlag, den Gott ihm versetzen wird. Die Frau, die er liebt, wird sterben. Der Sohn, den er über alle anderen liebt, wird ihm genommen. Gewiss, es gibt einen guten Ausgang der Geschichte. Nach vielen Jahren der Trauer wird er ihn wieder finden. Aber dieser gute Ausgang hebt die langen Jahre der Trauer nicht auf. Israel bleibt der Hinkende. Israel ist einer der Väter des Glaubens: Hinkend und angewiesen auf die Güte jener Augen, die er gesehen hat in jener Nacht in Bethel und in der schrecklichen Nacht am Jabbok.

Ach Jakob

Eva Zeller

Ganz schön clever
bist du gewesen
hast dich an Esaus
Ferse geklammert
als ihr aus eurer
Mutter Leib gepresst
wurdet

Ganz schön verzogen
bist du gewesen
ein Muttersöhnchen
Wachs in Rebekkas Händen
Was sie sagte
war dir Befehl
und wenn sichs um ganz
krumme Dinge handelte
Erbschleicherei
zum Beispiel
Erpressung
zum Beispiel
raffinierte
Täuschungsmanöver
Mannomann

Ganz schön durcheinander
bist du gewesen
später auf Freiersfüßen
Lea und Rahel
Rahel und Lea
ihre propperen Leibmägde
nicht zu vergessen
die reinste Bildzeitungs-
story aus Mesopotamien

Herr des Himmels
Aber der
der Gott
Abrahams und Isaaks
scheint das anders
gesehen zu haben
Seine Engel turnten dir
an der Himmelsleiter was vor
vielleicht weil deine
Ausdauer ihm imponierte
Sieben Jahre auf Rahel
und ihre glänzenden Augen
warten und dann doch erst mit
Lea vorliebnehmen zu müssen
ihrer triefäugigen Schwester
also das nenne ich Engels-
geduld du meine Güte.

Dafür konntest du nun
aus dem vollen schöpfen
Vielweiberei und Zauber
mit Liebesäpfeln das
waren noch Zeiten von denen
die armen Männer von heute
nur träumen können auch von
dem unwahrscheinlichen Glück
mit deinem Schwiegervater
bei der Klüngelei um
bunte und sprenklige Böcke
gefleckte und glatte Lämmer
und schwarze Ziegen wo
gar nichts Weißes dran war
Also sorry nur Kumpel mit denen
man Pferde stehlen kann
finden sich da zurecht

So wurdest du über
die Maßen reich an
Knechten und Mägden
Rindern Eseln und
jungen Stieren und
säugenden Kamelen mit
ihren Füllen du
machtest dich heimlich auf
über den Euphrat samt Lea
und Rahel und Söhnen
elf an der Zahl

Gott oder sein Engel
riefen immer wieder
vom Himmel herab wohin
du dich wenden solltest
einer vom wandernden
Gottesvolk hört diese
Stimme zieht über den
Jabbok zurück dahin
woher er gekommen ist

Dort an der Furt hat sichs
dann abgespielt dieser
Nahkampf auf Leben und Tod
Du wusstest nicht wer dich
überwältigen wollte
das ging so die halbe Nacht
bis endlich die Morgenröte
sich zeigte und du mit
verrenkter Hüfte davon
kommen konntest hinkend
jedoch mit dem Segen dessen
den du bekniet hast

Sage mir wer Du bist
wer dir einen neuen
Namen gegeben hat
mit dem du reden konntest
bis die Sonne aufging
Ein Dialog unter vier Augen
Ein Leben lang hast du
solche Gespräche geführt

Deshalb verneige
ich mich vor dir
siebenmal
bis zur Erde
wie du dich
siebenmal
bis zur Erde
vor deinem Bruder
verneigt hast

Abbildung 10: Christamaria Schröter „Vorher"

Was bleibt?

Vom Jakobssegen und seiner Unverbrüchlichkeit

WOTY GOLLWITZER-VOLL

„Was bleibt?“ hat ein älterer Kollege mich neulich gefragt und damit angedeutet, was ihn jenseits der Pensionierung beschäftigt. Ich habe die Frage so verstanden, dass das Bemühen, andere Menschen bei ihrer Sinnfindung zu unterstützen, noch nicht alle eigenen Fragen beantwortet. Was bleibt, wenn man sich trotz aller unbestrittenen positiven Lebensleistungen das Bruchstückhafte des Lebens vor Augen hält? Was bleibt, wenn man sich eingesteht, dass Vieles, dem man das Erreichen einer Vollgestalt gewünscht hätte, ein Fragment geblieben ist? Bei jedem von uns werden sich andere Assoziationen hinsichtlich dieser Frage einstellen, die sich letztlich darauf bezieht, was mich hält und trägt, wenn die bergenden Strukturen, zu denen ja auch Arbeit und Beruf gehören, schwächer werden.

An diese Frage musste ich denken, als ich mich den Jakobsgeschichten zum Thema Segen zuwandte. Bisher hatte ich diese vorrangig als Einzelerzählungen wahrgenommen. Etwa, wie Jakob mit List den Erstgeburtssegen von seinem Vater Isaak gewinnt (Gen 27), so wie er zuvor schon seinem älteren Zwillingsbruder Esau für Brot und Linsenmus das Erstgeburtsrecht abgehandelt hatte (Gen 25,29–34); wie dieser Segen, unabhängig von der Tatsache, dass es ein erschlichener Segen ist, Gültigkeit besitzt; wie dieser Segen in einer großen nächtlichen Gotteserfahrung seine Bestätigung findet, als Jakob auf dem Weg nach Haran von einer Himmelsleiter träumt, an deren Spitze ihm der Gott seiner Väter erscheint, um ihm zu offenbaren, dass dieser Segen über alle Generationen hinweg Bestand haben wird (Gen 28,10–22); und schließlich, wie Jakob auf dem Weg zurück in seine Heimat einen schweren Kampf mit einem Unbekannten um eben jenen Segen zu bestehen hat – ein Kampf, aus dem Jakob als eine neue Kreatur hervorgehen wird (Gen 32,23–33). Starke, archaisch anmutende Geschichten, die insofern exemplarischen Charakter haben, als sie zeigen, wie belastbar das Segensband ist, das zwischen Gott und dem Menschen gespannt ist.

Lesen wir die Jakobsgeschichten hingegen quer auf den Segen Gottes hin, gelangen wir zu einer Art „Über-Erzählung", die ein Fortschreiten der Segensthematik suggeriert. Dabei ergibt sich eine triadische Struktur (Gen 27 – Gen 32 – Gen 35). In Gen 27 hören wir von dem Segen, den sich Jakob mit der Unterstützung seiner Mutter Rebekka auf listenreiche Weise erwirbt. Zwar hat dieser Segen Bestand, doch liegt in Gestalt der gestörten Bruderbeziehung ein Schatten auf ihm. So flieht Jakob vor seinem Bruder Esau zu seinem Onkel und späteren Schwiegervater Laban nach Haran – freilich, ohne dass die Segenskräfte ihn verlassen würden. Er gewinnt Lea und Rahel zu seinen Frauen, seine Familie wird groß, sein Besitz vermehrt sich. Der Segen nimmt deutliche Gestalt im Leben des Jakob an, so dass Laban sich zu der Aussage veranlasst sieht: „Ich spüre, dass mich der Herr segnet um deinetwillen." (Gen 30,27) Doch ungeachtet aller irdischer Segenswirkungen gilt auch: Dieser Schatten wird bleiben, bis Jakob sich an der Furt des Flusses Jabbok der Vergangenheit stellt. Es ist gewiss legitim, die Geschichte vom Kampf Jakobs am Jabbok tiefenpsychologisch als die Schilderung einer Auseinandersetzung mit dem eigenen Schatten zu deuten, aus der heraus dem Jakob eine reifere Persönlichkeit erwächst. Der einst auf Kosten des Bruders erschlichene Segen bedarf einer neuen Manifestation. Erst dann kann Jakob seinen Fuß wieder auf heimatlichen Boden setzen. Welch fundamentale Erneuerung dieser Segen in Genesis 32 erfährt, wird nicht nur an der Intensität des Kampfes deutlich, der in der Aussage Jakobs seinen Höhepunkt erlebt: „Ich lasse dich nicht, du segnest mich denn." (Gen 32,27) Der Name des Gegenübers bleibt bis zum Schluss ungenannt; doch wird deutlich, dass der Gott Israels selbst es ist, der mit Jakob ringt und ihm aufs Neue seinen Segen gibt. Mehr noch: Jakob erhält einen neuen Namen; er wird fortan nicht mehr Jakob, sondern Israel heißen. Aus dem „Betrüger" Jakob wird der „Gottesstreiter" Israel, auf dem der Segen für ein ganzes Volk zu liegen kommt.

Aus der exegetischen Arbeit wissen wir, dass viele der alttestamentlichen Erzählungen ätiologisch ausgerichtet sind. Nicht anders verhält es sich bei den Jakobsgeschichten. Auch sie möchten etwas erklären, etwa warum Jakob jetzt auch Israel heißt. Oder weshalb der Ort, an dem Jakob von der Himmelsleiter träumte, Bethel genannt wird. Oder aus welchem Grund die Stätte, an der Jakob um den wahren Segen kämpfte, den Namen Pniel trägt. Nun ist dem Ring von Jakobsgeschichten in Gen 35,1–15 noch eine weitere Geschichte zugeordnet, die auf ungleich ruhigere Art von der neuen Namensgebung Jakobs berichtet und diesen neuen Namen in Bezug setzt zu der Bethel genannten Stätte. Die Benediktinerin Johanna Domek hat in ihrem Buch „Segen – Quelle heilender Kraft“ (Münsterschwarzach 1988) den Weg des Jakob als einen Reifungsweg beschrieben, als einen „Weg vom erschlichenen zum erkämpften Segen, vom listenreich Gesegneten zum verwundeten Gesegneten“ (61). Damit hat sie, was überaus wichtig ist, deutlich gemacht, dass vom Segen Reden alles andere als ein „weiches“ Thema ist. Um den Segen im Leben zu kämpfen, ist ein lohnendes Unternehmen – für Jakob wie für alle nach ihm, die bereit sind, sich von der Segenskraft Gottes verändern zu lassen. Doch liegt mir – im Anschluss an Gen 35 – daran, sich vor Augen zu führen, dass es letztlich ein Akt der göttlichen Ruhe war, der den Segen im Leben des Jakob zu seiner Vollgestalt brachte. Auch in dieser Geschichte bleibt die thematische Anbindung an die Bruderproblematik erhalten, auch hier wird Jakob gesegnet und erhält einen neuen Namen. Deutlicher aber als in den beiden prominenten Segensgeschichten (Gen 27 und 32) wird hier herausgestellt, dass Jakob erst jetzt – als mit dem Segen Gottes und seinem neuen Namen Versehener – in dem Raum von „Bethel“, im „Haus Gottes“, angelangt ist. Diese Sicht der Dinge lädt dazu ein, über den erschlichenen und den erkämpften Segen hinaus vom frei gewährten Segen Gottes zu sprechen – und damit aus einer dualen eine triadische Struktur zu machen.

Gerhard von Rad, der große Interpret des Alten Testaments, wies einmal darauf hin, dass die Erzählungen der Vätergeschichte nicht nur an der Tatsache der göttlichen Verheißung und Führung als solcher interessiert seien. Vielmehr rückten sie „das ganze Humanum des Verheißungsträgers“ ins Blickfeld, in dessen Reaktionen und Konflikten sich die Verheißung spiegelt. Im Besonderen ist dies, wie wir gesehen haben, bei der Jakobsfigur der Fall. Wenn man will, kann man den konfliktreichen Weg vom erschlichenen zum frei gewährten Segen auch als einen therapeutischen Prozess verstehen. Wie viele Menschen leiden – bewusst oder unbewusst – darunter, dass sie sich nicht gesegnet wissen, wobei die Weisen, diesen Segensmangel zu artikulieren, durchaus variieren können und neben verbalen Äußerungen („Ich habe nie Glück gehabt." „Ich habe mich immer benachteiligt gefühlt." „In meinem Leben ist von Anfang an alles schief gegangen.") auch nonverbale Ausdrucksformen umfassen (gebeugte Körperhaltung, reduzierte Gestik, tonlose Stimme). Für Menschen, die so oder ähnlich fühlen, ist es bereits ein großer Fortschritt, wenn sie es lernen, um den verweigerten Segen zu kämpfen. Es ist ein erster Schritt, das eigene Schicksal nicht länger passiv zu erleiden, um so nach und nach zu einer aktiven Lebensgestaltung zu finden. Therapeutisch gesehen, sind solche Wege oft langwierig und schattenumweht. Immer wieder halten die Schatten der Vergangenheit in Gestalt von alten Verletzungen, tief sitzendem Misstrauen oder eingespielten Verhaltensmustern die Genesung auf. Die Furt des Jabbok muss mehrfach überschritten werden, bis das Vertrauen da ist, wirklich in einem neuen Land angekommen zu sein. Ein Klient sagte mir einmal: „Ich habe lange gekämpft; jetzt möchte ich mich in der Gelassenheit üben." Das macht sehr schön deutlich, dass der therapeutische Prozess nicht beim Kämpfen stehen bleiben darf. Es wäre – in körperlicher, seelischer, aber auch geistlicher Hinsicht – unökonomisch, sich den Segen immer aufs Neue erstreiten und erkämpfen zu wollen. Am Ende des therapeutischen Prozesses wird irgendwann die Einsicht und die Einwilligung in diese Einsicht stehen, dass der Segen Gottes ein frei gewährtes Gut ist, das mir bleiben wird durch alle Tiefen und Höhen meines Lebens hindurch. Es gibt also so etwas wie den „Segen einer reiferen, gesünderen, integrierten Persönlichkeit"(Hartmut Stoll). Wenn dem so ist, können wir die Vorgänge seelischer Reifung und Genesung durchaus als eine Form des Segens betrachten, so wie die therapeutische Arbeit im Ganzen als Segensarbeit verstanden werden kann.

Die Beschäftigung mit der bewegten Segensgeschichte des Jakob kann uns den Blick dafür eröffnen, wie der Segen Gottes sich im Leben des Menschen auf je eigene, unverwechselbare und einzigartige Weise entfalten will. Ob erschlichen, erkämpft oder frei gewährt – was bleibt, ist der Segen in seiner Unverbrüchlichkeit. Das bedeutet – auf uns selbst hin gewendet –, dass wir als Segensempfänger in der Gewissheit leben dürfen, des einmal gewährten Segens Gottes nicht mehr verlustig gehen zu können. Auch wenn nichts sonst uns bleiben sollte, der Segen wird uns bleiben. Und es bedeutet – auf andere hin gewendet –, dass wir auf Grund dieser Gewissheit dazu berufen sind, als Segensvermittler tätig zu sein und die Erinnerung an dieses dauerhafte Gut wach zu halten. Hier findet die moderne Rede von der „Nachhaltigkeit“ ihren tieferen Grund. Denn die größte Nachhaltigkeit in unserem Leben hat der Segen Gottes; ihm allein haftet nichts Fragmentarisches an, er allein ist unverbrüchlich. Diese Unverbrüchlichkeit im Auge zu behalten, ist gerade im therapeutischen Kontext, in dem die Beschäftigung mit Lebensbruchstücken im Vordergrund steht, von großer Bedeutung. Auch Jakobs Leben war nicht frei von Brüchen. Und doch barg jeder Bruch von neuem die Chance, sich des nie erlöschenden Segens zu vergewissern. Dieser Prozess des Zerbrechens und des Neuwerdens findet seinen stärksten Ausdruck in dem neuen Namen, den Jakob erhält. Er ist – neben seiner speziellen Bedeutung für den Fortgang der göttlichen Heilsgeschichte – ein symbolischer Ausdruck der Hoffnung, dass Gott aus den Bruchstücken unseres Lebens ein neues Ganzes formen kann. Insofern sind Segensgeschichten immer auch Hoffnungsgeschichten.

Darüber hinaus laden uns diese alten Segensgeschichten ein, unser Leben vom Segen her zu deuten. Sie haben also auch eine hermeneutische Qualität, indem sie zeigen, wie „Leben im Segen“ aussehen kann. Es ist Leben im Segen, wenn wir mit allen Mitteln um unsere Gottesbeziehung ringen; es ist Leben im Segen, wenn wir – wie Jakob – ausziehen und in der Fremde um unser Glück dienen; es ist Leben im Segen, wenn uns am Ende manches von dem zufällt, was wir für uns ersehnt haben. Das Segensband zwischen Gott und dem Menschen erweist sich dabei als überaus elastisch. Dass der Segen strapazierfähig ist, zugleich aber der Pflege bedarf – auch das erfahren wir in der Begegnung mit der Jakobsgestalt. Letztlich kann die Segensgeschichte des Jakob als Geschichte einer Vergewisserung gelesen werden. Sie erzählt davon, wie wir Kinder Gottes sein und bleiben können, trotz aller unserer Fehlerhaftigkeit teilhaftig der großen Verheißungen, die Gott all jenen macht, die auf seinen Namen hören. Von daher fällt am Ende dieser Betrachtung ein neues Licht auf die Frage „Was bleibt?“ – nicht im Sinne des Minimalen, das uns am Ende unseres Lebens noch bliebe, sondern im Sinne des Maximalen in Gestalt eines Segens, der nicht verjährt und nicht verfällt. Mithin kommt dem Segen eine sinnstiftende Dimension zu. Leben im Zeichen dieses unverbrüchlichen Segens ist zutiefst sinnvolles Leben. Zugleich ist es ein Leben, das immer wieder Frieden (Shalom) sucht – mit Gott und den Menschen. Diese sinnstiftende, hermeneutische Kraft, die dem Segen innewohnt, wird auf schöne Weise deutlich an folgender Zwiesprache mit Gott. Wer einstimmen kann in dieses „Ich fürchte dich nicht, Gott“, weil er verstanden hat, dass Gott es gut mit uns meint (segnen = lat. benedicere), ist im wahrsten Sinn des Wortes *gesegnet.*

Am Ende sehe ich den Anfang.
In ganz neuem Licht
erscheint mir die Welt.
Ich sehe auf meinen Weg,
den ich genommen habe,
auf alles Glück und Unglück.
Am Ende schließt sich der Kreis
und meine Fragen lösen sich.
Mit allem, was ich verliere,
gewinne ich neue Freiheit.
In meinen Gedanken
unternehme ich weite Reisen.
Ich gehe zurück
in fast vergessene Zeiten.
Bei längst verloren geglaubten
Gefühlen und Menschen
kehre ich ein.
Und ich nehme vorweg,
was kommt.
Am Ende zeigt sich aller Sinn.
Ich fürchte dich nicht, Gott.[83]

Abbildung 11: Christamaria Schröter „Nachher“

Ach Jakob

Paul Konrad Kurz

I
Die Füße Steinen
die Stirn der Sonne ausgesetzt
Mit bloßem Segen auf dem Rücken
gegen die Schakale
nachts zu den Sternen heulen

Ach Jakob
dunkler Sohn der Räuberin Rebekka
Nach des Tages Hitze
sein Haupt auf einen wind–
geschliffenen Kiesel legen
Ungebettet spinnen in der Wüste
den Himmelsfaden
Wer möchte nicht die schöne Leiter
über Gegner stellen
um morgens aufzuwachen
mit der Gewissheit seines Gottes
in den Lenden

Ach Jakob
Hirte ohne Weiden
Sag wie setzt man
einen Finger den wehen
Fuß auf deine Leiter

In jenen Tagen
als Lichte
auf und nieder stiegen
in keiner Gegend
ein schwarzes Loch sie hindert
und jedem Fremden
zum Himmel eine Luke offen hielten
dass er auf Erden lebe

Ach Jakob unbeschuhter
deine Leiter
psalmiert ins Wolkenlose

II

Hast du gebrüllt
schreiend deine Urkraft
ausgestoßen als der Widerständige
dir ins Fleisch griff

Verrenkt
dem Übermächtigen entkommen
stapftest du mit anderen
Augen über den Fluss

Und hast geredet
von dem Ungeheuren
entblößt die Hüfte
deinen Söhnen dargezeigt

Vor Knechten hinkend
verhieltst du anders dich
zu deinen Frauen Die Mägde
haben dich bedauert

Verstört
noch schwanger von dem Fremden
oder einfach stolz
auf deinen mitgebrachten Segen

Ach Jakob Held
wer zählte nicht
an einem Winterabend
schon gern zu deinen Söhnen

III

Von Geburt verzagt
nachgeboren seit Kindheitstagen
Nicht berührt von Mutters List
durch keines Vaters Segen
Von Lehrern zu Zweifeln
angeleitet Sätze
hinterfragend Keiner wagt
zu streiten mit dem Engel

Nicht mit Hungeraugen
harrend bis zur Ernte
Stracks aus Regalen Milch
gezogen Honig Weizen

Nie mit Weisenden im Traum
verbunden Unter Dächern
das Haupt gelagert
Ach Jakob
Wie kommen wir zu unserem Segen

Dem Himmel ganz nah

CHRISTAMARIA SCHRÖTER

Unaufhörlich
fließt dir
der Segen schon zu
im Mutterleib
bringt er zurecht
weicht nicht
als du mit List
nach ihm greifst

Zehnmal gesegnet wirst du
mehr noch – geliebt
und du weißt es oft nicht
Du kämpfst in der Nacht
als hinge alles an dir
Er aber strömt
wie Wasser, Feuer und Licht

Wenn du in Unwissenheit
dich verschließt
bleibt er verborgen und still
bis der Zeitpunkt kippt
Verkehrtes kehrt um
und die Richtung stimmt –
Dann gehst du aufrecht
mit deinen Augen
dem Himmel ganz nah

Gesegneter Gottes
ein Segnender jetzt – selbst vor dem
in dessen Händen du bist
Zukunft
fällt dir ins Wort
erleuchtet von Gott
veränderst du segnend die Welt

Josef, der Sohn

Eine Perspektive des Glaubens

Jörg Jeremias

1.

Josef ist anders als sein Vater Jakob. Er ist gradliniger, weniger zwiespältig. Nie hat er versucht, der Zusage und dem Segen Gottes mit Hirtenkniffen ein wenig nachzuhelfen. Nie hat er sich zur Erlangung seiner Ziele fragwürdiger Mittel bedient. Er ist zweimal durch akute Lebensgefahr hindurchgegangen und hat aus den Stunden der Angst und Erniedrigung gelernt, vom anderen Menschen her zu denken. Anderen Menschen in Lebensgefahr ist er zum Retter geworden.

Josef ist anders als sein Vater Jakob. Zwar ist er als Heranwachsender Hirte wie dieser gewesen, aber seit seine besonderen Gaben dem Pharao bekannt gemacht worden sind, lebt er ein Leben am ägyptischen Hof, an den Schalthebeln der Weltpolitik. Hier kleidet man sich anders – Josefs Amtskleidung, seine Amtskette und sein Siegelring werden penibel notiert (Gen 41,42) –; hier verhält man sich anders – man lernt etwa, wann es Zeit zum Reden, wann zum Schweigen ist, und man zeigt seine Gefühle nicht in der Öffentlichkeit, sondern spart sie für den Privatraum auf (42,13; 43,30) –; hier begräbt man anders – Jakobs und Josefs vierzigtägige Einbalsamierungen werden in 50,2f.26 beschrieben. Im Unterschied zu Jakobs Lebenswelt spielt hier auch eine Rolle, dass Josef „von schöner Gestalt und schöner Erscheinung" war (39,6).

Josef ist anders als sein Vater Jakob. Undenkbar, dass ihn ein Prophet als „Betrüger von Mutterleib an" hätte beschimpfen können (Hos 12,4). Gewiss ist auch er nicht fehlerlos, aber seine Schwächen bleiben auf seine Jugend beschränkt. Sein Prahlen mit seinen Träumen ist unreif, und man kann die ärgerliche Reaktion der Brüder grundsätzlich durchaus verstehen. Aber seit er aus Lebensgefahr gerettet worden ist und nach Ägypten gekommen ist, ist sein Verhalten untadelig: Er widersteht schwersten Versuchungen; er weiß die Zeichen der Zeit zu deuten und plant in kluger Voraussicht nicht nur für die nahe, sondern auch für die ferne Zukunft; er begegnet seinen Brüdern, die ihn hatten beseitigen wollen, ohne jegliche Hass- und Rachegefühle. Kurz: Josef ist ein Vorbild – unvorstellbar, dass jemand dies von seinem Vater gesagt hätte. In Jakobs Gestalt zeichnet das nachmalige Gottesvolk seine eigenen widersprüchlichen Züge ein, die es vom Erzvater ererbt hat; Josef bleibt ihm in weit größerer Distanz Modell, an dem es sich orientieren will.

2.

Die Josefsgeschichte ist anders entstanden als die Erzählungen von Jakob. Sind diese von Haus aus weitgehend Einzelerzählungen gewesen, die zu einem Jakob-Laban- bzw. zu einem Jakob-Esau-Erzählkreis zusammenwuchsen und erst dann miteinander und mit neuen Einzelerzählungen vereinigt wurden, so bildet die Josefsgeschichte von allem Anfang an einen fortlaufenden Erzählzusammenhang. Josefs Auseinandersetzungen mit seinen Brüdern liefern den Auslöser des Erzählens, und der Leser spürt, dass er nicht früher die Lektüre beenden darf, als bis er am Ende die Versöhnung zwischen Josef und den Brüdern erlebt hat. Freilich muss er Geduld mitbringen und eine Fülle an retardierenden Szenen zur Kenntnis nehmen, die die zentrale Thematik des Verhältnisses zwischen Josef und den Brüdern aus den Augen verloren zu haben scheinen. Um dieses Nebeneinanders von zentralem Spannungsbogen und Nebenakzenten in Einzelszenen willen hat man die Josefsgeschichte gern eine „Novelle“ genannt.

3.

Allerdings ist die Josefsgeschichte den Jakobserzählungen darin verwandt, dass der Stoff des Berichteten seine Herkunft aus kollektiven Erzähltraditionen immer wieder deutlich zu erkennen gibt. Sie ist im Kern eine Geschichte von Josef und seinen elf Brüdern, also von den Stammvätern des aus zwölf Stämmen gebildeten Israel, und wenn unter ihnen Josef eine so prominente Rolle spielt, dann als Ahnvater und Repräsentant des „Hauses Josef", der geschichtsmächtigsten Kernstämme des Nordreiches Israel. Dem entspricht, dass in einer Fassung der Josefsgeschichte Ruben, der Erstgeborene Jakobs und zunächst führende Stamm im Zwölfstämmesystem, der Sprecher der Brüder ist, in der anderen Fassung dagegen Juda mit dem kräftigeren Nordreich häufig in Spannung lebte. Zudem hat historisch die Josefsgruppe wohl eine besondere Verbindung mit Ägypten besessen und ist wahrscheinlich primärer Träger der Exodustradition gewesen. Und wenn in Gen 45,10; 46,28f.34 u.ö. das „Land Gosen", d.h. das Gebiet östlich des Nildeltas, als Wohnort Jakobs und der Brüder Josefs angegeben wird, so steht im Hintergrund dieses Erzählzugs das historische Faktum, dass die Ägypter hier in Hungerzeiten Hirtengruppen der Umgebung Aufenthaltsrecht zugestanden, nachdem sie sie zuvor sorgsam registriert hatten, um sicher zu gehen, sie auch wieder loszuwerden.

Bei näherem Zusehen unterscheiden sich freilich die kollektiven Traditionen in der Josefsgeschichte von den Erzählzügen mit kollektivem Charakter in den Jakobserzählungen: Statt den hier vorherrschenden Überlieferungen von Großfamilien und Sippen, aus denen sich nachmalige Volksgruppen erst entwickeln sollten, stehen die kollektiven Erzählzüge der Josefsgeschichte von Anbeginn im Horizont Gesamt-Israels. Auch die in Gen 37 vorausgesetzten Beziehungen zu den Midianitern sind in diesem Sinn zu verstehen (vgl. Ex 3,1; 18,12 etc.) und insbesondere das spezielle Verhältnis Josefs zu Benjamin.

4.

Mehr noch. Es ist für einen Leser, der von den Jakobserzählungen herkommt, höchst überraschend, wie frei die Erzähler der Josefsgeschichte mit den kollektiven Traditionen ihres Stoffes umgehen. Diese stehen nur noch im Hintergrund und sind nur für Leser auszumachen, die schon mit vorgängigem Wissen an das Erzählte herangehen. Nicht nur treten weit zahlreichere Akteure auf als in den Jakobserzählungen, in denen die Handelnden meist, der Gattung der Sage entsprechend, auf zwei oder drei Personen beschränkt bleiben, sondern diese Akteure sind auch weit stärker als Individuen mit komplexen Charakterzügen und wechselnden Gefühlen gezeichnet. So heißt es etwa von Jakob, als ihm die Nachricht überbracht wird, Josef sei noch am Leben: „Aber sein Herz blieb kalt", weil er der Nachricht misstraut (45,26), während umgekehrt ausführlich beschrieben wird, wie Josef beim Wiedersehen seinem geliebten Bruder Benjamin (45,14) bzw. seinem alten Vater Jakob (46,29) um den Hals fällt und in Tränen der Rührung ausbricht. Entsprechend komplexer ist der Handlungsverlauf des Erzählten.

5.

Vor allem aber wird Gott in der Josefsgeschichte anders wahrgenommen als in den Jakobserzählungen. Er spricht nicht mehr klare Verheißungsworte wie an Jakob in Bethel,[34] sondern teilt Josef Elemente der Zukunft in verschlüsselten Träumen mit. Josefs besondere Begabung besteht nicht so sehr darin, dass er Träume empfängt – das trifft auch für Pharao und seine Beamten zu – , sondern dass er die für die anderen unklaren und mehrdeutigen Träume präzise zu deuten vermag. Darin wird er zum Werkzeug Gottes, denn das Subjekt der Traumdeutung ist nicht Josef selber, sondern Gott (41,16.28) bzw. der in Josef wirkende „Geist Gottes" (41,38). Freilich meint der Erzähler nicht Träume generell, sondern jene Träume, durch die Gott kundtut, was bei ihm „fest beschlossen ist" (41,32).

Noch weniger aber begegnet Gott Josef wie seinem Vater Jakob in Gestalt himmlischer Boten (32,1) oder in Gestalt eines unerkannten nächtlichen Angreifers, der sein Leben bedroht (32,23ff). Von solchen direkten Konfrontationen mit Gott weiß die Josefsgeschichte nichts. Vielmehr bleibt Gottes Handeln im Hintergrund des Weltgeschehens verborgen, ohne doch deshalb weniger wirksam zu sein. Im Vordergrund der Ereignisse stehen Menschen mit ihren Emotionen, allen voran die von Josefs Anfangsträumen beleidigten und zum Hass getriebenen Brüder oder etwa die Frau Potiphars, die sich an Josef rächen will, weil er ihren Verführungskünsten widerstand. Im Hintergrund aber und weit wirksamer lenkt Gott das Geschick Josefs und der Menschen seiner Generation, indem er durch das Handeln der Brüder Josef nach Ägypten bringt und durch das Handeln der Frau Potiphars ihn ins Gefängnis zu weiteren Traumdeutungen führt. So lautet der entscheidende Deutevers der Josefsgeschichte an ihrem Ende in Gestalt der Anrede Josefs an seine furchtsamen Brüder:

Ihr zwar habt Böses gegen mich geplant –
Gott aber hat es zum Guten umgeplant (50,20).

Worin dieses „Gute" besteht, hatte Josef den Brüdern schon vorher eröffnet:

Bekümmert euch nun nicht und zürnt nicht über euch selbst,
dass ihr mich hierher verkauft habt;
denn als Lebensretter hat mich Gott vor euch her gesandt
(45,5).

Weil Gott dieses Ziel mit Josefs Geschick verfolgte, darum gilt:

Nicht ihr habt mich hierher gesandt,
sondern Gott (45,8).

Gott nimmt also in seiner Lenkung der Geschicke nicht nur die guten, sondern auch die bösen Absichten und Emotionen der Menschen in den Dienst seiner heilvollen Ziele. Nicht die Pläne der Menschen in ihrer Widersprüchlichkeit und mit ihren fragwürdigen Absichten sind der Motor der Geschichte, sondern Gottes Plan, den er Auserwählten wie Josef kundtut. Um dieses heilvollen Plans willen war er „mit Josef", so dass Josef alles glückte, was er begann (39,2f). Um dieses Planes willen schenkte er Josef die Gabe der Traumdeutung, so dass er für die Hungerjahre Vorsorge treffen konnte.

Was für die Menschen aus dieser Einsicht in Gottes verborgene Weltlenkung folgt, hatte längst zuvor die ältere Weisheit in Worte gefasst, auf die sich die Erzähler der Josefsgeschichte stützen. Ich nenne nur zwei ihrer Sprüche:

Das Ross ist gerüstet für den Tag der Schlacht –
aber der Sieg kommt vom Herrn (Spr 21,31).

Das Wissen um Gottes Geschichtslenkung soll den Menschen nicht in die Untätigkeit führen. Er soll und muss sich auf sein Tun sorgfältig vorbereiten. Aber er muss wissen, dass der Erfolg dieses Tuns nicht in seinen, sondern in Gottes Händen steht. Darum gilt:

Des Menschen Herz plant seinen Weg;
aber der Herr lenkt seinen Schritt (Spr 16,9).

Es ist ein unerschütterliches Vertrauen in Gottes gute Weltlenkung, das diese frühen Weisen in ihrem Denken und Handeln prägt.

6.

Und worin ist Josef Vorbild? Vor allem in einem: Weil er „gottesfürchtig" ist (42,18), d.h. jener verborgenen Führung Gottes zum Guten vertraut, von der eben die Rede war, kann er auf alle Rache und Vergeltung verzichten, vor der sich die Brüder so fürchten. Vergeltung steht nur Gott zu:

Fürchtet euch nicht!
Stehe ich etwa an Gottes Statt? (50,19)

Josef kann die furchtsam vorgebrachte Bitte der Brüder um Vergebung (50,17f) erfüllen. Und doch bedarf es dafür einer Vorbedingung. In mehreren ausführlichen Episoden ist davon die Rede, wie Josef die Brüder auf die Probe stellt (ab 42,6ff). Diese Proben, die ausgerechnet Benjamin, seinen Lieblingsbruder, betreffen, haben nur einen Zweck: Josef führt die Brüder zur Einsicht in ihre Herzlosigkeit, zur Erkenntnis ihrer Schuld. Zwar kann Gott, wie gesehen, auch schuldhaftes Handeln zu einem guten Ziel führen, aber ohne die Einsicht der Täter in ihre Schuld bleibt ihnen die letzte Versöhnung vorenthalten.

IX. Aufschlüsse und Ausblicke – Anstösse zum Weiterdenken

Wie Jakob selbst es sieht

Das „schlimme Leben" von Gen 47,9 in kanonischer Perspektive

FRANK CRÜSEMANN

Gegen Ende seines Lebens charakterisiert Jakob selbst im Rückblick sein gesamtes Leben. Als er vor Pharao steht und dieser ihn nach seinem Alter fragt, antwortet er: „Die Tage der Jahre meiner Fremdlingschaft sind 130 Jahre. Gering und böse waren meine Lebensjahre. Sie reichen nicht an die Tage der Lebensjahre meiner Väter in den Tagen ihrer Fremdlingschaft."[85] Ein derartiges Statement aus eigener Sicht findet sich bei keinem anderen der Erzeltern. Das Alter ist dabei das eine: Gegenüber Abraham und Isaak, die 175 bzw. 180 Jahre alt wurden (Gen 25,7; 35,38), kommt ihm sein Leben kurz vor. Immerhin hat er noch 17 Jahre vor sich und stirbt schließlich im reifen Alter von 147 Jahren (Gen 47,28). Das andere aber ist die eingängige Charakteristik: *ra'im*, „böse, schlecht, schlimm", seien die Tage seines Lebens gewesen. Das ist eine überraschende Bewertung des eigenen Lebens an dessen Ende. Sieht er damit im Alter alles, was sein Leben ausgemacht hat, in der Summe als negativ an, als verfehlt und verpfuscht? Betrachtet er sich selbst damit als gescheitert?

Bereits wenn man die Aussage durch die Verwendung derart deutlicher Begriffe einmal probeweise stark macht, stößt man – das kann man ausprobieren – bei sich selbst und bei anderen auf massiven Widerspruch: Das kann nicht sein. So ist es sicher nicht gemeint ... Jakob ist doch der Gesegnete Gottes *kat' exochen*. Segenssprüche stehen über seinem gesamten Leben. Der Segen zeigt sich in seinem Reichtum, seinen vielen Söhnen und nicht zuletzt in der Rettung aus der Hungersnot und der Wiederbegegnung mit dem verlorenen Sohn. Und der Gesegnete kann ja selbst segnen, den Pharao

(Gen 47,7.10), Ephraim und Manasse (Gen 48,8–20) und alle seine Söhne (Gen 49). Sicher. Es gab auch Negatives: der Verlust der über alles geliebten Rahel, die langjährige Trauer um den Lieblingssohn Josef, die körperliche Versehrtheit. Aber das ganze Leben – nur schlimm und böse?

Entsprechend abwehrend sind die Reaktionen in der Literatur. Ich habe keine Auslegung gefunden, die diese Selbstdeutung des Lebens aus dem Rückblick beim Wort nimmt, ihre Wucht nicht abschwächt und überhaupt einmal dem Gemeinten im Detail nachspürt. Selbst bei Thomas Mann bleibt es bei dem Wörtchen *„arg"*, und das wird in keiner Weise entfaltet. Johannes Calvin macht immerhin mögliche Einwände stark: „Da scheint sich Jakob griesgrämig zu beklagen, dass er [...] viele schwere Sorgen habe tragen müssen. Warum erzählt er denn nicht lieber von den gewaltigen, vielfältigen Gnadenerweisungen Gottes, die doch alle Übel hinreichend aufwiegen konnten?" Aber dann glaubt er aufweisen zu können, dass das Gegenteil der Fall sei; denn Jakob „verherrlicht die Güte Gottes". „Von der bösen Zeit redet er, um so anzudeuten, dass er weit mehr durch Mühe und Arbeit gebrochen und verbraucht sei als durch die bloße Zahl der Jahre... Nichts weniger also lag ihm im Sinn, als mit Gott zu rechten."[86] Und ähnlich klingt es bei gegenwärtigen Auslegern: „Jakobs Antwort wird man ohne Bitterkeit hören müssen. Sie besagt nur, dass es ein leidgeprüfter Mann war" – liest man exemplarisch bei H. Seebass.[87] Am weitesten gehen Auslegungen, die dem Satz ein gewisses Recht zugestehen wie bei Franz Delitzsch: „Lange harte Arbeit, langes tiefes Weh und auch viel selbstgemachte Pein liegt hinter ihm."[88] Für Gerhard von Rad gilt immerhin, dass „die Umstände dieses Lebens der Fremdlingschaft [...] in seiner Generation viel ungünstiger geworden" seien als die vorangehenden.[89] Bei allen klingt es so, als seien es Nebenumstände, Begleiterscheinungen, gar bloß zurückliegende, überwundene Erfahrungen, die von Jakob angesprochen und für einen Moment ins Zentrum gerückt werden. Der aber nennt die Tage seines Lebens schlimm, und das ohne Einschränkung. Dass sie negativ waren, das ist alles, was aus seiner Sicht darüber zu sagen ist. Eine Altersdepression?

Die Aussage Jakobs passt offenkundig nicht in das gängige Bild, das wir von Jakob haben. Ihr wird deshalb nur ein höchst begrenztes Recht zugestanden. Aber vielleicht sollte man die Sache einmal herumdrehen.

Was passiert, wenn man sie ernst nimmt? Was verändert sich, wenn man diese Aussage nicht von einem vorher feststehenden Bild Jakobs, sondern, umgekehrt, Jakobs Leben von dieser Selbstaussage aus betrachtet? Wenn man sie also geradezu als hermeneutischen Schlüssel zur Geschichte Jakobs nimmt? Das soll im Folgenden versucht werden. Es geht darum, die mögliche Perspektive Jakobs in seiner Äußerung nachzuzeichnen.

Was also ist es, das das Leben für ihn insgesamt böse und übel macht, ihm jeden Rückblick verleidet? Dazu soll die Äußerung in den Rahmen des gesamten vorliegenden kanonischen Textes gestellt werden. Diese Kapitel (Gen 25 bis 50) als Einheit zu lesen, ist nach wie vor unüblich und gänzlich ungewohnt.[90] Seit über 200 Jahren ist der biblische Text ja dominant nur noch fragmentiert wahrgenommen worden. Da sind Quellen, die je für sich zu lesen seien, „J“ und „E“ und „P“, und der fragliche Vers gehört eben zu „P“. Da sind ehemals selbständige, für sich zu lesende Blöcke und Kompositionen wie die Jakobs- und die Josefsgeschichte, und der fragliche Vers gehört in die Josefs- und nicht in die Jakobserzählung. Derartige Aufteilungen in rekonstruierte Vorformen und dadurch geprägte Lesemuster haben eine entscheidende Rolle dabei gespielt, die Bedeutung der Aussage zu verstellen. Denn sie passt so recht in keines der dabei konstruierten Muster. Und vor der historischen Kritik war es, das zeigen die Äußerungen Calvins, gänzlich unmöglich, sich ein derart negatives Urteil bei einem solchen Glaubenshelden vorzustellen. Deswegen ist das Zusammenlesen des gegebenen kanonischen Textes das große Abenteuer der gegenwärtigen alttestamentlichen Wissenschaft. Man betritt überraschend nie betretenen Boden.

Alles schlimm?
Jakobs Lage am Ende seines Lebens

Zu beginnen ist mit einem Blick auf die auffällige und umständliche Bezeichnung seines Lebens in Gen 47,9: „Die Tage der Jahre meiner Fremdlingschaft“, sagt er, seien so kurz gewesen, und beim Vergleich mit den Vätern heißt es: „Sie reichen nicht an die Tage der Jahre des Lebens meiner Väter in den Tagen der Fremdlingschaft“. Zunächst geht es um eine kleine Akzentverschiebung: Was bei den Vätern „Tage der Fremdlingschaft“ waren, sind bei ihm selbst die „die Tage der Jahre meiner Fremdlingschaft“. Tage stehen Jahren gegenüber. Er hat kürzer gelebt, aber war länger und anders Fremdling. Entscheidend ist dafür das Wort *„megurim“*, ein Abstraktplural von der Wurzel *„gur / als Fremder weilen“*. Dieses Wort wird sonst stets und ausschließlich als Bezeichnung des verheißenen Landes benutzt, dieses ist „das Land deiner bzw. seiner Fremdlingschaft (Gen 17,8; 28,4; 36,7; 37,1; Ex 6,4). Das Land wird so bezeichnet, weil die Erzeltern zwar in ihm leben und es ihnen zugesagt ist, es aber von anderen bewohnt wird und es anderen gehört. Und diesen Begriff wendet nun Jakob auf das Leben an. Sein ganzes Leben und das der Väter ist eine Zeit der Fremdlingschaft. Das geschieht so ausschließlich in Gen 47,9. Und damit sieht er sein Leben und das der Väter als im Ganzen durch Fremdsein bestimmt. Fremd ist er nicht nur im Land der Fremdlingschaft. Fremd ist er im ganzen Leben. Und in der Tat: Jakob musste vor Esau aus dem Land der Fremdlingschaft fliehen und war lange Zeit ein Fremder in Aram. Dann war er wieder ein Fremder im „Land der Fremdlingschaft“ und jetzt ist er Fremder in Ägypten.

Die Charakterisierung seines gesamten Lebens als Fremdlingschaft lenkt die Aufmerksamkeit auf das Problem des Landes. Abraham war von Ur respektive Haran ins verheißene Land aufgebrochen (Gen 12,1 ff) und hat dort gelebt – bis auf einen kurzen und abrupt beendeten Aufenthalt in Ägypten (Gen 12,10ff). Dass sein Sohn dieses Land wieder verlässt, war für ihn schlimm und undenkbar (Gen 24,5–8). Und von Isaak ist nichts anderes überliefert, als dass er sein ganzes Leben im Land der Fremdlingschaft verbrachte, im verheißenen Land. Doch was mit Abraham begann, ist jetzt mit dem Zug des alten Jakob nach Ägypten im Grunde rückgängig gemacht. Jakob und seine Nachkommen haben das Land auf unabsehbare Zeit verlassen. Die Verheißung scheint geradezu vergessen und unwirksam. Denn besser „integriert“ (um einen derzeit aktuellen Begriff zu verwenden), als es sein Sohn Josef als oberster

Minister, Regierungschef des Pharao und verheiratet mit der Tochter eines der obersten Priester des Landes ist, besser integriert kann man in einem fremden Land kaum sein. Zudem sind ihnen gesicherter Aufenthalt und ein gesichertes Auskommen in Ägypten zugesagt, genau das, was sie im Lande Kanaan nicht haben. Dort drohen nicht nur immer wieder Hungersnöte, sondern das Zusammenleben mit den Landesbewohnern, den Kanaanäern, mit denen noch Abraham und Isaak Bündnisse geschlossen (Gen 14,13; 21,27.32; 26,28) und Segen getauscht (Gen 14,19f) haben, ist schwer belastet. Nach Dinas Vergewaltigung (Gen 34) hat es Massaker und heftige gegenseitige Beschuldigungen gegeben, Jakob musste fliehen (Gen 34,30). Das Land steht nicht mehr offen. Jakob und die Seinen sind nicht mehr willkommen. Dagegen bekommen sie nun in Ägypten rechtlich gesicherten Landbesitz (Gen 47,11; vgl. 47,27), also das, was ihnen im Lande Kanaan fehlt. Und dafür wird der gleiche Begirff 'achusa verwendet, der den zukünftigen Besitz im verheißenen Land bezeichnet (Gen 48,4; vgl.17,8). Jakob und die Seinen haben nun durchaus Sicherheit und Landbesitz, nur eben im fremden, im falschen Land. Jakob sieht sein Leben insgesamt als Existenz in der Fremde an. Auch und gerade jetzt im Alter gilt das. Er sieht sich weiter von der Erfüllung der Verheißung entfernt als je zuvor. Und das mit vollem Recht. Die 400 (Gen 15,13) respektive 430 Jahre (Ex 12,40f), die der Ägyptenaufenthalt nach biblischer Tradition dauert, haben gerade eben begonnen. Zwar hält Gott (Gen 46,3f) und hält Jakob selbst (Gen 48,4.21) an dem Ziel der Gabe des Landes fest, doch wird das jetzt eine reine Utopie und ist in unabsehbare Ferne gerückt. Davon, dass Jakob selbst es bereits *„in Besitz nehmen“ (jrsch)* kann, wie der Vater es ihm einst verheißen hat (Gen 28,4), kann nicht mehr die Rede sein. Von so einer konkreten Hoffnung ist nichts geblieben als der „Grabbesitz“, den schon Abraham kaufte (*'achusat kabar*, Gen 23,4.9.20; 49,30; 50,13), und dazu ein kleines erobertes Fleckchen (Gen 48,22). Das also ist das Ergebnis von Jakobs Leben, und das kann man in der Tat als „schlimm“ bezeichnen.

Und was kommt nicht alles zu dieser unübersehbaren äußeren Situation hinzu! Auch die anderen großen Verheißungen, die von Anfang an über seinem Leben standen, sind nicht erfüllt worden. Schon vor der Geburt war der Mutter von Gott die Herrschaft des jüngeren über den älteren Sohn mitgeteilt worden (Gen 25,23), und der durch Täuschung herbeigeführte Vatersegen hatte diese Erwartung verstärkt (Gen 27,29). Doch am Ende steht keine Herrschaft über den Bruder, sondern eine Versöhnung und ein Nebeneinander[91], und es ist Esau, der anders als Jakob seinen Teil des Landes besitzt (Gen 36). Sicher. Der Segen in Gestalt von Reichtum und vielen Söhnen ist eingetreten. Aber seine Familie musste wegen massiver Versorgungsprobleme nach Ägypten übersiedeln, und was von dem großen, bei Laban erworbenem Besitz nach der Teilung mit Esau und den Hungerjahren geblieben ist, steht offen. Und die Familie? Rahel ist gestorben, Dina vergewaltigt und irgendwo in der Versenkung verschwunden. Und die vielen Söhne machen Probleme: Ruben, sein Ältester, hat Blutschande über ihn gebracht (Gen 35,22), Simeon und Levi haben Gewalttaten mit unabsehbaren Folgen begangen (Gen 34,25ff). Der Anfang von Jakobs Segen über seine Söhne besteht denn auch aus Flüchen (Gen 49,3–7), und auch sonst enthält dieser so genannte Segen mancherlei negative oder höchst ambivalente Zukunftsbilder. Am Verschwinden seines Lieblingssohnes Josef hat Jakob lange Zeit massiv gelitten und gelegentlich noch Schlimmeres befürchten müssen (Gen 37,35; 42,3638; 43,14; 44,27ff). Zwar ist Josef nun wieder aufgetaucht, aber wie stehen die Brüder denn jetzt in den Augen des Vaters da? Als Gruppe potentieller Mörder? Er weiß nun oder ahnt zumindest, wozu seine Söhne fähig sind untereinander und ihm gegenüber. Sie selbst behaupten jedenfalls später, der Vater habe von ihrer Tat gewusst (Gen 50,15ff). Überdies ist Jakob völlig von seinem Sohn abhängig und dazu körperlich schwer angeschlagen: Seit der Begegnung am Jabbok hinkt er (Gen 32,33), ist inzwischen fast erblindet (Gen 48,10) und neigt zu Krankheit (Gen 48,1) und Bettlägerigkeit. Kein „schlimmes Leben"?

Und der „Erlöser von allem Schlimmen" (Gen 48,16)?

Dass Jakobs negative Charakterisierung seines Lebens ihm von den Auslegern nicht wirklich abgenommen wird, liegt nicht zuletzt daran, dass das so überaus enge Verhältnis zwischen Jakob und Gott ein solches Gesamtresümee nicht zuzulassen scheint. Hat er nicht genug an Zuwendung und Rettungen erlebt? Und in der Tat spricht Jakob im Zusammenhang der Segnung von Ephraim und Manasse von einer Gestalt, die ihn *„von allem Übel erlöst“* (Gen 48,16). Hier wird der gleiche Begriff des „Bösen, Schlimmen“ verwendet *(ra')* wie in Gen 47,9, und eine Beziehung ist unübersehbar. Hat also Gott alles widerfahrene Schlimme nicht längst überwunden? Ist nicht spätestens hier eine Relativierung der negativen Sicht unübersehbar? Aber gerade in diesen Fragen wird die Differenzierung des kanonischen Textes kaum wirklich wahrgenommen, so dass viel zu pauschale Urteile über die Theologie und die Gottesbeziehung dominieren. Dabei ist ein offenkundiger Bruch in der Beziehung zwischen Jakob und Gott im Grunde nur schwer zu übersehen, und er hängt mit der Gesamterzählung des Pentateuch auf das Innigste zusammen.[92] Über Jakob stand der Himmel offen und trotz seiner Beteiligung am Betrug von Vater und Bruder durch die Mutter wird ihm in Bethel von Gott das Land und eine große Zukunft verheißen (Gen 28,13ff). Gott stellt sich ihm mit seinem eigensten Namen vor wie vorher gegenüber Abraham (Gen 15,7) und später gegenüber Mose (Ex 3,14f). Jakob gelobt danach feierlich, wenn Gott ihn heil zurückkehren lässt, „soll *Jhwh* mein Gott (*elohim*) sein“ (Gen 28,21). Aber genau das tritt niemals ein. Stattdessen stößt man auf den höchst auffälligen Befund, den zuerst Benno Jacob beobachtet hat, dass nach Gen 32,10 der Gottesname von keinem Menschen mehr verwendet wird. In der Geschichte Josefs spricht keine Person den Namen *J-h-w-h* aus.[93] Der Name Gottes und die mit der Kenntnis des Namens verbundene enge Beziehung geht in der Lebensgeschichte Jakobs verloren. Nur so ist ja zu erklären, dass Gott seinen Namen dann, als wäre er völlig unbekannt, dem Mose wieder offenbaren muss (Ex 3). Fragt man nach Grund und Ort des Verlustes, so stößt man auf die Verweigerung des Namens durch die dunkle, göttliche Gestalt, die mit Jakob am Jabbok gerungen hat (Gen 32,30). Diese Gestalt bleibt seltsam namenlos, von *Jhwh* ist von da an nicht mehr die Rede. In *Pniel* hat er das Angesicht *Els* gesehen. Den Altar, den Abraham zuerst gebaut hat, um dort *Jhwh* anzurufen (Gen 12,7), nennt er jetzt *„El, Gott Israels“* (Gen 33,19), wo doch sonst immer *„Jhwh, der Gott*

Israels" ist. Und sogar die Gottheit, die sich ihm in Bethel gezeigt und mit dem Namen „*Jhwh*" vorgestellt hat, heißt jetzt „*El von Bethel*" (Gen 35,7). Obwohl die großen Verheißungen von Land und Volk wiederholt und bestätigt werden, scheint die Ambivalenz des nächtlichen Kampfes mit einer namenlos bleibenden Gottheit das Gottesverhältnis Jakobs verändert zu haben. Besonders deutlich lässt das die dreifache Gottesbezeichnung in der Einleitung zur Segnung von Ephraim und Manasse in Gen 48,15f erkennen:

Die Gottheit, vor der meine Väter gewandelt sind, Abraham und Isaak,
die Gottheit, die mich hütet, seit ich bin, bis zum heutigen Tag,
der Engel, der mich auslöst von allem Bösen, segne die Burschen.

Keine der Äußerungen widerspricht – so meine ich sie lesen zu sollen – dem negativen Pauschalurteil in Gen 47,9. Die erste Formulierung betrifft ihn gar nicht. Es ist die Gottheit Abrahams und Isaaks, die ein längeres und besseres Leben als er hatten, die zum Segen angerufen wird. Die zweite betrifft sein eigenes Leben. Gott hat ihn sein ganzes Leben wie ein Hirte geweidet. Der Satz wird in der Regel von den positiven Hirtenaussagen, besonders von Psalm 23, her gelesen. Aber es ist die Frage, ob das so eindeutig ist. Das Verbum bezeichnet in der Tat die positiven Aspekte des Hirten, das Schützen und Leiten der Herde. Aber es gibt durchaus auch negative Aspekte und Bilder (z.B. Mt 5,5). Die Tätigkeit der Hirten ist damals nicht romantisch verklärt, und die harten Aspekte sind nie vergessen worden. Selbst in Psalm 23 finden sich ja die dunklen Wege und die Feinde. Jakob ist in der Tat behütet worden und mehrfach vor dem Schlimmsten, vor sicherem Tod bewahrt worden, etwa durch den betrogenen Bruder oder durch den geprellten Laban. Nur deshalb konnte er so alt werden. Dass es Böses und Schlimmes in seinem Leben gibt, wird damit nicht geleugnet. Und in der dritten Aussage wird es sogar ausdrücklich genannt. Es geht nun um „*alles Böse*", um *kol ra'* – mit deutlichem Bezug zu Gen 47,9. Aber wie ist der Zusammenhang? Ist das ganze Leben nur böse und schlimm, dann besteht in der Tat Anlass und Notwendigkeit, daraus erlöst (g'l), also freigekauft und befreit zu werden. Aber diesen Satz, wie es überraschend weithin üblich ist,[94] perfektisch zu übersetzen, ist grammatisch problematisch. Es handelt sich um ein Partizip, eine überzeitliche bzw. zeitlose Aussage, wie sie etwa in Hymnen verwendet wird. Dort werden entsprechende Taten Gottes besungen. Es handelt sich um grundsätzliche Aussagen und typische Eigenschaften Gottes. Wenn es in Psalm 146 heißt: „*7Gott schafft den Unterdrückten Recht, gibt den Hungrigen Brot ..., lässt die Gefangenen frei, 8... öffnet die Augen der Blinden ..., richtet die Gebeugten auf, ... 9bewahrt die Fremden*", dann werden mit diesen Partizipien keine konkreten Einzelvorgänge angesprochen, sondern von solchen wird gerade abstrahiert. So kann man auch singen, wenn man das Gegenteil erlebt hat, aber Gott nach wie vor als derart Handelnden vor Augen hat. Dazu ist zu beachten, dass das verwendete Verb *„g'l/ freikaufen, erlösen"* in der Genesis nur an dieser Stelle vorkommt und die Aussage in ihrer Grundsätzlichkeit der Sprache der Exilsprophetie entspricht (z.B. Jes 43,1.14; 44,6 u.a.). Es geht um Erlösung aus *„allem Übel"* – die in Gen 47,9 genannten, die sein Leben bestimmen, sind damit umschlossen, und durchaus auch die Möglichkeit, dass Jakob solche Erlösung hier und da bereits erlebt hat.

Das Merkwürdige an der Aussage von Gen 48,16 aber ist die bisher übergangene Tatsache, dass derart Großes, das den Segen tragen soll, gar nicht von Gott erwartet wird, jedenfalls nicht direkt. Es ist vielmehr der *„mal'ak / der Bote, der Engel"*, der derart *„erlöst"*. Das ist nun in der Tat ganz ungewöhnlich, „denn über die Unterordnung des *mal'ak* [...] kann kein Zweifel sein".[95] Der Bote selbst kann's ja nicht machen, auch wenn diese Gestalt immer wieder als Präsenzform Gottes angesehen wird. Hier aber ist seltsamerweise weder vom *„Boten Gottes (‚elohim)"* die Rede (wie etwa in Gen 21,17; 31,11) noch erst recht vom *„Engel Jhwhs"* (wie in Gen 16,7; 22,11.15). Wer dem Boten den entsprechenden Auftrag geben wird, bleibt damit überraschend völlig offen. Offen bleibt damit auch, wer denn diese Erlösung von all dem Bösen, das Jakob in seinem Leben betroffen hat, herbeiführen wird.

Kein Zweifel. Die großen Verheißungen, die zuerst an Abraham, dann auch an Jakob ergangen sind, bleiben – auch wenn jedenfalls die des Landes in unabsehbare Ferne rückt. Es bleibt auch die Verbindung mit dem Gott der Väter und der Mütter. Und dennoch kann man nicht umhin, eine gewisse „Gottesfinsternis“ zu konstatieren. Gott wird namenlos, und es muss deshalb offen bleiben, wer die Erlösung bringen wird. Das verdunkelt auch den Segen.

„Du sollst Israel heißen“ (Gen 32,29)

Jakob erhält den Namen Israel, und es ist auch darüber hinaus durchgängig erkennbar, dass er als Vater der zwölf Stämme immer zugleich das ganze Volk Israel repräsentiert. Gerade in dieser Hinsicht ist seine Geschichte überaus komplex. Jakob steht nicht nur für Segen, Reichtum und Fruchtbarkeit, sondern auch für Schuld, Exilierung und tödliche Gefahren. Dass er im Rückblick sein Leben für böse und schlimm hält, entspricht deutlich auch Phasen der Geschichte Israels, wo der ganze Weg in eine scheinbar ausweg- und zukunftslose Lage geführt hat. Eine solche Beurteilung gehört zu jenem Streiten mit Gott und den Menschen, das an Jakob von Gott selbst so gerühmt wird (Gen 32,29), und eben dabei wird sogar im Dunkeln das Angesicht Gottes sichtbar (Gen 32,32).

Abbildung 12: Rembrandt van Rijn, Jakob segnet die Söhne Josefs

Jakob – Der Maler im Dom zu Magdeburg

Eine Kalendergeschichte

Arnim Juhre

Im November des Jahres 1929, zehn Jahre nachdem Kaiser Wilhelm II. ins Holländische Exil geschickt und Deutschland eine Republik geworden war, wurde im nördlichen Querschiff des Magdeburger Doms ein Ehrenmal aus schwerer Eiche aufgestellt – eine wuchtige Bildhauerarbeit, die an die Gefallenen des Ersten Weltkrieges erinnern sollte. Ein Jahr zuvor hatte das Preußische Kultusministerium den Bildhauer Ernst Barlach damit beauftragt, ein entsprechendes Mahnmal für den Magdeburger Dom zu entwerfen und auszuführen. Künstlerisch habe er freie Hand dabei.

Die zuständigen Herren im Berliner Ministerium waren stillschweigend davon ausgegangen, dass die Magdeburger Domgemeinde sich mit einer solchen Schenkung einverstanden erklären würde, sobald sie Zeit und Gelegenheit bekommen habe, sich an Ort und Stelle mit dem Bildwerk vertraut zu machen.

Es dauerte fünf Jahre, bis die Domgemeinde sich zu einer Absage durchrang und die schwere Holzskulptur wieder entfernt werden musste. Das war im September 1934. Adolf Hitler war zum Reichskanzler berufen worden. Und selbst in Angelegenheiten der Bildenden Kunst wehte plötzlich ein anderer Wind. Die Nische im Nördlichen Querschiff stand seitdem leer.

Viele Dombesucher, die Barlachs Mahnmal jemals dort gesehen oder davon gehört hatten, machten sich ihre Gedanken darüber, warum das Kriegerdenkmal einmal aufgestellt und dann wieder weggeschafft worden war. Keinem anderen Kunstwerk in dieser gewaltigen Grabeskirche Kaiser Ottos I. war ein solches Schicksal je widerfahren. So ein aufwendiges Hin und Her hatte es hier noch nicht gegeben. Die Frage, wer das zu verantworten habe, wurde oft erörtert, aber nie ganz aufgeklärt. Jeder wusste irgendetwas, aber niemand etwas Genaues.

Umso aufmerksamer beobachtete man seitdem einen alten Mann, einen Maler oder Zeichner, der schon oft auf seinem Klapphocker im Nördlichen Querschiff des Doms gesessen hatte, genau vor Barlachs Mahnmal, im Abstand von vier bis fünf Meter davor.

Dort hatte er schon oft und immer wieder die Umrisse der Plastik nachgezeichnet, diese sechs Figuren, die in drei schwere Holzblöcke geschlagen und dann zu einer Gruppe zusammengestellt waren. Kriegsopfer alle, fünf Soldaten und eine Frau. Barlach hatte ihr ein Tuch vors Gesicht geschnitzt, damit jeder sehen konnte, dass ihre Not und ihre Schmerzen unbeschreiblich waren.

Seit diesem Herbst 1934 zeichnete der alte Maler alles aus seinem Gedächtnis nach. Immer wieder. Haargenau. Und manchmal, wenn er seinen gewohnten Platz vor der leeren Nische verließ, um irgendwohin nach Hause zu gehen, ließ er einige seiner Blätter scheinbar achtlos liegen. Doch das wurde allmählich gefährlich für ihn. Ernst Barlach galt mehr und mehr als einer, der in seinem Atelier im fernen Güstrow „entartete Kunst" herstellte. Sein Magdeburger Mahnmal wurde als „Schandmal" verschrien. Es sei ganz „undeutsch" und verhöhne alle Kriegsteilnehmer, die ihr Leben fürs Vaterland eingesetzt hätten. Die Überlebenden wie die Toten.

Allerdings ging die alte Rechnung „Aus den Augen, aus dem Sinn" im Magdeburger Dom nicht restlos auf. Mal wollte der eine, mal ein anderer Dombesucher wissen, was aus dem komischen Alten geworden sei, der im Nördlichen Querschiff auf einem Hocker gesessen und die Umrisse des Kriegerdenkmals nachgezeichnet habe. Andere blieben vor der leeren Nische stehen und fragten, ob die nun bis ans Ende aller Tage leer bleiben sollte. Das war die Zeit, als die amtlichen Domführer, die gewöhnlich immer alles wussten, um eine Antwort verlegen waren. So machte beiläufig ein jüngerer Volontär der *Magdeburger Volksstimme* Karriere. Er hatte mal eine hübsche Reportage über den Dom und seine Besucher geschrieben, die so viel Anklang fand, dass einige der Leser der Tageszeitung sich wünschten, demnächst noch mehr davon im Blatt zu finden.

Von Zeit zu Zeit mischte sich der Volontär der *Volksstimme* unter die fremden Besucher, um Stoff für seine jeweils nächste Reportage zu sammeln. Und wenn die Fremden nur schweigend den Dom bestaunten und allzu wortkarg blieben, fing der Volontär bei passender Gelegenheit zu erzählen an. Zum Beispiel von dem Maler auf seinem Klappstuhl im Nördlichen Querschiff. Aber auch von Barlachs eindrucksvollem Mahnmal, das leider nicht mehr zu sehen sei. Ebenso erzählte er von einer Besucherin aus Süddeutschland, die sich vorsichtig neben den Maler gestellt habe, um ihm bei seinem Zeichnen zuzusehen. Schließlich habe sie den alten Herrn gefragt: „Wie lange sitzen Sie schon hier? Haben Sie keinen Hunger? Haben Sie niemals Durst? Darf ich Ihnen etwas zu essen besorgen?“

Gern erzählte der Volontär auch die Geschichte von einem ehemaligen Sanitätsfeldwebel, der im August 1918 sein rechtes Bein verloren hatte, in der Schlacht bei Amiens, wo die Engländer mit einer Masse von Tanks angegriffen und die Deutschen keine Abwehrwaffen hatten. Der Feldwebel schwang sein Holzbein und ging am Stock. Er wollte das Holz in der Nische sehen. Das interessierte ihn, was so ein Bildhauer den Opfern des Krieges für ein Denkmal gesetzt habe. Einer zumal, der nicht selber an der Front war, der sich vom Kriegsdienst hatte befreien lassen. Durch allerlei Fürsprache. Doch der Feldwebel fand es großartig, dass dieser Barlach auch derer gedacht habe, die durch britisches Giftgas verletzt worden waren. „Der Mann unten rechts“, habe er gesagt, als er sich das Mahnmal genauer ansah, „der sich vor Schmerzen jetzt für alle Zeit mit seinen Händen an den Kopf fasst, der die Gasmaske immer noch bei sich hat, unseligen Angedenkens, der den Gasangriffen in Flandern gerade noch entkommen ist. Und das nun in diesem alten Dom hier. Großartig.“ Und dann habe der Feldwebel sich, erzählte der Volontär, vertrauensvoll an ihn gewandt und gesagt: Wissen Sie, was mir im Blick auf diese Eiche durch den Kopf geht? Wäre Hitler nicht durch Gas verwundet worden, wäre er nicht ins Lazarett gekommen. Da hatte er Zeit genug, über unser Elend nachzudenken. Hätte er über unser Elend nicht nachgedacht, hätte er sich nicht entschlossen, Politiker zu werden, hätte Hindenburg es nicht nötig gehabt, einen Gefreiten zum Kanzler zu machen. So einfach ist das, wenn man Giftgas einsetzt.“

Der Volontär erzählte viele Geschichten, auch die von einem ehemaligen Feldgeistlichen, der nicht nur in Frankreich eingesetzt war. Der habe sich neben den alten Maler gestellt und ihm lange bei seiner Arbeit zugesehen. Und als er genug gesehen hatte und zur Gruppe zurückkam, die ihren Rundgang beendet hatte, verkündete er bedeutungsvoll: „Ich vermute, er heißt Jakob. Aber er weiß noch nichts davon. Er greift nach Barlachs Fußgelenken, wie Jakob schon im Mutterleib nach den Fersen seines Zwillingsbruders Esau griff. Er malt wie besessen da, der Alte. Ein richtiger Fersenhalter, der genau so gesegnet sein möchte wie sein erstgeborener Bruder. Ein echter Barlachverehrer. Der malt hier und schweigt. Und würdigt niemandem einer Auskunft."

Seitdem erzählte der Volontär, und hat wohl auch in der *Volksstimme* darüber geschrieben, dass der Alte auf seinem Klapphocker Jakob hieß. Weil er sich an Barlach festhielt, um von ihm in die Höhe gezogen zu werden. Am Erstgeborenen hielt er sich fest, um nicht zurückzubleiben.

Als Ernst Barlach im Oktober 1938 in der Klinik St. Georg in Rostock gestorben war, dauerte es kein ganzes Jahr mehr, bis deutsche Truppen die Grenze nach Polen überschritten. Seit diesem 1. September 1939 fand man im Nördlichen Querschiff des Magdeburger Doms, genau vor der leeren Nische, eine Menge Eicheln ausgestreut. Es lagen die Eicheln wie Patronen. Sie wurden schnell wieder zusammengekehrt und weggeschafft. Doch eine Zeitlang fand man jeden Morgen eine Menge Eicheln neu ausgestreut. Niemand wusste, wie die dahin gekommen waren. Warum und durch wen. Niemand wusste etwas Genaues. Nur aus Polen hörte man etwas Neues. Lauter Sondermeldungen. Im Blitzkrieg schien es nur Siege zu geben. In Magdeburg aber blieb unbekannt, wer die Eicheln in den Dom warf. Barlachs Mahnmal vor die Füße, der Eiche, die in der Nische gestanden hatte.

So wuchsen diese Eicheln sich zu einer Legende aus. Vielleicht zu einer Magdeburger Sage. Oder zu einer deutschen Kalendergeschichte, weil das Mahnmal zwischen zwei Weltkriegen dort aufgestellt worden war, zwischen dem Ende des Ersten und dem Beginn des Zweiten. Was im Jahre 1929 noch keiner so ganz genau wissen konnte. Bis die Bomben fielen, auch auf Magdeburg. Und der Dom schwer beschädigt wurde. Und durch das offene Dach in den Himmel guckte.

Abbildungsverzeichnis

Erstveröffentlichungen

Kurt Marti, *Rebekkas Fragen*,
in: Kurt Marti, Fromme Geschichten. Stuttgart, 2004, 9–12.

Hans Günter Saul: *Der Traum des Jakob*,
in: Hans Günter Saul, Wasserzeichen. Gedichte. Privatdruck 1978, 9.

Nelly Sachs: *Jakob*,
in: Nelly Sachs, Das Leiden Israels. Frankfurt a.M. 1964, 122–123.

Eva Zeller: *Ach Jakob*,
in: Eva Zeller, Das unverschämte Glück. Neue Gedichte, Stuttgart 2006, 34–37.

Paul Konrad Kurz: *Ach Jakob*,
in: Paul Konrad Kurz, Der Fernnahe. Theopoetische Texte, Mainz 1994, 28–30.

Autorinnen und Autoren

Prof. Dr. Micha Brumlik,
Professor für Erziehungswissenschaften, Frankfurt am Main.

Prof. Dr. Frank Crüsemann,
Professor für Altes Testament, Bethel/Bielefeld.

Pfarrerin Dr. Woty Gollwitzer-Voll,
Theologin und Therapeutin, Altenmarkt a.d.Alz.

Prof. Johanna Haberer,
Professorin für Christliche Publizistik und Medienwissenschaft, Erlangen.

Pfarrerin Barbara Hauck,
Leiterin der City-Beratungsstelle an St. Jakob, Nürnberg.

Dr. Johannes Hempel,
Landesbischof i. R., Dresden.

Pfarrer Wilhelm Horkel,
Krankenhauspfarrer i.R., München.

PD. Dr. Andreas Jacob,
Musiker und Musikwissenschaftler, Privatdozent an der Universität Erlangen/Nürnberg, z.Zt. Heisenberg-Stipendiat der Deutschen Forschungsgemeinschaft.

Prof. Dr. Jörg Jeremias,
em. Professor für Altes Testament, München.

Pfarrer Walter Joelsen,
ehemaliger Leiter der Eikon-Filmgesellschaft, München.

Prof. Dr. Manfred Josuttis,
em. Professor für Praktische Theologie, Göttingen/Friedberg.

Arnim Juhre,
Journalist, Schriftsteller, Literaturredakteur, Wuppertal.

Dr. Herbert Kappauf,
Onkologe, Internist, Psychotherapeut, Medicare-Zentrum, Starnberg.

Erich Kasberger/ Prof. Dr. Marita Krauss,
Historiker, Pöcking am Starnberger See.

Dagmar Knecht,
Pfarrerin, Beilngries.

Manfred Kock,
Präses der Evangelischen Kirche in Deutschland i. R., Köln.

Hans Krieger
Schriftsteller, München.

Paul Konrad Kurz,
Schriftsteller (verstorben).

Dr. Friedrich-Wilhelm Lindemann,
Pfarrer und Therapeut, ehemaliger Leiter des Zentralinstituts für Evangelische Ehe-, Familien- und Lebensberatung, Berlin.

Kurt Marti,
Schriftsteller, Bern.

PD Dr. habil. Arne Manzeschke,
Theologe, Akademischer Oberrat, Bayreuth/Nürnberg.

Prof. Dr. Peter Horst Neumann,
em. Professor für Neuere Deutsche Literaturgeschichte an der Universität Erlangen/Nürnberg, Literaturkritiker, Schriftsteller, Nürnberg.

Dagmar Nick,
Schriftstellerin, München.

Prof. Dr. Uta Pohl-Patalong,
Hamburg, Professorin für Praktische Theologie an der Christian-Albrechts-Universität Kiel

Prof. Dr. Dr. Ingrid Riedel,
Theologin, Psychotherapeutin, Professorin am
C.G.Jung-Institut in Zürich, Konstanz.

Prof. Dr. theol. Dipl.-Psych. Richard Riess,
em. Professor für Praktische Theologie, Neuendettelsau/Erlangen.

Nelly Sachs,
Schriftstellerin (verstorben).

Dr. Udo Sattler/Dr. Ulrike Sattler,
Fachärzte für Orthopädie, Erlangen.

Hans Günter Saul,
Schriftsteller, Kleineichen.

Schwester Christamaria Schröter,
Malerin, bildende Künstlerin, Christusbruderschaft, Selbitz.

Pfarrerin Jutta-Ute Schwarz,
Klinikseelsorgerin i.R., Berlin.

Prof. Dr. Horst Seebass,
em. Professor für Altes Testament, Bonn/Ladbergen.

Peter Spangenberg,
Pastor, Schriftsteller, Dozent an der Universität Flensburg.

PD. Dr. Katharina Städtler,
Literaturwissenschaftlerin, Bayreuth.

Prof. Dr. Fulbert Steffensky,
em. Professor für Praktische Theologie, Hamburg.

Ulrike Tillich,
Schriftstellerin, München.

Prof. Dr. Karin Ulrich-Eschemann
Professorin für Erziehungswissenschaften, Universität Erlangen/Nürnberg.

Prof. Dr. Hans Günter Ulrich
Professor für Systematik und Christliche Sozialethik, Universität Erlangen/Nürnberg.

Dr. h.c. Eva Zeller,
Schriftstellerin, Berlin.

Anmerkungen

1 Claus Westermann/ Gerhard Gloege, Einführung in die Bibel. Stuttgart 1994, 33f.
2 C. Westermann , a.a.O., 35f.
3 Dietrich Ritschl, Zur Logik der Theologie. Kurze Darstellung der Zusammenhänge theologischer Grundgedanken. München 1984, 45f.
4 D. Ritschl, a.a.O., 46.
5 C. Westermann, a.a.O., 44.
6 S. dazu vor allem Israel Finkelstein, Keine Posaunen vor Jericho. München 2006, etwa 59f, u.v.a.
7 Gerhard von Rad, Theologie des Alten Testamentes. München 1960, Bd. II, 119f.
8 Martin Buber, Die Erzählungen der Chassidim. Zürich 1949, 112.
9 Vgl. dazu auch Hermann Spieckermann, unter Mitarbeit von Susanne Dähn, Der Gotteskampf. Jakob und der Engel in Bibel und Kunst, Zürich 1997.
10 Elie Wiesel, Adam oder das Geheimnis des Anfangs. Brüderliche Urgestalten, Freiburg i.Br. u.a. 1980, 106–138.
11 Rad, Gerhard von, Theologie des Alten Testaments I. Die Theologie der geschichtlichen Überlieferungen Israels, München ^{2}1958, 185f.
12 E. Wiesel: a.a.O., 131.
13 Dies im Blick zu behalten - darauf verweist Elie Wiesel.
14 Gerhard von RAD, a.a.O., 12.
15 A.a.O., 125.
16 Luther, Martin: Predigten über das erste Buch Mosis und Auslegungen über die folgenden biblischen Bücher bis zu den Psalmen (excl.). in: Sämtliche Schriften, hg. von Johann Georg Walch, Bd. 3 (Fortsetzung), Groß Oesingen 1986, Sp. 516.
17 Elie Wiesel, a.a.O. 134.
18 Dies rückt Dorothea Greiner, Segen und Segnen. Eine systematisch-theologische Grundlegung, Stuttgart 1998, in den Blick.
19 Vgl. zum Bibliolog ausführlich U. Pohl-Patalong, Bibliolog. Gemeinsam die Bibel entdecken im Gottesdienst - in der Gemeinde - in der Schule, Stuttgart 2005.
20 Diesen Zugang kann man (bei entsprechenden Vorerfahrungen mit der Bibel und mit Gruppen) im Rahmen einer einwöchigen Fortbildung in der Regel so lernen, dass ein verantwortungsvoller Umgang mit der Methode möglich ist. Erfahrungsgemäß empfiehlt es sich nicht, einen Bibliolog nach reiner Lektüre oder

Erfahrung selbst anzuleiten, weil die Methode im Detail durchaus komplexer ist als sie manchmal erscheinen mag. Informationen über Fortbildungen finden sich unter www.bibliolog.de.

21 Ich beschränke mich in der Wiedergabe auf die Szenen, Rolle und Fragen sowie auf Äußerungen von Teilnehmenden, die mir besonders typisch erscheinen. Die Wiedergabe im *echoing* lasse ich hier weg, nur das *interviewing* gebe ich wieder, soweit es für die Antworten relevant ist.

22 Thomas Mann, Josef und die Brüder. Frankfurt a.M. 1964, 287.

23 Hans Jochen Boecker, Die Josefsgeschichte, Neukirchen 2003, 69.

24 Vgl. Karin Ulrich-Eschemann, Lebensgestalt Familie – miteinander werden und leben. Eine phänomenologisch-theologisch-ethische Betrachtung, Münster 2005, bes. Kap. 4.7: Gottes Vergebung ereignet sich in einer dramatischen Familiengeschichte – Genesis 37–49.

25 Gerhard von Rad sagt von Jakob: „[...] über sein Leben senkt sich für viele Jahre das zeitlose Dunkel der Trauer."; ders.: Das 1. Buch Mose. Genesis (ATD 2–4), Göttingen 121987, 290.

26 Vgl. Karin Ulrich-Eschemann, a.a.O.

27 „Niemand vermag sich selber Vergebung zu gewähren oder Entlastung zu erteilen. Menschen können dies untereinander im Grunde nur tun, wenn sie gemeinsam Gott anrufen: ‚ ... vergib uns unsere Schuld ... denn dein ist das Reich und die Kraft und die Herrlichkeit!' Und aus dieser gemeinsamen Anrufung erwächst der Zuspruch der Vergebung aneinander [...] Die Bitte um Gottes Vergebung, die nie überholt werden kann, greift ihrerseits in alles ein, was getan, unterlassen, erlitten, beendet oder begonnen wird. Wenn Gott menschliche Taten zu seiner Sache macht, werden ihre Folgen nicht ausgelöscht, aber sie können nicht mehr anders gesehen werden als in der Bitte: ‚ ... vergib uns unsere Schuld, wie wir unseren Schuldnern vergeben'." Gerhard Sauter, Zugänge zur Dogmatik, Göttingen 1998, 156.

28 Gerhard von Rad: a.a.O., 355f.

29 Das Verb *aqab = hindern, festhalten, betrügen* spielt mit dem Namen Jakob = *jaaqob*; Gen 25,26.

30 Dieser Segen an Ephraim und Manasse ist dem Hebrräerbrief wichtiger als der für die 12 Söhne (Hebr 11,21).

31 Seine Identifizierung geschieht allemal in Hos 12,4f.

32 Hier liegt wieder ein Wortspiel vor: *j^{e}abaq* = er stritt in phonetischer Nähe zu *jabboq* und *jaqa'* = er renkte aus.

33 Vgl. hierzu besonders Jacques Derrida, Wenn es Gabe gibt – oder: „Das falsche Geldstück", in: Ethik der Gabe. Denken nach Jacques Derrida, Michael Wetzel/Jean-Michel Rabaté (Hg.), Berlin 1993, 93–136.

34 Gen 12,2; der bereits bei Moses Mendelsohn verwendete Terminus „Nation“ gibt möglicherweise noch besser als der Begriff „Volk“, so Luther, die staatliche Verfasstheit dieses Stämmebundes wieder und verweist damit auch auf die staatliche Gewalt bzw. Souveränität. Historisch ist das natürlich ein Anachronismus, sachlich aber gut begründet, weil der hebräische Text an dieser Stelle bewusst *goj* statt *'am* verwendet; vgl. auch Alberto Soggin, Das Buch Genesis. Kommentar, Darmstadt 1999, 201f.

35 Shakespeare, Hamlet, 1. Akt, 5. Szene.

36 Vgl. Walter Benjamin, Zur Kritik der Gewalt, in: ders., Gesammelte Schriften II.1, Hg. Rolf Tiedemann und Hermann Schweppenhäuser, Frankfurt a. M. 1991, 179–203.

37 Georg Baudler, Ursünde Gewalt. Das Ringen um Gewaltfreiheit, Düsseldorf 2001.

38 Jacques Derrida, Gesetzeskraft. Der „mystische Grund der Autorität“, Frankfurt a.M. 1991.

39 Vgl. zur subtilen Interpretation der verschiedenen Übersetzungen von „The time is out of joint“ Jacques Derrida, Marx' Gespenster. Der verschuldete Staat, die Trauerarbeit und die neue Internationale, , Frankfurt a. M. 1995, bes. 40ff (aus dem Französischen von Susanne Lüdemann).

40 Alle Zitate nach Die Tora nach der Übersetzung von Moses Mendelsohn mit den Prophetenlesungen im Anhang, hg. im Auftrag des Abraham Geiger Kollegs und des Moses Mendelsohn Zentrums Potsdam, Berlin 2001.

41 Derrida, Marx' Gespenster, a.a.O. (Anm. 39), 50 mit Verweis auf Martin Heidegger, Der Spruch des Anaximander, in: ders., Holzwege, Frankfurt a. M. 1950, 328.

42 Derrida, Marx' Gespenster, a.a.O. (Anm. 39), 53.

43 Vgl. hierzu den Beitrag von Felix Ennslin, Die doppelte Verdrängung, in: Die Zeit Nr. 13, vom 22.3.2007, 5; aus Anlass des „30. Jahrestages“ des Deutschen Herbstes von 1977 und der ordnungsmäßig vorgeschriebenen Haftprüfung bei Christian Klar hinsichtlich einer Begnadigung.

44 Eine exzellente Darstellung der Literarisierung der Josefs-Gestalt bei Thomas Mann gibt Friedemann W. Golka, *Josef – biblische Gestalt und literarische Figur*, Stuttgart 2002.

45 Der Name „Jakob“ wird in Gen 27,36 von Esau übersetzt mit „Betrüger“, was nicht zur Übersetzung in Gen 25,26 stimmt. Hier müsste eine philologische Klärung erfolgen.

46 Christoph Recker, *Die Erzählungen vom Patriarchen Jakob – ein Beitrag zur mehrperspektivischen Bibelauslegung*, Münster 2000, bringt Beispiele für die Exegese aus historisch-kritischer, literarischer, theologischer, tiefenpsychologischer, interaktionaler, feministischer und aus männlicher Perspektive. Was er als „literarische“ Perspektive bezeichnet, erweist sich allerdings als Wie-

dergabe der texthistorischen Forschung, welche die Entstehung des biblischen Textes untersucht.

47 Bernd-Jürgen Fischer, *Handbuch zu Thomas Manns „Josephsromanen“*, Tübingen/Basel 2002, 782, zählt etwa 160 Bearbeitungen des Josef-Stoffs auf, wobei nicht alle fremdsprachigen Adaptionen erfasst sind.

48 Gedichte (konnten nicht eingesehen werden): Jehuda Amichai, *Wie schön sind deine Zelte, Jakob*, München 1988 u.ö.; Brigitta Klaas Meilier, *Andererseits, Jakob,* Bern 2003, Dramen: Richard Beer-Hofmann, *Jaákobs Traum. Ein Vorspiel* (1918); Hans Henny Jahnn, *Pastor Ephraim Magnus* (1919, Jakob ist der Gegenspieler der Hauptfigur).

49 Dies gilt insbesondere für den ersten Band von Thomas Manns Tetralogie *Joseph und seine Brüder* (1933–1943), welche vom Autor als eine als novellenhafte Ausformulierung der biblischen Geschichte angelegt ist. Dieser erste Band, *Die Geschichten Jaakobs* (1933), geht in seinem Umfang und im Detailreichtum weit über die biblische Vorlage hinaus, weshalb er in der hier gebotenen Kürze nicht angemessen besprochen werden kann. Vgl. hierzu die in den Anmerkungen 1 und 4 genannten Titel. Eine andere Art der „Erweiterung“ des biblischen Textes sind die *Sagen der Juden zur Bibel*, welche Micha Josef bin Gorion zusammengetragen hat (auf deutsch in Auswahl erschienen Frankfurt a.M. 1980 u.ö.).

50 Susanne Sethe, *Robert Walsers „Jakob von Gunten“ als religiöse Dichtung.* Dissertation, Köln 1976, 81. Andere religiös belegte Namen wie „Benjaminta“ sowie „Simon“ und „Josef“ in anderen Werken Walsers müssten hier ebenfalls genannt werden.

51 Vgl. hierzu Martina Sichardt, Die *Entstehung der Zwölftonmethode Arnold Schönbergs,* Mainz 1990.

52 Als ein Beleg unter vielen seien die Skizzen zu einer Autobiographie Schönbergs aus dem Jahr 1944 angeführt, deren Gliederung entlang der Stationen: „wie ich [...] wurde“ verlaufen sollte. Die Reihenfolge der ersten jener Stationen lautete: „Musiker“, „Christ“, „wieder Jude“, „Brahmsianer“ und „Wagnerianer“, was im Falle der religiösen Konversion und Rekonversion im Vergleich zur unterschiedlichen ästhetischen Verortung (Brahms vs. Wagner) keine Abfolge in der Chronologie, sondern in der zugemessenen Wertigkeit bedeutet. Vgl. Arnold Schönberg, [*Entwürfe zu einer Autobiographie*], datiert auf das Jahr 1944, überliefert unter der Nummer T42.03 im Archiv des Arnold Schönberg Center Wien; Teilabdruck in: Andreas Jacob, *Grundbegriffe der Musiktheorie Arnold Schönbergs*, 2 Bd., Hildesheim 2005 (*FolkwangStudien 1*, Hg. Stefan Orgass und Horst Weber), hier 715.

53 Erwähnt seien hier nur: Arthur Schopenhauer, Sören Kierkegaard, Friedrich Nietzsche und Henri Bergson einerseits, Otto Weininger und Oswald Spengler andererseits.

54 Vgl. Arnold Schönberg, *My Attitude toward Politics*, in: *ders., Style and Idea. Selected Writings*, Hg. Leonard Stein, London 1975, 505f.

55 Aus diesen Gründen beschäftigen sich auch verschiedene Publikationen dezidiert mit der politischen wie religiösen Weltanschauung des Komponisten; stellvertretend hierfür sei genannt: *Political and Religious Ideas in the Works of Arnold Schoenberg*, Charlotte M. Cross/Russell A. Berman (Hg.), New York 2000.

56 In einer anekdotisch überlieferten Episode heißt es, der als älteres Vorbild verehrte Gustav Mahler habe sich anlässlich einer Diskussion mit dem Schönberg-Kreis gewundert, dass der von seiner Generation viel gelesene und als geistiger Brennpunkt fungierende Dostojewsky unter den Jüngeren weniger stark rezipiert werde. Daraufhin soll Schönbergs Schüler Anton von Webern angemerkt haben: „Bitt', wir haben den Strindberg." (Zitiert nach Hans Heinz Stuckenschmidt, Arnold Schönberg. Leben – Umwelt – Werk, Zürich 1974, 213.)

57 Zitiert nach Stuckenschmidt, Schönberg, a.a.O., 214.

58 Wiedergegeben nach: Arnold Schönberg, Briefe, ausgewählt und hg. von Erwin Stein, Mainz 1958, 30.

59 Zur Genealogie der verschiedenen Möglichkeiten der Umsetzung dieses Projekts existiert reichhaltige Literatur, hingewiesen sei hier nur auf eine amerikanische Dissertation jüngeren Datums: Jennifer Shaw, Schoenberg's Choral Symphony, Die Jakobsleiter, and other Wartime Fragments, Diss. State University of New York 2002.

60 Schönberg war übrigens Zeit seines Lebens überzeugter Militarist. Ein kurioses Dokument, das seine Verbindung von militärischem Enthusiasmus und Neigung zu esoterischen Spekulationen widerspiegelt, ist ein ab 1914 geführtes „Kriegs-Wolken Tagebuch", in dem die am Himmel zu beobachtende Wetterlage in Beziehung zum deutsch-österreichischen Schlachtenglück an der Süd-Ost-Front gesetzt wird. Vgl. hierzu Arnold Schönberg, Kriegs-Wolken Tagebuch (Faksimile); sowie Andreas Jacob, *Schönbergs Kriegswolkentagebuch*, beide enthalten in: *Das magische Quadrat. Eine Annäherung an den Visionär Arnold Schönberg*, Hg. Flurina Paravicini, Luzern 2006, Heft 9.

61 Vgl. den Abdruck des nunmehr als „Oratorium" bezeichneten Texts *Die Jakobsleiter* in Arnold Schönberg, *Texte*, Wien 1926, 37–65.

62 Die Parallele zwischen dem hier beschriebenen Inhalt und Strömungen der Theosophie blieb nicht verborgen, und wurde bereits 1924 beschrieben; vgl. Walther Klein, *Das theosophische Element in Schönbergs Weltanschauung*, in: *Arnold Schönberg zum fünfzigsten Geburtstage 13. September 1924* (Sonderheft der *Musikblätter des Anbruch* 6), 273/274; vgl. dazu auch Beat Föllmi, *Schönberg ist Theosoph. Anmerkungen zu einer wenig beachteten Beziehung, in: International Review of the Aesthetics and Sociology of Music*, Bd. 30, Nr. 1, 1999, 55–63.

63 Schönberg, *Texte*, 39.

64 Schönberg, *Texte*, 40.

65 Herbeizitiert – allerdings ohne Erfüllung zu bieten – wird das Schopenhauer'sche Ideal der „Schmerzlosigkeit"; vgl. Schönberg, *Texte*, 44.

66 Schönberg, *Texte*, 54.

67 „... nah ist, wer in jeder Handlung Gott sucht. Doch jeder kommt relativ nah durch die Kraft seines Gebets." (Schönberg, a.a.O., 62.)

68 A.a.O.

69 Schönberg, a.a.O., 65.

70 Schönberg, a.a.O., 60.

71 Ob der hier nur skizzierte Unterschied mit der mittlerweile erfolgten Rückkehr Schönbergs zum Judentum zu tun hat, die bei ihm auch mit einem geschärften Bewusstsein der individuellen Ohnmacht und Abhängigkeit von Kontingenzen einher ging, darüber lassen sich hier nur Vermutungen anstellen. Konkreter Auslöser der verstärkten Reflexion seiner Rolle als Jude war jedenfalls das so genannte „Mattsee-Ereignis" von 1921, als Schönberg sich an seinem Urlaubsort mit antisemitischen Ausfällen auseinandersetzen musste. (Vgl. Harald Waitzbauer, *Arnold Schönberg und das Mattsee-Ereignis*, in: *Arnold Schönberg und sein Gott. Bericht zum Symposium 26.–29. Juni 2002*, hg. von Christian Meyer, Wien 2003, 14–26.) Die offizielle Rekonversion zum Judentum erfolgte 1933, bereits im von den Nazis erzwungenen Exil, in einer jüdischen Reformgemeinde in Paris. Schönberg zog nicht nur politische Konsequenzen aus diesen Zeitgeschehnissen (im Sinne eines individuell aufgefassten Konzepts von Zionismus), sondern wandte sich seitdem wiederholt auch als Mensch und Künstler Themen der jüdischen Glaubenswelt zu. (Vgl. hierzu Michael Mäckelmann, *Arnold Schönberg und das Judentum. Der Komponist und sein religiöses, nationales und politisches Selbstverständnis nach 1921*, Hamburg 1984; Alexander Ringer, *Arnold Schoenberg: The Composer as a Jew, Oxford 1990.*)

72 Arnold Schönberg, Psalm No. 1, in: ders., Moderne Psalmen, enthalten in: Das magische Quadrat, a.a.O., Heft 8, hier 5. – Die Wandlung der Rolle des Gebets und Schönbergs Verständnis von

Religiosität allgemein wird zusammengefasst bei Ullrich Scheideler, *Von der „Jakobsleiter" zum „Modernen Psalm". Zur Bedeutung der Religiosität im musikalischen Œuvre Arnold Schönbergs*, in: *Symposiumsbericht „Arnold Schönberg in Barcelona"* (2006) (derzeit in Druckvorbereitung).

73 Es würde an dieser Stelle zu weit führen, die komplexe Geschichte des Topos des musikalischen Raums bei Schönberg nachzuzeichnen. Hingewiesen sei aber mindestens auf eine Stelle aus einem in amerikanischer Zeit entstandenen Text zur Zwölftonmethode, an der Schönberg jenes Paradigma unter Verweis auf Swedenborg und Balzac (und unter Anlehnung an den Anfang der *Jakobsleiter*) expliziert: „[...] *the unity of musical space demands an absolute and unitary perception.* In this space, as in Swedenborg's heaven (described in Balzac's *Seraphita*) there is no absolute down, no right or left, forward or backward. Every musical configuration every movement of tones has to be comprehended primarily as a mutual relation of sounds, of oscillatory vibrations, appearing at different places and times." (Arnold Schönberg, *Composition with Twelve Tones* (1941); in: ders., *Style and Idea*, 214–245, hier 223.)

74 Die Töne *as* und *gis* werden hier wie alle anderen chromatischen Stufen als äquivalent behandelt.

75 Vgl. Arnold Schönberg, *Composition With Twelve Tones* (1948), in: *Style and Idea*, 245–249, hier 247f: „I had contrived the plan to provide for unity – which was always my main motive: to build all the main themes of the whole oratorio from a row of six tones – C-sharp, D, E, F, G, A-flat. These were probably the six notes with which the composition began, in the following order: C-sharp, D, F, E, A-flat, G. – When after my retirement from the University of California I wanted to finish *Die Jakobsleiter*, I discovered to my greatest pleasure that this beginning a real twelve-tone composition. To an ostinato (which I changed a little) the remaining six tones entered gradually, one in every measure. When I built the main themes from these six tones I did not bind myself to the order of their first appearance. I was still at this time far away from the methodical application of a set. Still I believe that also this idea offered the promise of unity to a certain degree".

76 Zu diesem Begriff in seiner Anwendung auf Schönberg vgl. Sichardt, *Die Entstehung der Zwölftonmethode Arnold Schönbergs*, a.a.O., 22ff.

77 Vgl. Schönberg, Briefe, a.a.O., 70.

78 Helmut Ammann, Werktagebücher eines Bildhauers und Malers, Erich Kasberger (Hg.), Bd. II, München 2007, 37f.

79 Zit. nach Philipp Stoellger, Editorial, in: Lassen, Institut für Hermeneutik & Religionsphilosophie. Hermeneutische Blätter 2, Zürich 2003, 5.
80 Helmut Ammann, Wie ein Porträt entsteht, in: Erich Kasberger, Bildhauer, Maler, Grafiker, München 1997, 13.
81 Marita Krauss, Einleitung, in: Helmut Ammann, Werktagebücher, Bd. I., München 2007, 9f.
82 Zu den Texten und Musik von Johannes M. Roth, s. seine CD.
83 Heinz-Günter Beutler-Lotz, Sei um uns mit deinem Segen, Stuttgart/Zürich, 2001, 40.
84 Eine Ausnahme bildet Gen 46,1–5, ein junger Text, der zwischen den Vätererzählungen und der Josefsgeschichte vermitteln will. Ähnliches gilt für das ursprünglich eigenständige Kapitel 48, das (wie Gen 38 und Gen 49) erst später in den Erzählverlauf eingefügt wurde.
85 Übersetzungen hier und im Folgenden in Anlehnung an die der „Bibel in gerechter Sprache", Gütersloh 2006.
86 Auslegung der Heiligen Schrift. I. Bd., Genesis, Neukirchen 2000, 133 (dt. Übersetzung).
87 Genesis III. Josefsgeschichte (37,1–50,26), Neukirchen 2000, 133.
88 Neuer Commentar über die Genesis, Leipzig 1887, 499.
89 Das erste Buch Mose, ATD 2–4, Göttingen ^{9}1972, 334.
90 Zu einem Versuch über die eigentliche Jakobsgeschichte vgl. J. Taschner, Verheißung und Erfüllung in der Jakobserzählung (Gen 25,19–33,17). Eine Analyse ihres Spannungsbogens, HBS 27. Freiburg i.Br. 2000.
91 Dazu F. Crüsemann, Herrschaft, Schuld und Versöhnung. Der Beitrag der Jakobsgeschichte der Genesis zur politischen Ethik, JK, 1993, 614–620, in: ders., Kanon und Sozialgeschichte. Beiträge zum Alten Testament. Gütersloh 2003, 80–87.
92 Zum Folgenden vgl. F. Crüsemann, Gott aller Menschen – Gott Israels. Beobachtungen zur Konzeption des Gebrauchs von Elohim und Jhwh zwischen Genesis 1 und Exodus 18, in: E.W. Stegemann/K. Wengst (Hg.), „Eine Grenze hast du gesetzt", Stuttgart 1993, 131–14.
93 So B. Jacob, Das erste Buch der Tora. Genesis. Berlin 1934 (Nachdruck: Stuttgart 2000), 142. Die einzige Ausnahme ist der seltsame Stoßseufzer in Gen 49,18.
94 Luther, Züricher Bibel, Delitzsch, a.a.O. 5508; Seebass, a.a.O. 148; gespalten ist Jakob, a.a.O. 876 (Präsens) vs. 879 (Perfekt).
95 Jacob, a.a.O. 879.